科目別 過去問題集

SUPER
J-Book Series

2024高卒認定

スーパー実戦過去問題集

地理

旧 地理A 収録

編集●J-出版編集部　　制作●J-Web School

最新過去問題
&詳細解説
6回分
2021~2023年

J-出版

もくじ

本書について

本書は、新高等学校学習指導要領における「地理総合」（高卒認定試験の科目名は「地理」）が旧課程における「地理A」に相当することに基づき、「地理A」の高卒認定試験の過去問題を掲載しています。

高卒認定情報ほか

問題／解答・解説

高卒認定試験の概要

1. 高等学校卒業程度認定試験とは

高等学校卒業程度認定試験（高卒認定試験）は、高等学校を卒業していないなどのため、大学等の受験資格がない方に対し、高等学校卒業者と同等以上の学力があるかどうかを認定する試験です。合格者には大学・短大・専門学校や看護学校などの受験資格が与えられるだけでなく、高等学校卒業者と同等以上の学力がある者として認定され、就職、転職、資格試験等に広く活用することができます。ただし、試験で合格要件を満たした者が満18歳に達していないときには、18歳の誕生日から合格者となります。

2. 受験資格

受験年度末の3月31日までに満16歳以上になる方。現在、高等学校等に在籍されている方も受験が可能です。ただし、すでに大学入学資格を持っている方は受験できません。

3. 実施日程

試験は8月と11月の年2回実施されます。8月試験と11月試験の受験案内（願書）配布開始日、出願期間、試験日、結果通知送付日は以下のとおりです（令和6年度の実施日程を基に作成しています。最新の実施日程については文部科学省のホームページを確認してください）。

	第1回（8月試験）	第2回（11月試験）
配布開始日	4月1日(月)～	7月16日(火)～
出願期間	4月1日(月)～5月7日(火)	7月16日(火)～9月6日(金)
試験日	8月1日(木)・2日(金)	11月2日(土)・3日(日)
結果通知送付日	8月27日(火)発送	12月3日(火)発送

4. 試験科目と合格要件

試験の合格者となるためには、合格要件に沿って8科目もしくは9科目の試験科目に合格することが必要です（「理科」の選択科目によって科目数が異なります）。

教科	試験科目	科目数	合格要件
国語	国語	1	必修
地理歴史	地理	1	必修
	歴史	1	必修
公民	公共	1	必修
数学	数学	1	必修
理科	科学と人間生活	2または3	以下の①、②のいずれかが必修 ①「科学と人間生活」の1科目と「物理基礎」、「化学基礎」、「生物基礎」、「地学基礎」のうち1科目（合計2科目） ②「物理基礎」、「化学基礎」、「生物基礎」、「地学基礎」のうち3科目（合計3科目）
	物理基礎		
	化学基礎		
	生物基礎		
	地学基礎		
外国語	英語	1	必修

5. 試験科目の出題範囲

試験科目	出題範囲（対応する教科書名）	
国語	「現代の国語」「言語文化」	令和４年４月以降の高等学校入学者が使用している教科書
地理	「地理総合」	
歴史	「歴史総合」	
公共	「公共」	
数学	「数学Ⅰ」	
科学と人間生活	「科学と人間生活」	
物理基礎	「物理基礎」	
化学基礎	「化学基礎」	
生物基礎	「生物基礎」	
地学基礎	「地学基礎」	
英語	「英語コミュニケーションⅠ」	

出願から合格まで

1. 受験案内（願書）の入手

受験案内（願書）は、文部科学省や各都道府県教育委員会、各都道府県の配布場所などで配布されます。ただし、配布期間は年度毎に異なりますので、文部科学省のホームページなどで事前に確認してください。なお、直接取りに行くことができない方はパソコンやスマートフォンで受験案内（願書）を請求することが可能です。

〈パソコンもしくはスマートフォンで請求する場合〉

次の URL にアクセスし、画面の案内に従って申し込んでください。　https://telemail.jp/shingaku/pc/gakkou/kousotsu/

○受験案内（願書）は、配布開始時期のおよそ1か月前から出願締切のおよそ1週間前まで請求できます。

○請求後、受験案内（願書）は発送日から通常3～5日程度で届きます。ただし、配布開始日以前に請求した場合は予約扱いとなり、配布開始日に発送されます。

○受験案内（願書）に同封されている支払方法に従って送料を払います。

○不明な点はテレメールカスタマーセンター（TEL：050-8601-0102　受付時間：9:30 ～ 18:00）までお問い合わせください。

2. 出願書類の準備

受験案内（願書）を入手したら、出願に必要な次の書類を用意します（令和5年度の受験案内を基に作成しています。内容が変更になる場合もあるため、最新の受験案内を必ず確認してください）。

①受験願書・履歴書
②受験料（収入印紙）
③写真２枚（縦４cm× 横３cm）　※同じ写真を２枚用意
④住民票または戸籍抄本
⑤科目合格通知書　※一部科目合格者のみ
⑥試験科目の免除に必要な書類（単位修得証明書、技能審査の合格証明書）　※試験科目の免除を申請する者のみ
⑦氏名、本籍の変更の経緯がわかる公的書類（戸籍抄本等）　※必要な者のみ
⑧個人情報の提供にかかる同意書　※該当者のみ
⑨特別措置申請書および医師の診断・意見書　※必要な者のみ
⑩出願用の封筒

①受験願書・履歴書

受験願書・履歴書の用紙は受験案内に添付されています。

②受験料（収入印紙）

受験科目が7科目以上の場合は 8,500 円、4科目以上6科目以下の場合は 6,500 円、3科目以下の場合は 4,500 円です。受験料分の金額の日本政府発行の収入印紙（都道府県発行の収入証紙等は不可）を郵便局等で購入し、受験願書の所定欄に貼り付けてください。

③写真2枚（縦4cm× 横3cm）

出願前6か月以内に撮影した、無帽・背景無地・正面上半身の写真を2枚（同一のもの）用意し、裏面に受験地と氏名を記入して受験願書の所定欄に貼り付けてください。写真は白黒・カラーいずれも可です。

④住民票または戸籍抄本（原本）

出願前6か月以内に交付され、かつ「本籍地（外国籍の方は国籍等）」が記載されたものを用意してください。マイナンバーの記載は不要です。海外在住の外国籍の方で提出が困難な場合は、必ず事前に文部科学省総合教育政策局生涯学習推進課認定試験第二係まで問い合わせてください。　TEL：03-5253-4111（代表）（内線 2590・2591）

⑤科目合格通知書（原本）

過去に高等学校卒業程度認定試験または大学入学資格検定において、一部科目に合格している方は提出してください。なお、紛失した場合は受験案内にある「科目合格通知書再交付願」で出願前に再交付を受けてください。結婚等により、科目合格通知書に記載された氏名または本籍に変更がある場合は、「⑦氏名、本籍の変更の経緯がわかる公的書類（戸籍抄本等）」をあわせて提出してください。

⑥試験科目の免除に必要な書類（単位修得証明書、技能審査の合格証明書）（原本）

試験科目の免除を申請する方は受験案内を確認し、必要書類を提出してください。なお、「単位修得証明書」が発行元で厳封されていない場合は受理されません。結婚等により、試験科目の免除に必要な書類の氏名に変更がある場合は、「⑦氏名、本籍の変更の経緯がわかる公的書類（戸籍抄本等）」をあわせて提出してください。

⑦氏名、本籍の変更の経緯がわかる公的書類（戸籍抄本等）（原本）

結婚等により、「⑤科目合格通知書」や「⑥試験科目の免除に必要な書類」に記載された氏名または本籍が変更となっている場合に提出してください。

⑧個人情報の提供にかかる同意書

外国籍の方で、過去に高等学校卒業程度認定試験または大学入学資格検定で合格した科目があり、「⑤科目合格通知書」の氏名（本名）または国籍に変更がある場合は、受験案内を確認して提出してください。

⑨特別措置申請書および医師の診断・意見書

身体上の障がい等により、受験の際に特別措置を希望する方は、受験案内を確認し、必要書類を提出してください。

⑩出願用の封筒

出願用の封筒は受験案内に添付されています。封筒の裏面に氏名、住所、電話番号、受験地を明記し、「出願書類確認欄」を用いて必要書類が揃っているかを再度チェックし、不備がなければ郵便局の窓口で「簡易書留扱い」にして文部科学省宛に送付してください。

3. 受験票

受験票等（受験科目決定通知書、試験会場案内図および注意事項を含む）は文部科学省から受験願書に記入された住所に届きます。受験案内に記載されている期日を過ぎても到着しない場合や記載内容に誤りがある場合は、文部科学省総合教育政策局生涯学習推進課認定試験第二係に連絡してください。　TEL：03-5253-4111（代表）　①試験実施に関すること（内線 2024・2643）　②証明書に関すること（内線 2590・2591）

4. 合格発表・結果通知

試験の結果に応じて、文部科学省から次のいずれかの書類が届きます。全科目合格者には「**合格証書**」、一部科目合格者には「**科目合格通知書**」、その他の者には「**受験結果通知**」が届きます。「**合格証書**」が届いた方は、大学入学資格（高等学校卒業程度認定資格）が与えられます。ただし、試験で合格要件を満たした方が満 18 歳に達していないときには、18 歳の誕生日から合格者となります。そのため、大学入学共通テスト、大学の入学試験等については、原則として満 18 歳になる年度から受験が可能となります。大学入学共通テストについては、独立行政法人大学入試センター　事業第一課（TEL：03-3465-8600）にお問い合わせください。「**科目合格通知書**」が届いた方は、高等学校卒業程度認定試験において1科目以上の科目を合格した証明になりますので、次回の受験まで大切に保管するようにしてください。なお、一部科目合格者の方は「**科目履修制度**」を利用して、合格に必要な残りの科目について単位を修得することによって、高等学校卒業程度認定試験合格者となることができます（「**科目履修制度**」については次のページもあわせて参照してください）。

科目履修制度（未合格科目を免除科目とする）

1.科目履修制度とは

科目履修制度とは、通信制などの高等学校の科目履修生として未合格科目（合格に必要な残りの科目）を履修し、レポートの提出とスクーリングの出席、単位認定試験の受験をすることで履修科目の単位を修得する制度となります。この制度を利用して単位を修得した科目は、免除科目として文部科学省に申請することができます。高等学校卒業程度認定試験（高卒認定試験）の合格科目と科目履修による単位修得を合わせることにより、高等学校卒業程度認定試験の合格者となることができるのです。

2.科目履修の学習内容

レポートの提出と指定会場にて指定回数のスクーリングに出席し、単位認定試験で一定以上の点数をとる必要があります。

3.科目履修制度の利用

❶ すでに高卒認定試験で合格した一部科目と科目履修を合わせることにより高卒認定試験合格者となる。

高卒認定試験 既合格科目 ＋ 科目履修（残り科目を履修） ＝ 合わせて8科目以上 **高卒認定試験 合格**

※最低１科目の既合格科目または合格見込科目が必要

① 苦手科目がどうしても合格できない方　② 合格見込成績証明書を入手し、受験手続をしたい方
③ 残り科目を確実な方法で合格したい方　④ 大学・短大・専門学校への進路が決まっている方

❷ 苦手科目等を先に科目履修で免除科目にして、残りの得意科目は高卒認定試験で合格することで高卒認定試験合格者となる。

科目履修（苦手科目等を履修） ＋ 高卒認定試験 科目受験 ＝ 合わせて8科目以上 **高卒認定試験 合格**

※最低１科目の既合格科目または合格見込科目が必要

① 得意科目だけで高卒認定試験の受験に臨みたい方　② できるだけ受験科目数を減らしたい方
③ どうしても試験で合格する自信のない科目がある方　④ 確実な方法で高卒認定試験の合格を目指したい方

4.免除を受けることができる試験科目と免除に必要な修得単位数

免除が受けられる試験科目	高等学校の科目	免除に必要な修得単位数
国語	「現代の国語」	2
	「言語文化」	2
地理	「地理総合」	2
歴史	「歴史総合」	2
公共	「公共」	2
数学	「数学Ⅰ」	3
科学と人間生活	「科学と人間生活」	2
物理基礎	「物理基礎」	2
化学基礎	「化学基礎」	2
生物基礎	「生物基礎」	2
地学基礎	「地学基礎」	2
英語	「英語コミュニケーションⅠ」	3

（注）上記に記載されている免除に必要な修得単位数はあくまで標準的修得単位数であり、学校によっては科目毎の設定単位数が異なる場合があります。

■科目履修制度についてより詳しく知りたい方は、J-出版編集部にお問い合わせください。
TEL：03-5800-0552
Mail：info@j-publish.net

傾向と対策

1. 出題傾向

過去 3 年間の 8 月試験及び 11 月試験の出題傾向は以下の通りです。令和 5 年度までは地理 A、地理 B からの選択でしたが、令和 6 年度からは「地理」という科目名になり、選択はなくなります。

令和 5 年度までの試験では、地理的な知識を問う問題だけではなく、地図や統計資料を読み解いて解答する設題も見られました。読み取り問題は事前の問題演習量が重要になります。過去問題をしっかりと解き、間違ってしまった問題の見直しを怠らないようにしましょう。

出題内容	令和 3 年度第 1 回	令和 3 年度第 2 回	令和 4 年度第 1 回	令和 4 年度第 2 回	令和 5 年度第 1 回	令和 5 年度第 2 回	配点
1. 現代世界の特色							5 点×20問
地図	●	●	●	●	●	●	
現代世界	●	●					
地形図・地域調査	●	●	●	●	●	●	
2. 世界の諸地域の地域性							
世界の地形				●			
世界の気候と農業	●		●		●	●	
世界の人口と都市問題		●					
世界の民族・宗教	●	●	●	●	●	●	
3. 世界の諸地域の生活・文化							
北アメリカ							
中央・南アメリカ							
中国・韓国・ロシア							
東南アジア							
南アジア・西アジア・中央アジア							
ヨーロッパ							
アフリカ							
オセアニア							
4. 現代世界と日本							
身近な地域と統計	●	●	●	●	●	●	
身近な地域の諸課題	●	●	●	●	●	●	
5. 現代世界の諸課題							
地球環境問題		●		●			
資源・エネルギー問題	●					●	
自然環境と防災	●	●	●	●	●	●	

2. 出題内容と対策

令和６年度からの「地理」の出題範囲は、おおよそ旧地理Ａの学習分野に相当します。令和５年度までの地理Ａの出題範囲は以下の通りです。

1

地図や地球儀に関する知識を問う問題が出題されます。正距方位図法やメルカトル図法が重要になります。これらの図法の特徴をしっかり理解したうえで、大圏航路、緯度・経度、時差などの関連分野もしっかり学習してください。

2

世界の生活文化に関する内容が問われます。気候や言語、民族、宗教と地域ごとの生活様式、習慣など幅広い内容になり、非常に学習しづらい分野です。国や地域ごとに特徴のある事柄をしっかりまとめて覚えていくようにしましょう。

3

世界の課題や地理的考察に関して出題されます。エネルギーや資源に関する問題や人口問題、環境問題などについて、知識と読み取り力が必要となる問題が出されます。

4

自然環境と防災、日常生活と結びついた地図などについて出題されます。比較的身近な日本の地域についての問題が多く、また読み取り要素の強い出題傾向ですので、粘り強く読み進めていくことで確実に得点することができます。

5

生活圏の地理的課題と地域調査に関して出題されます。地形図が出題される可能性が高いので、読み方についてしっかり学習しておきましょう。等高線や地図記号など、細かい読み取りも必要になります。

「地理」は令和6年度よりとして再編される科目ですので、大問の編成については変更される可能性もありますが、出題傾向については大きな変更はない見込です。従来通り、基本的知識の習得と読み取りに関する問題演習を怠らないようにしましょう。

令和５年度 第２回
高卒認定試験

地理Ａ

解答時間　50 分

注　意　事　項（抜粋）

*　試験開始の合図前に，監督者の指示に従って，解答用紙の該当欄に以下の内容をそれぞれ正しく記入し，マークすること。

①**氏名欄**

氏名を記入すること。

②**受験番号**，③**生年月日**，④**受験地欄**

受験番号, 生年月日を記入し，さらにマーク欄に**受験番号**（数字），**生年月日**（年号・数字），**受験地をマーク**すること。

*　**受験番号，生年月日，受験地が正しくマークされていない場合は，採点できないことがある。**

*　解答は，解答用紙の解答欄にマークすること。例えば，10 と表示のある解答番号に対して②と解答する場合は，次の(例)のように**解答番号 10 の解答欄**の②に**マーク**すること。

（例）

解答番号	解　答　欄
10	① ● ③ ④ ⑤ ⑥ ⑦ ⑧ ⑨ ⓪

地　理　A

（解答番号 1 ～ 20 ）

1 地図からとらえる現代世界に関して，問1～問4に答えよ。

問1 ツヨシさんたちは，「メッシュマップにはどのような有用性があるのだろうか」という主題が掲げられた地理の授業において，**資料1**と**資料2**を得た。これらの資料を基にしたツヨシさんたちの発言として下線部の内容が**不適切なもの**を，あとの①～④のうちから一つ選べ。解答番号は 1 。

資料1 ある地域をメッシュ（編み目）で区画した地図

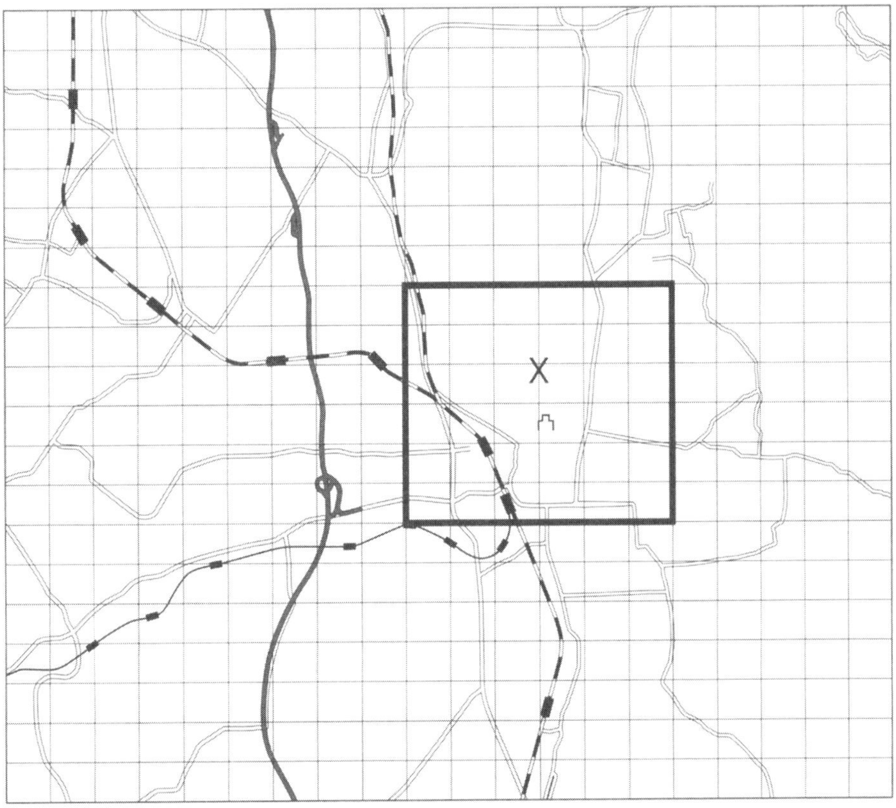

注）メッシュは，20万分の1地勢図の図幅を緯線方向および経線方向にそれぞれ160等分したものであり，この地域では南北方向が約460 m，東西方向が約560 mの間隔である。

（「jSTAT MAP」により作成）

資料2　**資料1**中の**X**の範囲におけるメッシュごとの夜間人口と昼間人口(人)

A　夜間人口(常住人口)

141	550	1,625	1,767	461	1,805
209	845	1,432	1,936	455	1,580
265	902	**1,342**（ア）	1,795	1,758	1,793
296	1,117	837	942	1,460	1,524
849	935	1,811	1,299	1,360	1,505
722	1,131	**455**（イ）	1,641	1,058	703

B　昼間人口

150	9	579	245	877	593
100	90	317	325	2,232	369
63	259	238	320	433	254
163	1,177	1,250	1,751	838	315
817	675	1,870	3,910	1,016	300
885	921	**7,434**（イ’）	3,582	1,014	216

① ツヨシさんの発言

資料1中のメッシュの面積は約 0.25 km^2 であることから，**資料1**中の**X**の範囲について，メッシュの数を基にしておよその面積を把握することができます。

② ツネさんの発言

資料2中の**ア**と**イ**のメッシュを比較すると，アのメッシュの方が人口密度が高いことが読み取れます。

③ ショウさんの発言

資料1を踏まえたうえで**資料2**中の**イ**と**イ’**を比較すると，昼間には周辺から鉄道や自動車を利用して，このメッシュに多くの人が集まってくると考えられます。

④ ユウジさんの発言

資料2中の**A**と**B**について，人口が 1,000 以上のメッシュを灰色，3,000 以上のメッシュを黒色として，該当するメッシュを塗り分けたうえでその数を比較すると，灰色と黒色のそれぞれのメッシュの数は，**A**が**B**を上回ります。

問 2　ツヨシさんたちは，地図から読み取れる世界観の変化に興味をもち，**資料3**を得た。また**資料4**は，**資料3**のア～エのいずれかを説明するためにまとめようとしているカードである。**資料3**の各地図のうち，原図の作成時期が最も古い地図と最も新しい地図の組合せとして最も適切なものを，あとの①～④のうちから一つ選べ。解答番号は　2　。

資料3　ツヨシさんたちが見つけた世界地図(作成時期や場所は異なる)

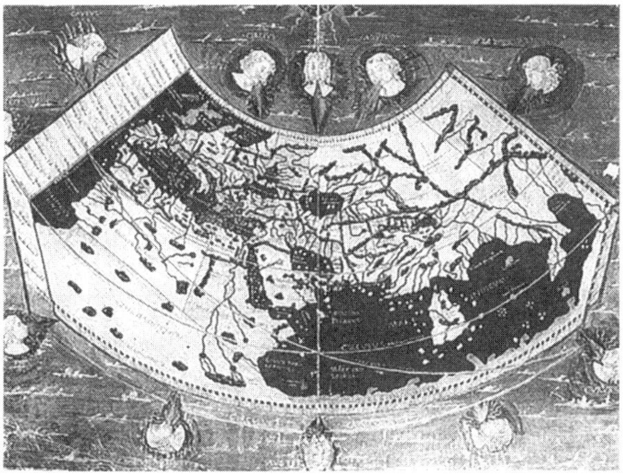

ア

イ

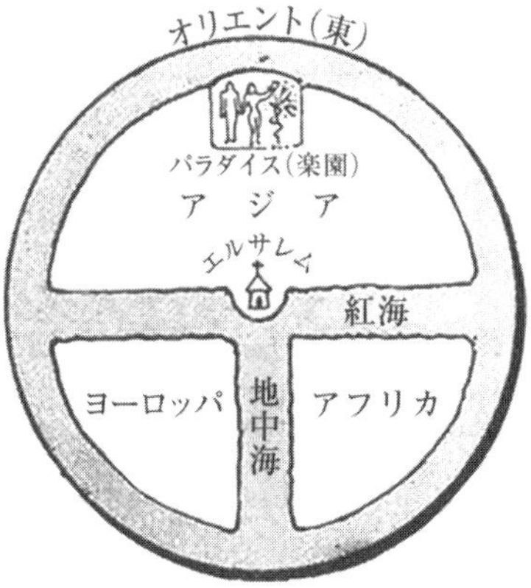

ウ

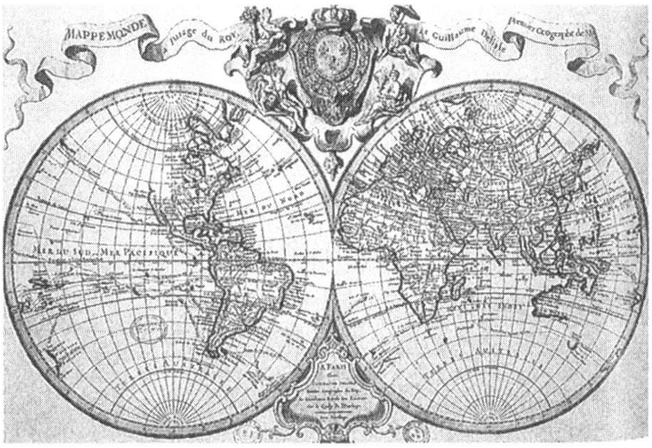

エ

(「デルフィのオムパロス　世界の写真から」などにより作成)

資料4　資料3の4枚の地図についてまとめようとしているカード（原図の作成時期の古い順）

ア～エのいずれかの地図を貼り付ける部分	ヘカタイオスの世界地図（紀元前6世紀） 平面的な世界観であり，周囲は海で囲まれている。一方，すでにこの時期は，地中海や黒海などに面する諸都市の交流が活発であったと考えられ，関係する地域の海岸線や河川の情報は詳しくなっている。
ア～エのいずれかの地図を貼り付ける部分	プトレマイオスの世界地図（2世紀頃） 丸い地球を平面に描き表した最初の世界図で，円錐を平面に展開したような形となっている。この時期には地球が球体であるという考え方に一定の広がりがあったことが分かる。
ア～エのいずれかの地図を貼り付ける部分	TO型の世界地図（10世紀頃） キリスト教的世界観の影響を受ける。聖地エルサレムを中心に，最端に楽園があるとされたアジアを上に，右下にアフリカ，左下にヨーロッパを配置し，間に地中海や紅海などが示され，周囲は海で囲まれている。
ア～エのいずれかの地図を貼り付ける部分	ドゥリールによる世界地図（18世紀） 大航海時代を経て，緯度や経度を用いながら，各大陸の位置と形状がほぼ正確に描かれるようになっている。一方で，情報が少ない地域もあり，まだ描かれていない部分や不明確な部分が見られる。

	作成時期が最も古い地図	作成時期が最も新しい地図
①	ア	ウ
②	ア	エ
③	イ	ウ
④	イ	エ

問 3　ツヨシさんは，「時差があることは不便なことばかりなのだろうか」という主題が掲げられた地理の授業において，**資料 5** ～ **資料 7** を得た。これらの資料を基にした**メモ**中の下線部 X，Y の内容の正誤についての説明として最も適切なものを，あとの①～④のうちから一つ選べ。解答番号は **3** 。

資料 5　世界のいくつかの証券取引所の取引時間（現地時間）

証券取引所	都　市	取引時間
東京証券取引所	東　京	9:00～15:00
ニュージーランド証券取引所	ウェリントン	9:00～16:00
ニューヨーク証券取引所	ニューヨーク	9:30～16:00
香港証券取引所	香　港	9:30～16:00
ロンドン証券取引所	ロンドン	8:00～16:30

注）取引の開始時刻から終了時刻までを示しており，休憩時間は考慮していない。

（https://resource.ashigaru.jp/exchange/ などにより作成）

資料 6　**資料 5** 中の証券取引所が位置する都市と世界の等時帯地図

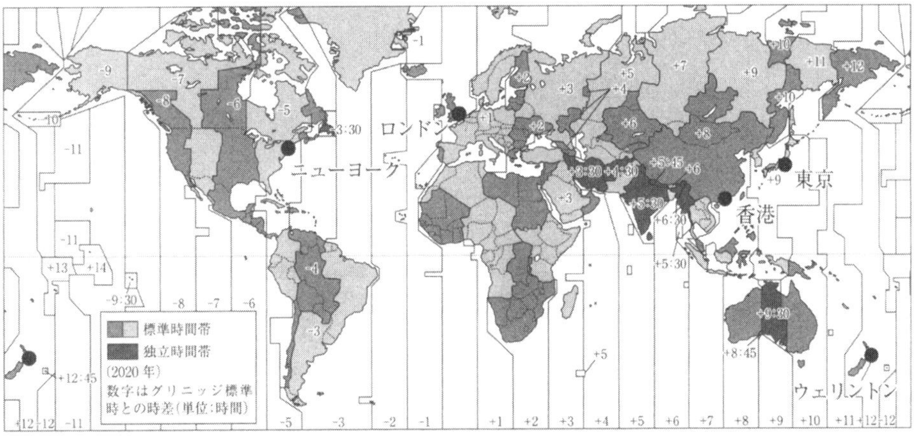

（「地理屋にできること」などにより作成）

資料7　**資料5**中のロンドンといずれか三つの証券取引所の取引時間（グリニッジ標準時）

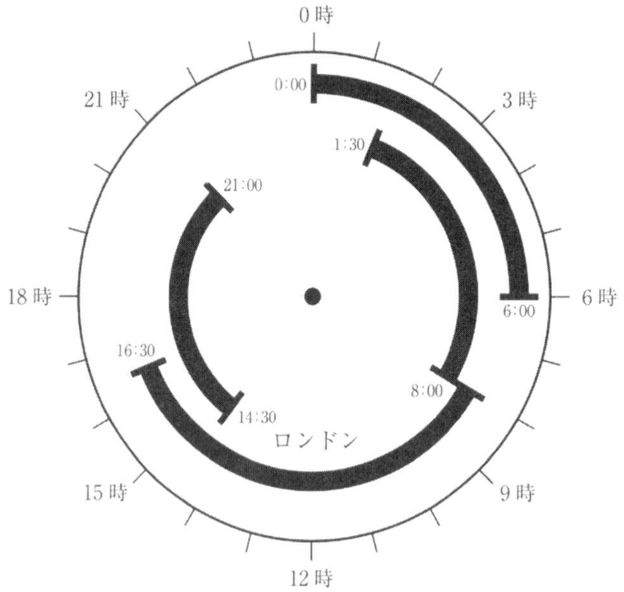

メモ

●各証券取引所の取引時間は**資料5**では現地時間で，**資料7**ではグリニッジ標準時で示されており，サマータイムは考慮していない。

●**資料7**には，**資料5**中の五つの証券取引所の取引時間のうちの一つが抜けている。

●**資料5**と**資料6**を踏まえると，**資料7**で抜けているのはX東京証券取引所である。

●**資料7**に**資料5**の五つの証券取引所の取引時間をすべて示すと，24時間，五つの証券取引所のYいずれかが取引時間になっていることが分かる。

① 下線部Xのみ誤りである。

② 下線部Yのみ誤りである。

③ 下線部Xと下線部Yはともに誤りである。

④ 下線部に誤りはない。

問 4 ツヨシさんは，「情報通信網によって世界の国々はどのように結び付いているのだろうか」という主題について考察を行い，**資料 8** を得て**資料 9** を作成した。**資料 9** 中の**X**，**Y**はアメリカ合衆国とブラジルのいずれかを，**A**，**B**はアジアと北アメリカのいずれかを示している。**X**，**Y**および**A**，**B**に当てはまる国名と地域名の組合せとして最も適切なものを，あとの①～④のうちから一つ選べ。解答番号は [4] 。

資料 8　海底ケーブルの敷設(ふせつ)状況(2017 年)

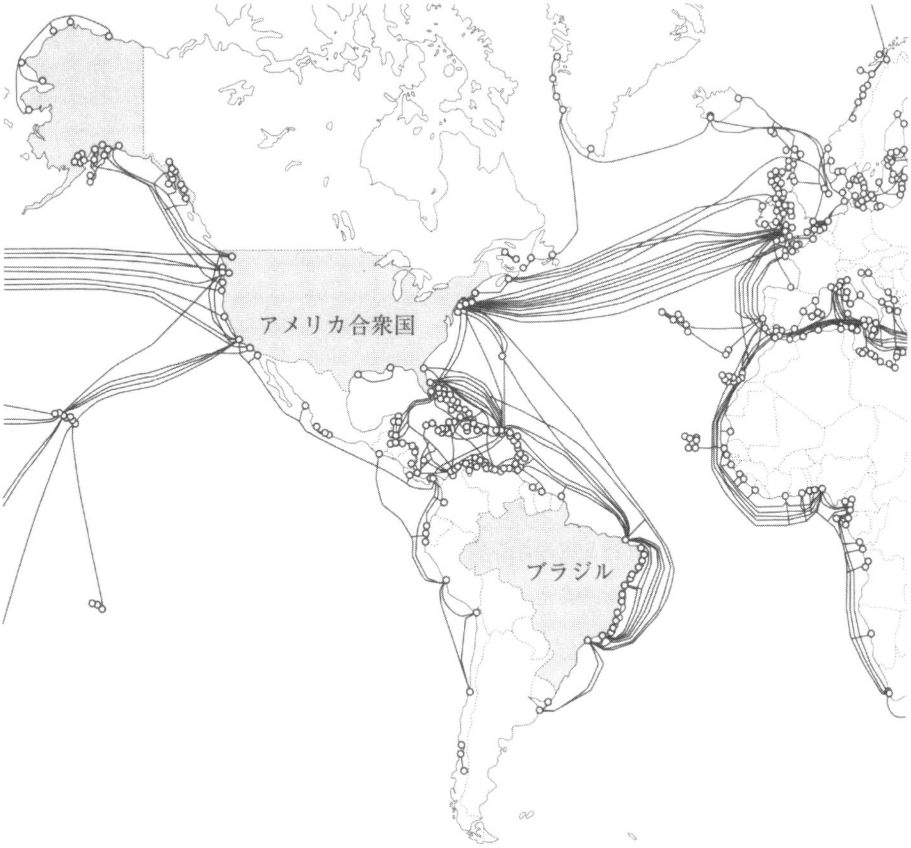

(https://www.submarinecablemap.com/ により作成)

資料9　ツヨシさんが作成したスライドと発表原稿

スライド

アメリカ合衆国とブラジルにおける国境を越えたデータ通信容量の地域別割合(2017年)

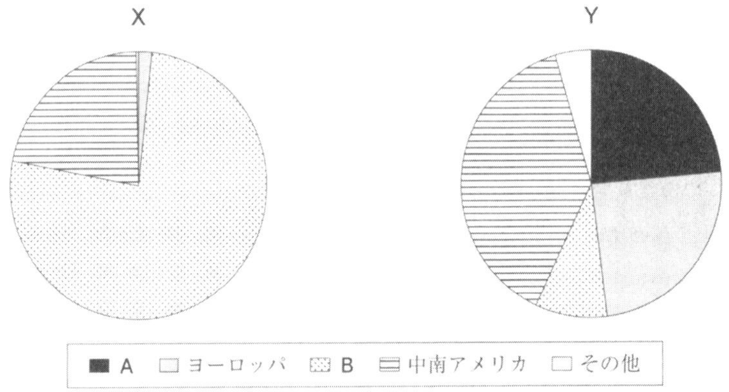

注)・他国とのデータ通信容量(単位：ギガビット毎秒)の総量を100とした時の各地域の割合を表している。
・北アメリカはアメリカ合衆国とカナダ，中南アメリカはメキシコ以南の国々である。

(「ジェトロ世界貿易投資報告2018年版」により作成)

発表原稿

資料8は，1989年から2017年の間に敷設された海底ケーブルを示しています。国境を越えたインターネットによるデータ通信のほとんどは海底ケーブルを介して行われているので，その敷設状況は二国間のデータ通信の実態を反映していると考えられます。

スライドの円グラフによると，アメリカ合衆国に比べてブラジルでは，国境を越えたデータ通信容量の地域別割合が特定の地域に著しく偏っています。両国共に，何本もの海底ケーブルで結ばれた地域とのデータ通信容量が大きい傾向を読み取ることができ，それらの地域との間でデータ通信が盛んであると推察できます。

「インターネットによって世界は一つになった」といわれますが，その結びつき方は国や地域によって大きく異なっていると考えられます。

	X	Y	A	B
①	アメリカ合衆国	ブラジル	アジア	北アメリカ
②	アメリカ合衆国	ブラジル	北アメリカ	アジア
③	ブラジル	アメリカ合衆国	アジア	北アメリカ
④	ブラジル	アメリカ合衆国	北アメリカ	アジア

2 世界の生活文化の多様性に関して，**問１～問４**に答えよ。

問１ マドカさんは，世界の諸地域の多様な生活文化を学習したうえで，日本の言語文化に興味をもち，**資料１**と**資料２**を得た。**資料１**と**資料２**から読み取った内容として**不適切なもの**を，あとの①～④のうちから一つ選べ。解答番号は **5** 。

資料１　「いも」の意味を表す分布

「このあたりで普通『いも』と言ったら，どの芋(いも)(じゃがいも，さつまいも，さといも)のことを言いますか。芋(いも)が食べたいと言ったらどの芋のことですか。」という質問文に対する回答結果を地図化した。

注)・2010年から2015年にかけて，国立国語研究所が行った全国方言分布調査により，全国554地点で調査を実施しており，そのうち町村部のみを地図化した。
・調査対象者は原則として70歳以上とし，長期にわたりそれぞれの場所から移動していないことを条件としている。

（「新日本言語地図」により作成）

資料2　じゃがいも，さつまいも，さといもの生産量上位6道県（2020年度）

じゃがいも	単位：t
北海道	1,733,000
鹿児島県	85,400
長崎県	84,600
茨城県	42,100
千葉県	28,100
長野県	16,400

さつまいも	単位：t
鹿児島県	214,700
茨城県	182,000
千葉県	90,200
宮崎県	68,100
徳島県	27,100
熊本県	17,300

さといも	単位：t
埼玉県	17,700
千葉県	14,700
宮崎県	13,400
愛媛県	9,720
栃木県	7,560
鹿児島県	7,560

（作物統計調査により作成）

① **資料1**から，北海道・東北地方全体では，「じゃがいも」の分布が最も多くなっていることが分かる。

② **資料1**から，中国・四国地方全体では，「さつまいも」の分布が最も多くなっていることが分かる。

③ **資料1**と**資料2**から，それぞれのいもの生産量1位の道県では，1位となっているいもの呼称が道県内に分布していることが分かる。

④ **資料1**と**資料2**から，九州地方での分布が多い「さといも」は，生産量でも九州地方が上位6道県の半分以上を占めていることが分かる。

問 2 マドカさんは，宗教が人々の生活にも大きな影響を与えていることについて興味をもち，**資料 3**～**資料 5** を得た。マドカさんたちの**会話文**中の空欄 X ， Y に当てはまる記号と語句の組合せとして最も適切なものを，あとの①～④のうちから一つ選べ。解答番号は 6 。

資料 3　インドのカレンダー

2021年4月

日	月	火	水	木	金	土
				1	2 キリスト教復活祭前の金曜日	3
4 イースター（復活祭）	5	6	7	8	9	10
11	12	13 各地の新年祭	14 タミル民族の新年	15 アッサム民族の新年	16	17
18	19	20	21 ヒンドゥー教ラーマ神の誕生祭	22	23	24
25 ジャイナ教開祖の誕生日	26	27	28	29	30	

2021年8月

日	月	火	水	木	金	土
1	2	3	4	5	6	7
8	9	10	11	12	13	14
15 イギリスからの独立記念日	16 ゾロアスター教の新年	17	18	19	20 イスラームの新年	21 インド神話に関する祭り
22 ヒンドゥー教神話の祭り	23	24	25	26	27	28
29	30 ヒンドゥー教クリシュナ神の誕生祭	31				

（凡例）濃い網掛け：全国共通の祝日　白：個人が選択可能な祝日

（https://www.india.gov.in/ により作成）

資料 4　インドもしくはインドネシアの宗教別人口割合

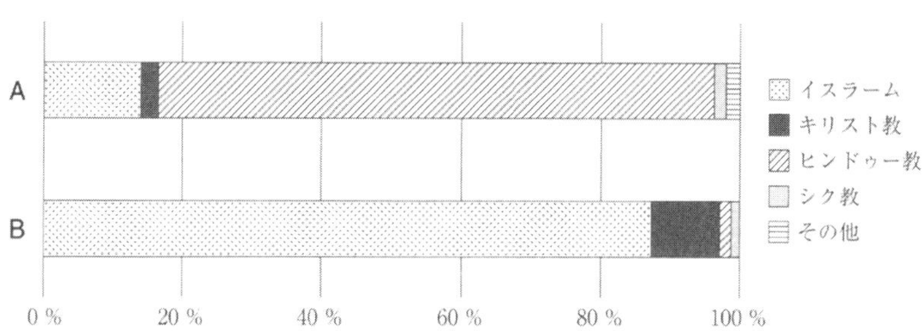

（https://www.cia.gov/the-world-factbook/ により作成）

会話文

マドカ：面白い資料を見つけました。**資料3**を見てください。インドでは凡例にあるように，全国共通の祝日と個人が選択可能な祝日があるそうです。

マリコ：とても興味深いですね。なぜ選択式の祝日が設定されているのでしょうか。

ヒロシ：様々な宗教の影響を受けた祝日があることが分かりますね。**資料4**を見てください。インドにおける宗教別人口割合の特徴を確かめるために，インドと共通する宗教が国内に多く存在するインドネシアと統計データで比較してみました。インドはAとBのどちらでしょうか。

マリコ：インドの宗教別人口割合を表したのは［ X ］です。特徴的なカレンダーはやはり理由があるのですね。

マドカ：こうした考え方は言語面でも見られ，紙幣にも表れているようです。**資料5**を見てください。英語やヒンディー語のほかに，**ア**の部分には憲法で指定された言語が示されています。この目的は［ Y ］ためです。

ヒロシ：とても面白いですね。文化の多様性が人々の生活に影響を与えている事例についてもっと調べてみようと思います。

資料5　インドで使われている紙幣

（http://www.banknote.ws/ により作成）

	X	Y
①	A	様々な国からの外国人観光客が紙幣を利用しやすくする
②	A	様々な異なる言語が話されており，紙幣を地方の人々が利用しやすくする
③	B	様々な国からの外国人観光客が紙幣を利用しやすくする
④	B	様々な異なる言語が話されており，紙幣を地方の人々が利用しやすくする

問 3　マドカさんは，世界の特徴的な住居について興味をもち，モンゴルの伝統的な住居であるゲルについて調べることにした。マドカさんがまとめた**レポート**中の空欄 X ，Y に当てはまる語句の組合せとして最も適切なものを，あとの①～④のうちから一つ選べ。解答番号は 7 。

レポート

ゲルの伝統的な特徴と新しい動き

マドカ

〈テーマ設定の理由〉

モンゴルの伝統的な移動住居であるゲルについて調べていると，**資料6**のような写真を見つけ，アンテナやソーラーパネルが備えつけられているゲルも多いことが分かった。伝統的な暮らしを守りつつ，人々の生活がどのように変化しているのかについて深く学びたいと考えたため。

資料6　ゲルの様子

（https://www.kankyo-business.jp/news/021206.php などによる）

〈ゲルの特徴と人々の暮らし〉

モンゴルのゲルは組み立て式の移動住居で，季節ごとに居住地を変える。かつては春夏秋冬の4回にわたって居住地を移動していたが，現在は夏と冬の2回としている遊牧民も多い。暖房や煮炊きのため，室内の中心に配置されたストーブでは家畜の糞が燃料に用いられる。家畜は天然の牧草のみを食べているため，燃やしても悪臭はしない。家畜の糞は断熱効果があるため，床下に敷き詰められることもある。ゲルの入り口はほとんどの場合， X にして建てられる。これは太陽光を最大限ゲルの中に取り込み，部屋を明るくして温めるためである。この工夫はソーラーパネルが入り口と同じ向きに設置されていることからも読み取れる。ソーラーパネルによる発電を利用し，近年はテレビや冷蔵庫，洗濯機などを利用している遊牧民も多いそうである。

（次ページに続く）

〈暮らしを支える技術と自然環境の活用〉

資料7　遊牧民向けの移動式ソーラーパネルと風力発電機

（https://tamakino.hatenablog.com/entry/2020/10/12/080000 による）

資料7のように，家畜とともに遊牧生活をつづけながらも，移動手段として自家用車を利用する人々も増えている。モンゴルの草原地帯は［Y］ため，こうしたクリーンエネルギーの発電に適した自然環境であるといえる。

〈まとめ〉

古くから遊牧民の人々は季節的に草や水を求めて移動し，自然とともに暮らしてきた。人々の生活に変化はあるものの，自然環境を巧みに利用し，エネルギーを自給自足しながら暮らす姿は今も昔も大きく変わっていないように思う。環境負荷を抑えながら持続可能な暮らしを目指すうえで，私たちも現代の遊牧民の人々の暮らしに学ぶべきことが多いと感じた。

	X	Y
①	南向き	降水量が少なく夏の日照時間が長い
②	南向き	夕立によって突風が吹きやすい
③	北向き	降水量が少なく夏の日照時間が長い
④	北向き	夕立によって突風が吹きやすい

問4　マドカさんは，**資料8**のSNS上で見つけたカナダの首相のプロフィール表記に興味をもち，カナダの二言語主義の現状や政策について調べて**資料9**と**資料10**を得た。マドカさんたちの**会話文**中の空欄 X ～ Z に当てはまる記号の組合せとして最も適切なものを，あとの①～④のうちから一つ選べ。解答番号は 8 。

資料8　SNSにおけるカナダ首相プロフィールの英語とフランス語による二言語表記

Justin Trudeau

Father, husband, @liberal_party Leader, 23rd Prime Minister of Canada.（英語）
Papa, mari, chef du @parti_liberal, 23e premier ministre du Canada.（フランス語）

（https://twitter.com/JustinTrudeau?s=20&t=9a1xTKKWsxNgPe1_DkKXfA により作成）

資料9　フランス語を母語とする人口もしくは二言語話者人口の割合

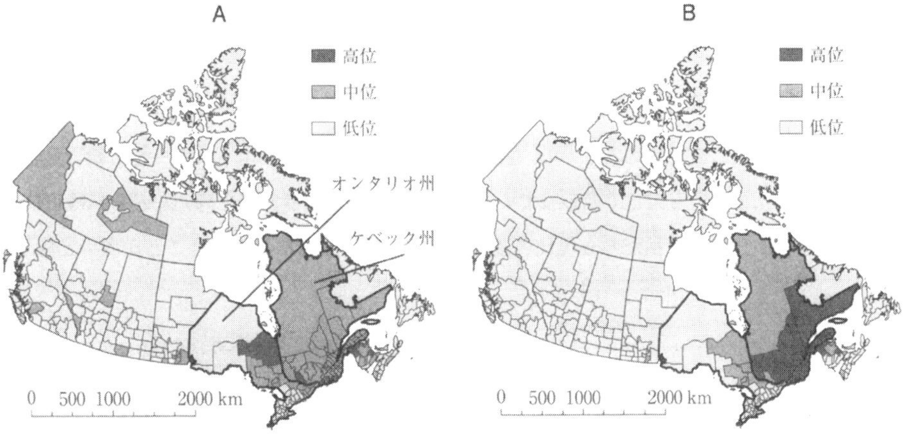

（大石太郎『カナダにおける二言語主義の現状と課題』により作成）

資料10　カナダ全体と二つの州における年齢階級別二言語話者人口の割合(2011 年)

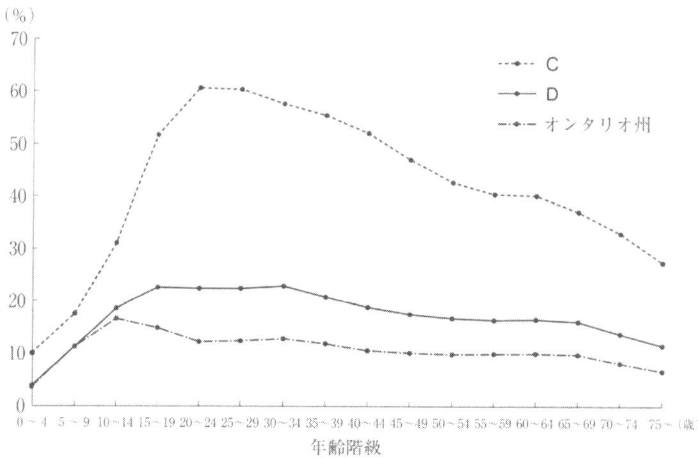

(大石太郎『カナダにおける二言語主義の現状と課題』により作成)

会話文

マドカ：**資料8**を見てください。カナダは英語とフランス語の2か国語が公用語になっている国だと授業で学習しましたが，カナダの首相はそれぞれの言語使用に偏りがないように，SNSもすべて二言語で発信されているそうです。

マリコ：すごい徹底ぶりですね。

ヒロシ：**資料9**を見てください。二言語話者人口の割合を表したのはAとBどちらか分かりますか。

マリコ：英語とフランス語だけでなく，英語とアジア系言語や先住民言語の組合せも考えられる［X］だと思います。

ヒロシ：そのとおりです。カナダの人々はどのようにして二言語話者になるのでしょうか。

マドカ：ケベック州では，高等学校卒業段階まではフランス語を使って学ぶ学校に通うことが原則となっている一方，仕事上における必要性から，英語を話す人の割合は若年層を中心に高くなっています。ケベック州以外では，フランス語を母語としない子どもが小学校段階からフランス語を学習する特別プログラムが近年人気になっているようです。

マリコ：こうした背景から**資料10**中のカナダ全体を表したグラフは［Y］，ケベック州を表したグラフは［Z］なのですね。それぞれの文化を尊重した社会の実現には，やはり教育が果たす役割や影響が大きいことがよく分かりました。

	X	Y	Z
①	A	C	D
②	A	D	C
③	B	C	D
④	B	D	C

3 地球的課題の地理的考察に関して，**問1～問4**に答えよ。

問1 ユウタさんは，イギリスでのエアコンの普及率が低いことに興味をもち，**資料1～資料3**を得た。ユウタさんとイギリス出身の留学生エバンさんとの**会話文**中の空欄 X ， Y に当てはまる記号と語句の組合せとして最も適切なものを，あとの①～④のうちから一つ選べ。解答番号は 9 。

資料1 ロンドンと東京の気温と降水量(月別平均)

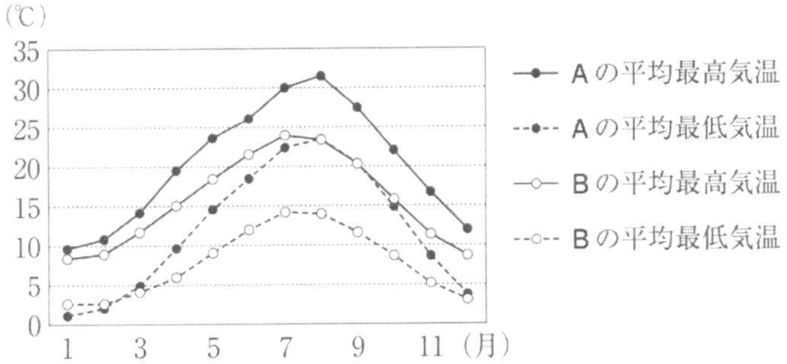

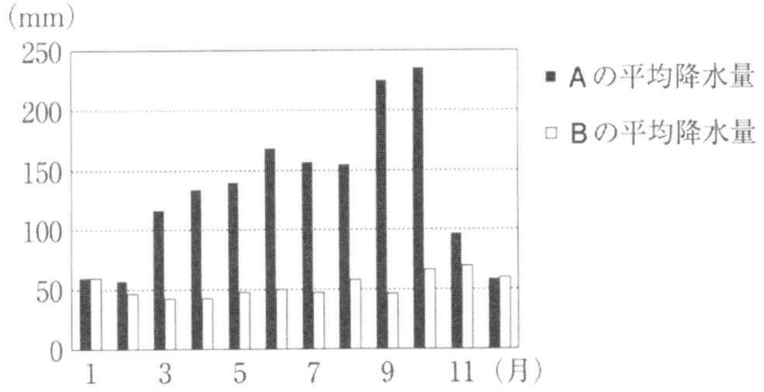

(気象庁ホームページなどにより作成)

資料2 イギリスの異常気象を知らせるニュース内容(2022年7月)

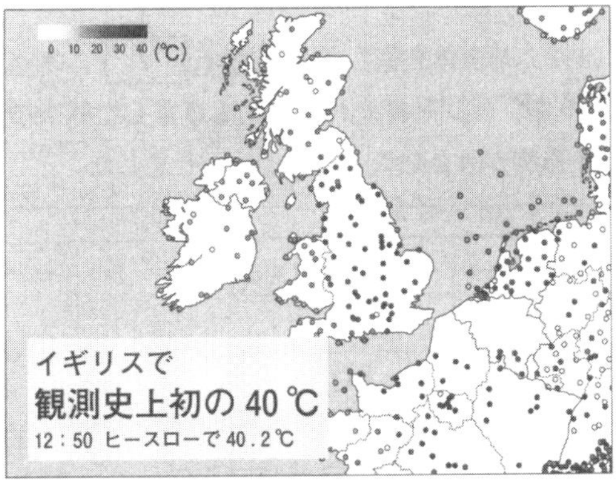

(「ウェザーニュース」2022/07/19により作成)

資料3　2021年6月20～29日の大気の様子

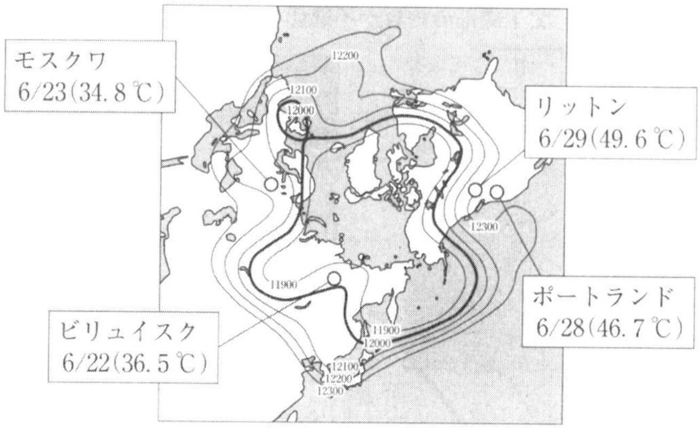

注）等値線は200 hPa面の高度の実況値(単位はm，一部を抜粋)を示しており，偏西風はこの線に沿って流れている。

（気象庁ホームページにより作成）

会話文

ユウタ：イギリスでは，エアコンの普及率が低いと聞きましたが，どうしてでしょうか。
エバン：イギリスは，大陸の西岸に位置し，大陸の東岸に位置する日本とは違った気候になっています。日本は，大陸東岸の特徴で，気温の年較差がとても大きいですね。**資料1**を見てください。ロンドンの気温と降水量を表しているのは，AとBのどちらか分かりますか。
ユウタ：東京の気候を基に考えると，ロンドンは，［X］だと思います。
エバン：そのとおりです。そのため，イギリスではエアコンの普及率が低いのです。
ユウタ：そうなのですね。**資料2**を見てください。2022年7月には，ロンドンで40℃を超える日があったようです。これはどうしてでしょうか。
エバン：2022年7月のヨーロッパでは，高温の空気が流れ込んだことにより各地で例年以上の気温が観測されたと考えられています。前年の2021年にも，モスクワなど北半球各地で記録的な高温が発生しました。**資料3**は，2021年の記録的な高温が起こった際の大気の様子を表しています。高温をもたらす風は，どこから流れ込んだのでしょう。
ユウタ：**資料3**の等値線から考えると，［Y］ではないでしょうか。
エバン：そのとおりです。今回のイギリスの高温も類似する現象と考えられるかもしれません。
ユウタ：エバンさん，ありがとうございます。

	X	Y
①	A	高緯度から
②	A	低緯度から
③	B	高緯度から
④	B	低緯度から

問２　ユウタさんは，日本の製造業の変化に興味をもち，**資料４～資料６**を得た。資料から作成したレポートとして下線部の内容が**不適切なもの**を，レポート中の①～④のうちから一つ選べ。解答番号は　10　。

資料４　日本における金属工業の事業所数と従業員数の推移

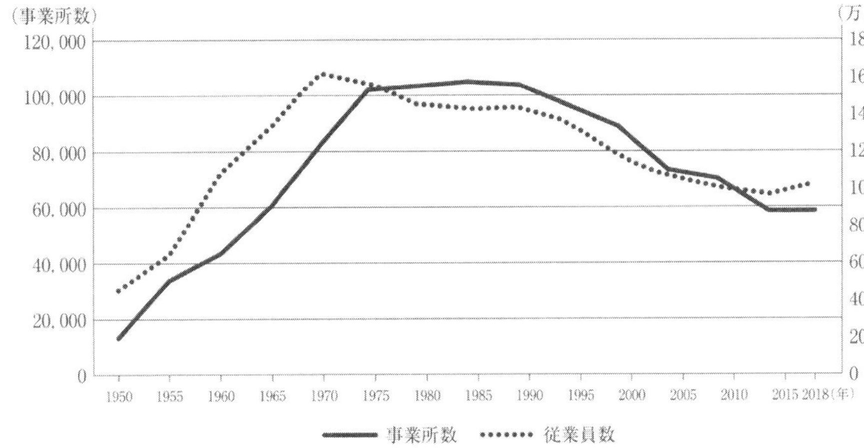

資料５　日本における粗鋼の生産量，輸出量，輸入量の推移

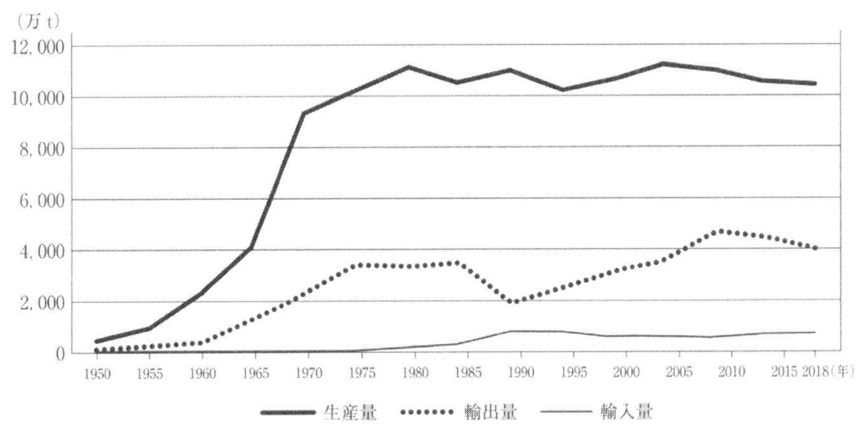

（『数字で見る日本の100年』などにより作成）

資料6　1975年と2019年の製鉄所の分布

1975年

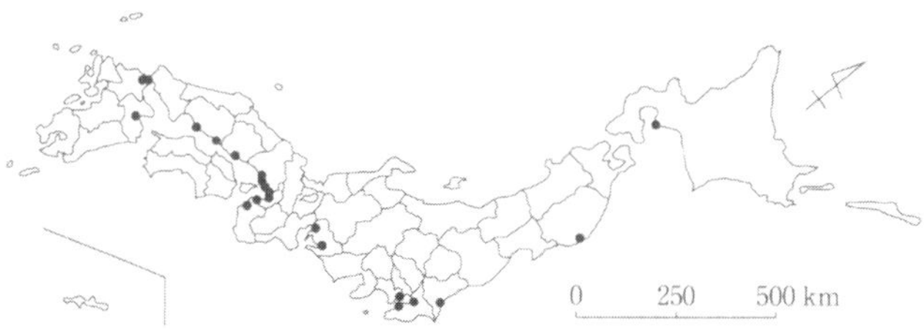

2019年

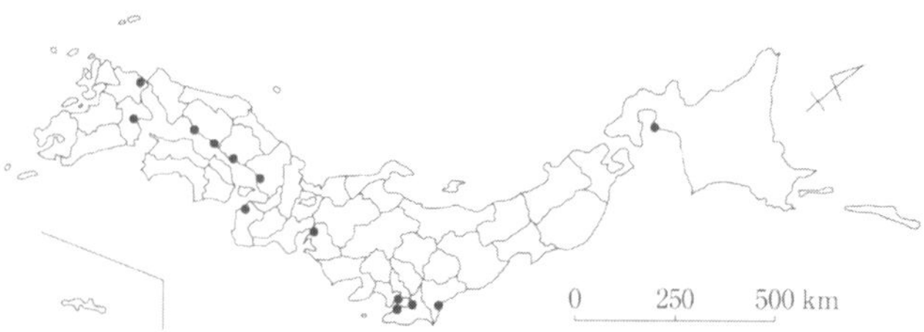

注）この地図に示す製鉄所は，鉄鉱石から銑鉄を生産する溶鉱炉をもつ，高炉一貫型製鉄所である。

（『日本国勢図会』などにより作成）

レポート

鉄鋼業は重工業に含まれ，金属工業に区分されます。**資料4**から，1950年以降における金属工業の事業所数と従業員数の推移を見ると，①従業員数は1970年頃，事業所数は1985年頃にピークを迎え，その後は減少傾向にあります。

資料5は鉄製品の原料である粗鋼の生産量，輸出量，輸入量を示します。**資料5**から，粗鋼の輸出量は常に，②総生産量の半分以下であることから，国内市場向けの生産が中心であると考えられ，2018年現在では輸出量は生産量の約4割を占めます。

また，**資料6**から，③製鉄所は臨海部に立地する傾向が強いことが読み取れます。これは，原料の輸入や製品の輸出に便利であるためだと思われます。

そして，**資料6**から，1975年と2019年を比較すると，製鉄所の数は減少しており，**資料5**から1975年と2018年を比較すると，④粗鋼の生産量は5,000万t以上減少していることが分かります。

問 3　ユウタさんは，再生可能エネルギーに興味をもち，**資料 7** ～**資料 9** を得た。資料から読み取った内容として**不適切なものを**，あとの①～④のうちから一つ選べ。解答番号は 11 。

資料 7　再生可能エネルギーの総発電容量の上位国(2019 年)

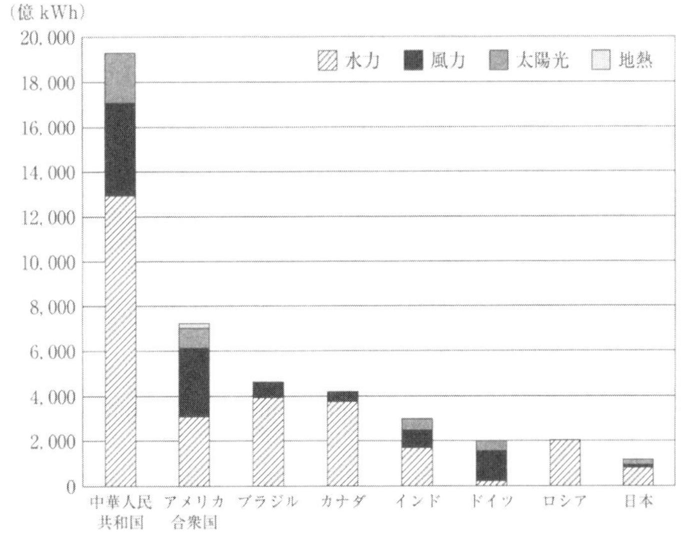

注)・発電容量は億 kWh(億キロワット時)で示し，各発電の発電可能な最大値を示す。
・この資料に示す再生可能エネルギーは，水力，風力，太陽光，地熱を指す。
・太陽光は家庭用の太陽光発電を含まない。

資料 8　再生可能エネルギー総発電容量上位国の総発電容量に占める再生可能エネルギーの割合(2019 年)

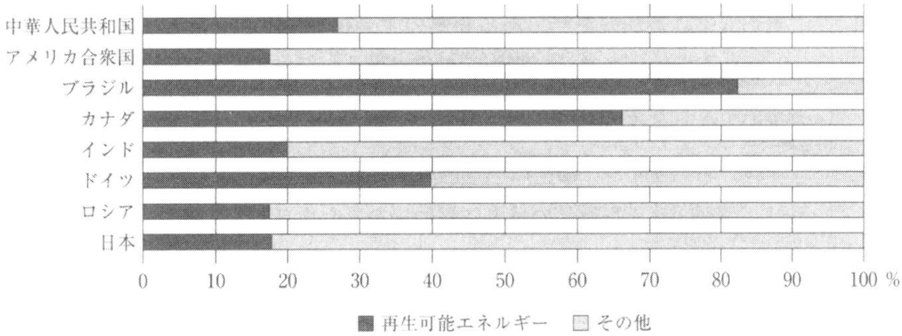

注) この資料に示す再生可能エネルギーは，可燃性廃棄物，水力(揚水水力を除く)，太陽光，地熱，潮力，バイオ燃料，波力，風力による発電容量を示す。

(『世界国勢図会 2022/23』により作成)

資料9　日本における再生可能エネルギーの発電容量と2030年度の目標導入量(2020年)

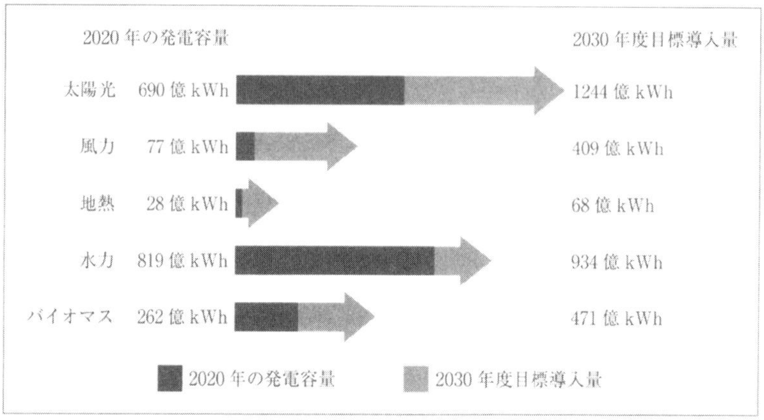

注）発電容量はkWh(キロワット時)で示し，1kWの電力を1時間使用したときの電力量を示している。

（日本のエネルギー2021により作成）

① **資料7**から，ブラジルは再生可能エネルギーの発電容量は世界第3位であり，そのうち水力の割合が最も高いことが読み取れる。

② **資料7**と**資料8**から，再生可能エネルギーの総発電容量は中華人民共和国が最大であるが，総発電容量に占める再生可能エネルギーの割合は，中華人民共和国が最大ではないことが読み取れる。

③ **資料7**と**資料8**から，再生可能エネルギーのうち，水力の割合が高いブラジル，カナダ，インド，ロシアはすべて，総発電容量に占める再生可能エネルギーの割合が50％を超えていることが読み取れる。

④ **資料9**から，日本の2030年度の発電目標導入量を見ると，水力の増加量は太陽光やバイオマスよりも少ないことが読み取れる。

問 4　ユウタさんは，高齢化の進展の地域差に興味をもち，**資料 10** と**資料 11** を得た。**資料 11** 中の**ア**～**ウ**はスウェーデン，大韓民国，日本のいずれかを示している。**レポート**中の空欄 X ～ Z に当てはまる国名の組合せとして最も適切なものを，あとの①～④のうちから一つ選べ。解答番号は 12 。

資料10　いくつかの国において総人口に占める 65 歳以上の割合が 7 % から 14 % へと増加するのに要した期間

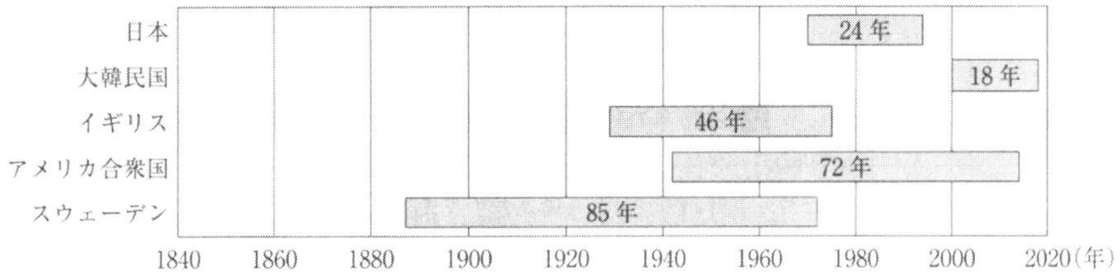

注）グラフの左端は 65 歳以上の人口の割合が高齢化社会の基準である 7 % に達した年，右端は高齢社会の基準である 14 % に達した年を示す。

資料11　スウェーデン，大韓民国，日本のいずれかの出生率と死亡率の推移(1960～2019 年)

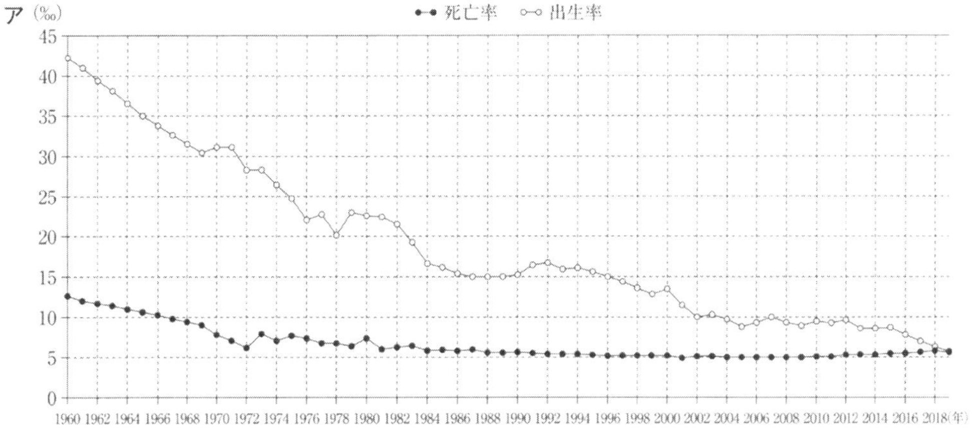

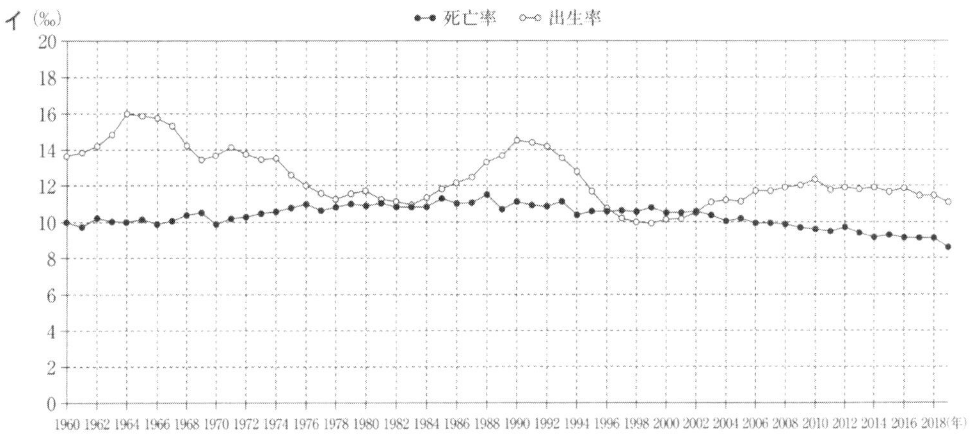

(令和 4 年版『高齢社会白書』などにより作成)

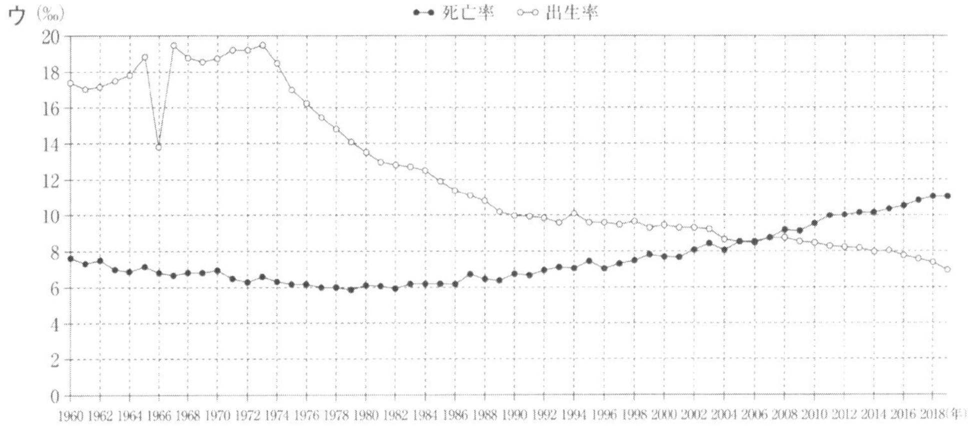

注）人口増加率の単位は千分率のパーミル（‰）を使用している。

（https://graphtochart.com/make.php により作成）

レポート

> **資料10**は，スウェーデン，大韓民国，日本が高齢化社会から高齢社会に移行するまでの期間を示したグラフです。いつ，高齢化社会や高齢社会に達したかを読み取ることができます。スウェーデンは1880年代には高齢化社会に入り，1970年代に高齢社会へと至りましたが，その期間は85年でした。それに比べると，日本と大韓民国は，高齢化社会になった時期が欧米諸国よりも遅く，かつ，短期間で高齢社会に達したことが分かります。65歳以上の割合が7％から14％になるまでの期間は，大韓民国の方が日本よりも短いようです。
>
> **資料11**は，各国の1960年からの出生率と死亡率を示したグラフです。
>
> **ア**は1960年当時は出生率が40‰を超え，死亡率を大きく上回っていました。しかし近年はその差がほとんどなくなり，今後人口が減少することが予想されます。
>
> **イ**は死亡率が10‰前後で変化していないこと，一度下がった出生率が上昇していることが特徴です。死亡率が一定であり，出生率との差が小さいことから，人口の変化は少ないことが推察されます。
>
> **ウ**は1970年代半ばごろから出生率が大きく減少し，2000年代半ば以降からは，死亡率が出生率を上回っており，人口減少の局面にあることが特徴です。
>
> 以上の分析より，**ア**が［X］，**イ**が［Y］，**ウ**が［Z］であると考えられます。

	X	Y	Z
①	大韓民国	スウェーデン	日本
②	大韓民国	日本	スウェーデン
③	日本	スウェーデン	大韓民国
④	スウェーデン	大韓民国	日本

4 自然環境と防災，日常生活と結び付いた地図に関して，問1～問4に答えよ。

問1 アズサさんは，地形と鉄道路線の関係に興味をもち，**資料1**中の地点Xと地点Yを鉄道で結ぶルート案を検討した。**資料2**中の**ア**と**イ**は，**資料1**中のAとBのいずれかのルート案上の地形断面図であり，**資料3**中の**ウ**と**エ**は，**資料1**中のAとBのいずれかのルート案について検討した内容である。**資料1**中のBのルート案についての記号の組合せとして最も適切なものを，あとの①～④のうちから一つ選べ。解答番号は 13 。

資料1 地点Xと地点Yを鉄道で結ぶルート案A，Bと地形条件

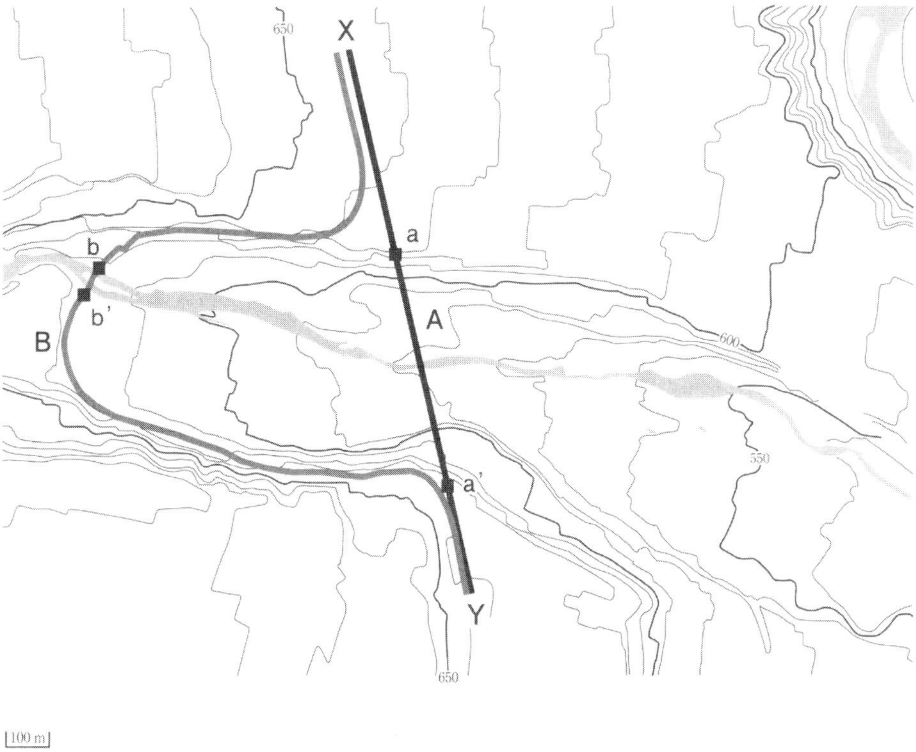

（「地理院地図 Vector」により作成）

資料2　資料1中のAとBのいずれかのルート案上の地形断面図

ア

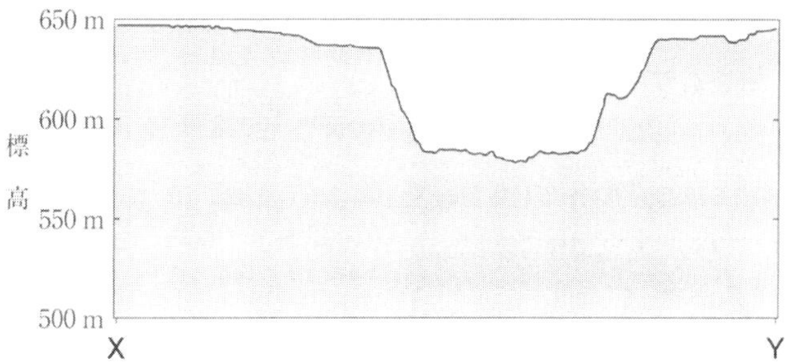

イ

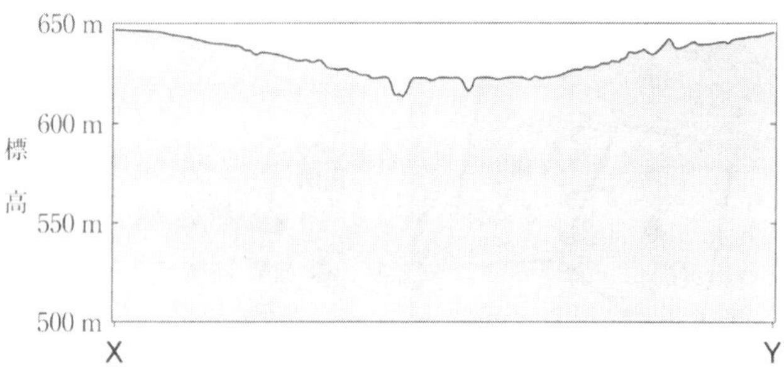

注）アとイでX－Y間の距離は異なる。

（「Web断面図メーカー」により作成）

資料3　資料1中のAとBのいずれかのルート案の検討内容

ウ

資料1中のa－a'またはb－b'間に鉄橋を建設すれば通行することができ，X－Y間の所要時間はもう一方のルートに比べて長くなるだろう。

エ

資料1中のa－a'またはb－b'間に鉄橋を建設すれば通行することができ，X－Y間の所要時間はもう一方のルートに比べて短くなるだろう。

	資料2	資料3
①	ア	ウ
②	ア	エ
③	イ	ウ
④	イ	エ

問2 アズサさんは，「地理情報システム(ＧＩＳ)を活用することで何ができるだろうか」という主題が掲げられた地理の授業で，**資料4**と**資料5**を得た。アズサさんと先生との**会話文**中の空欄 X ， Y に当てはまる語句の組合せとして最も適切なものを，あとの①～④のうちから一つ選べ。解答番号は 14 。

資料4　ロンドンにおける感染症の分布(19世紀)

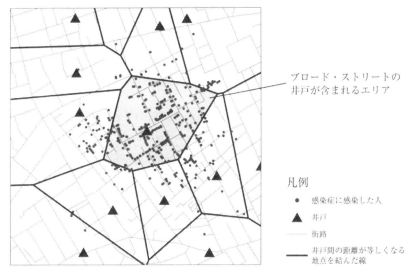

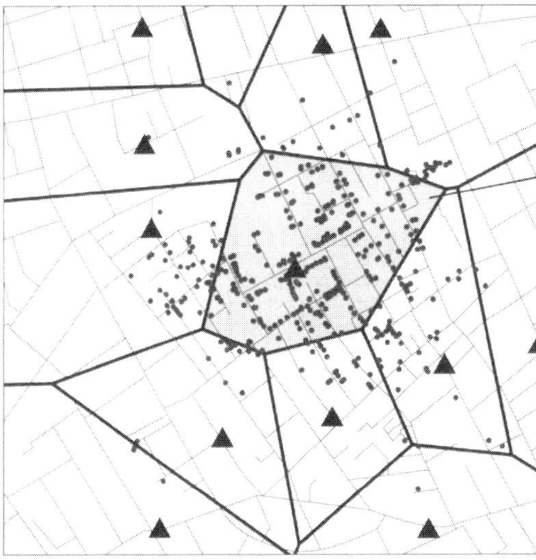

(『データ視覚化の人類史』により作成)

資料5　スーパーマーケットの立地と新規出店の候補地

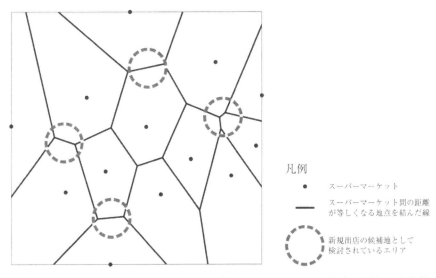

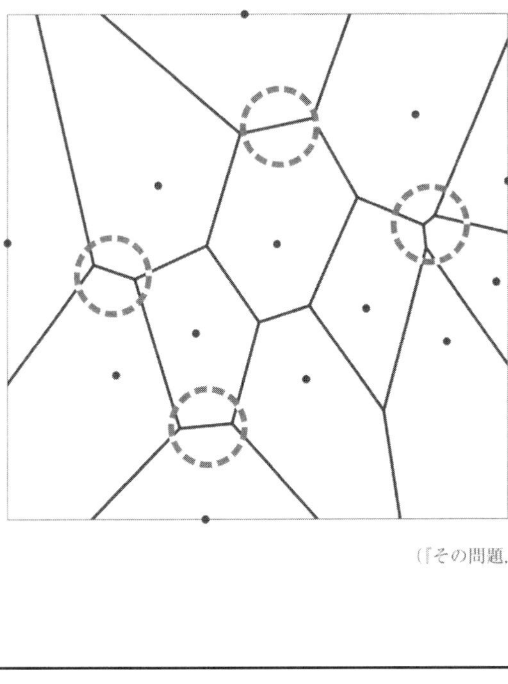

(『その問題，デジタル地図が解決します』により作成)

会話文

先　生：**資料4**は，19世紀中ごろにロンドンで流行した感染症に感染した人の分布と井戸の位置を示した地図に，ＧＩＳを用いて各井戸間の距離が等しくなる地点を結んだ線を追加したものです。

アズサ：**資料4**から，ブロード・ストリートの井戸が含まれるエリアで，感染症に感染した人が最も多かったことが読み取れます。エリアを画する線がどのように描かれたのかを踏まえると，このエリアはブロード・ストリートの井戸が［X］範囲を意味しているんですね。そのためにこの井戸を日常的に使用しており，なんらかの感染症に感染してしまったということでしょうか。

先　生：そのとおりです。実際には，ブロード・ストリートの井戸水が汚染されており，井戸を閉鎖したところ，この感染症はおさまったそうです。

アズサ：ＧＩＳを用いると，そのような空間的な関係をより客観的に分析できるということですね。このような機能は他にも活用できそうですね。

先　生：例えばスーパーマーケットを新規出店する場所を検討する際に用いられます。**資料5**を見てください。**資料5**中の線は，**資料4**と同じように，スーパーマーケット間の距離が等しくなる地点を結んだ線です。**資料5**中の新規出店の候補地として検討されているエリアはどのようなところでしょうか。

アズサ：**資料5**から判断すると，［Y］ところです。

先　生：そのように考えられます。**資料5**に，人口や交通路線，土地利用規制などの地理情報を重ね合わせると，より好条件の出店場所を見つけることができます。

アズサ：ＧＩＳって有用ですね。よりよい社会を作るためのＧＩＳの活用法を考えてみます。

	X	Y
①	他の井戸に比べて最も近い	交通アクセスがよく，人が集まりやすい
②	他の井戸に比べて最も近い	周囲のスーパーマーケットの位置から最も離れた
③	使用すべき井戸に指定されている	交通アクセスがよく，人が集まりやすい
④	使用すべき井戸に指定されている	周囲のスーパーマーケットの位置から最も離れた

問 3　アズサさんは，地形と災害の関係に興味をもち，**資料6**と**資料7**を得た。これらの資料から読み取った内容として**不適切なものを**，あとの①～④のうちから一つ選べ。
解答番号は 15 。

資料6　ある地域のハザードマップ

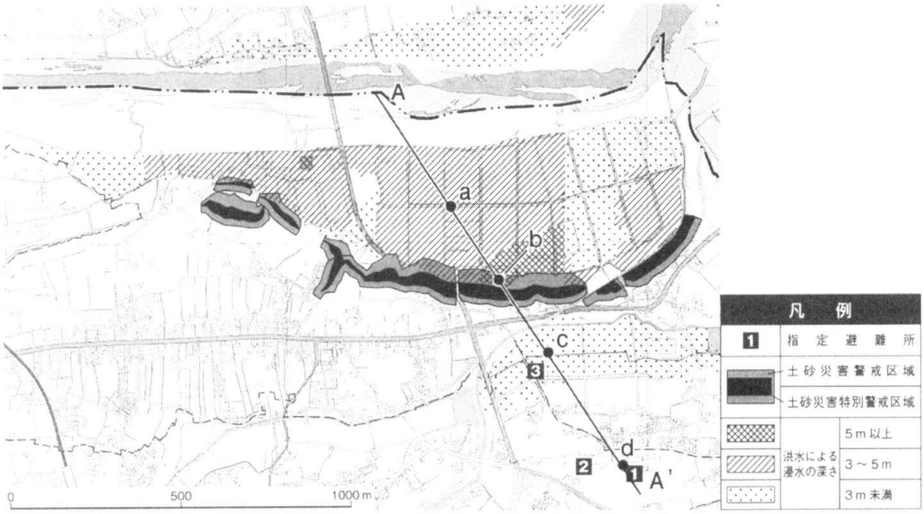

（「寄居町ハザードマップ」により作成）

資料7　**資料6**中のA－A'間の断面図

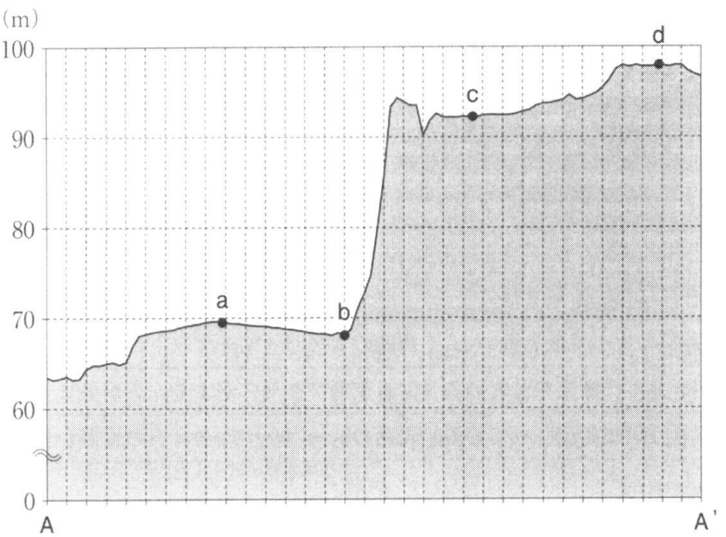

注）**資料7**中a～dは，**資料6**の位置と対応している。

（地理院地図により作成）

① 地点aは，河川敷との標高差が小さい場所であるため，3～5m程度の洪水による浸水が予想されている。

② 地点bは，段丘崖に近いため，土砂災害警戒区域に指定されている。

③ 地点cは，段丘上のため，洪水による浸水が予想されていない地域である。

④ 地点dは，土砂災害と洪水による浸水が起こる可能性は他地点よりも低いため，指定避難所に指定されている。

問 4 アズサさんは，特に冬に起こる災害と対策に興味をもち，**資料8**と**資料9**を得て，**レポート**を作成した。**レポート**中の空欄 X ， Y に当てはまる記号の組合せとして最も適切なものを，あとの①～④のうちから一つ選べ。解答番号は 16 。

資料8 気象庁による主な警報や注意報の内容

大雪警報	降雪や積雪による住家等の被害や交通障害など，大雪により重大な災害が発生するおそれがあると予想したときに発表します。
暴風雪警報	雪を伴う暴風により重大な災害が発生するおそれがあると予想したときに発表します。暴風による重大な災害のおそれに加え，暴風で雪が舞って視界が遮られることによる重大な災害のおそれについても警戒を呼びかけます。ただし「大雪＋暴風」の意味ではなく，大雪により重大な災害が発生するおそれがあると予想したときには大雪警報を発表します。
なだれ注意報	なだれによる災害が発生するおそれがあると予想したときに発表します。山などの斜面に積もった雪が崩落することによる人や建物の被害が発生するおそれがあると予想したときに発表します。
低温注意報	低温により災害が発生するおそれがあると予想したときに発表します。具体的には，低温による農作物の被害(冷夏の場合も含む)や水道管の凍結や破裂による著しい被害の発生するおそれがあるときに発表します。

（気象庁ホームページにより作成）

資料9　道路設備による対策例

A

道路上に位置を示す矢印の標識

B

道路に地下水を散布する装置

C

山の斜面に建てられた，雪を止める柵

D

道路と耕地の間に設置された雪を止める柵

（新潟県ホームページなどにより作成）

レポート

新潟県では，**資料**8のような警報や注意報が発令されることがあり，それぞれの災害を軽減するための対策に取り組んできた。
　大雪と低温に対する対策は，AとBのような道路に関するものがあった。そのうち，低温に対する対策は，［X］である。
　暴風雪となだれに対する対策は，CとDのような雪を止める柵があった。そのうち，暴風雪に対する対策は，［Y］である。

	X	Y
①	A	C
②	A	D
③	B	C
④	B	D

5 生活圏の地理的諸課題と地域調査に関して，**問1～問4**に答えよ。

問1 キクさんは，諏訪湖(すわこ)に面する長野県下諏訪町(しもすわまち)の地域調査を行うために，**資料1**と**資料2**を得た。これらの資料から読み取った**メモ**として下線部の内容が**不適切なもの**を，あとの①～④のうちから一つ選べ。解答番号は 17 。

資料1

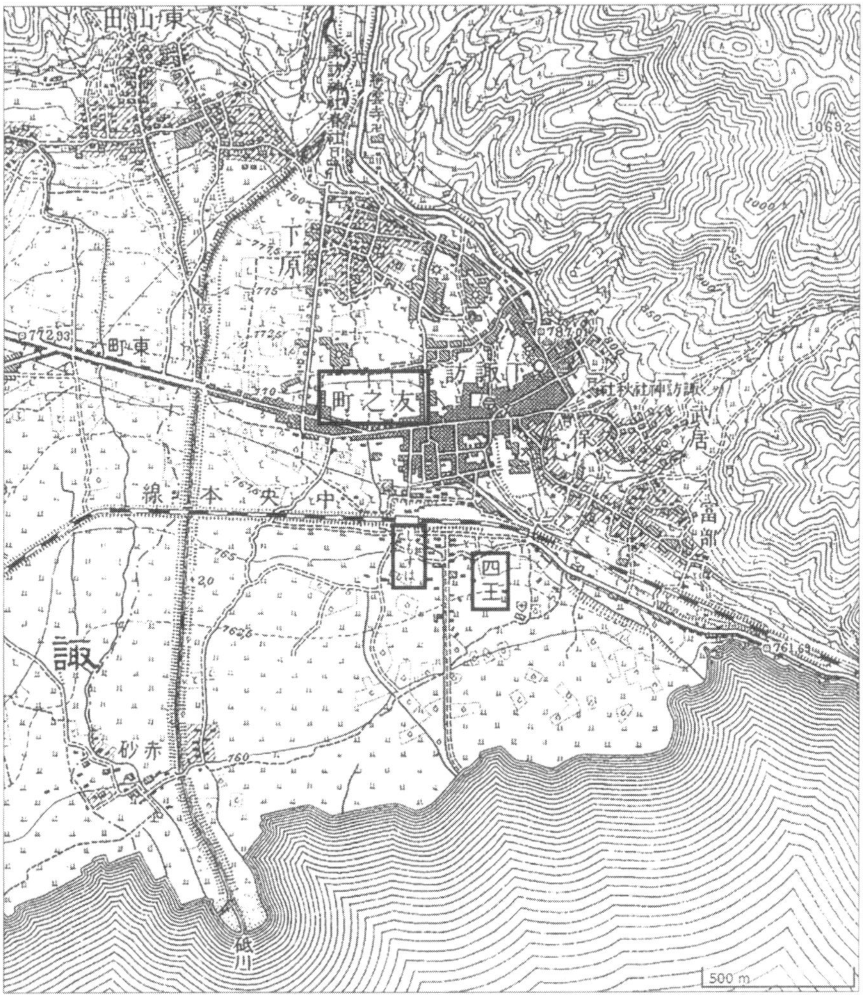

注）1910（明治43）年測図・1913（大正2）年発行に一部加筆。

（「今昔マップ on the web」により作成）

資料2

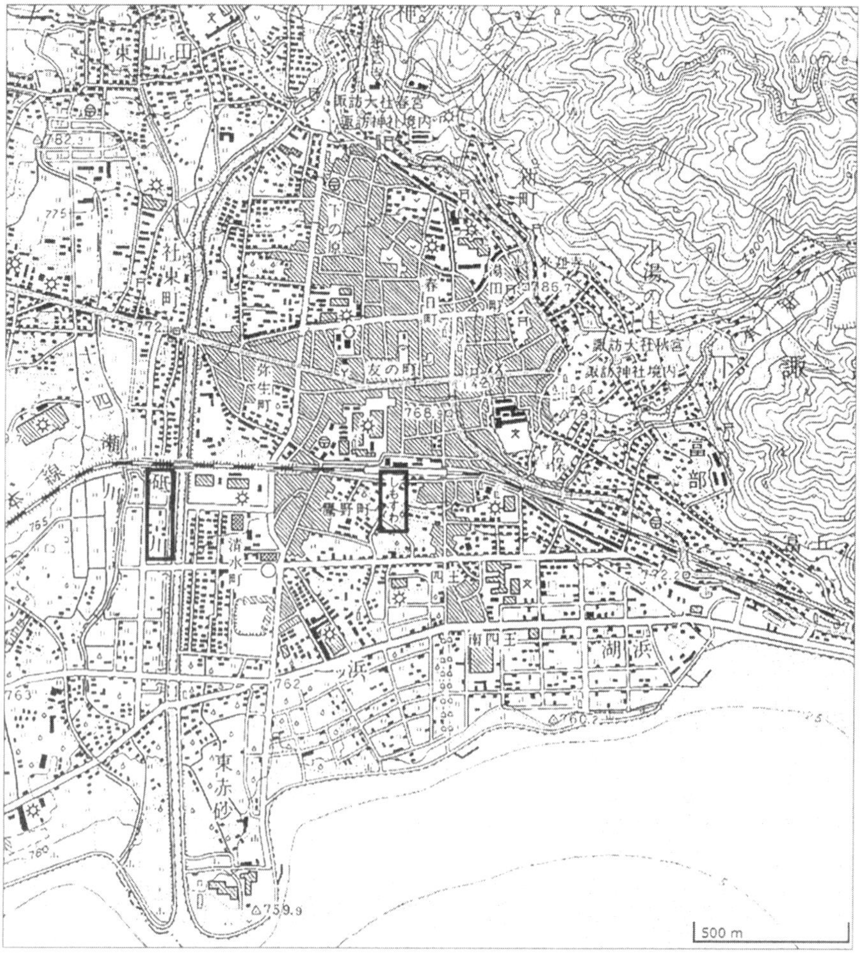

注）1987(昭和62)年修正・1988(昭和63)年発行に一部加筆。

資料1で使用されている地図記号 ⊥⊥ は「田」を，資料1と資料2で使用されている地図記号 ☼ は「工場」を，Y は「桑畑」を示している。

（「今昔マップ on the web」により作成）

メモ

長野県下諏訪町は，長野県のほぼ中央に位置し，南は諏訪湖に面している。砥川（とがわ）が①北から南へ流れ，扇状地に発達した町であることが分かる。町の歴史は古く，江戸時代には中山道と甲州街道が合流する交通の要衝としてにぎわった。また，諏訪大社下社（すわたいしゃしもしゃ）の御柱祭（おんばしらさい）は全国に知られている。土地利用の変化をみると，資料1で「友之町（とものまち）」付近など各所にみられた桑畑は，資料2では②ほとんどみられなくなったことが分かる。また，資料1の「四王（しおう）」など中央本線「しもすは」駅南部は，資料2では③区画整理が進み，住宅や複数の工場などが立地したことが分かる。一方，④砥川の河口や諏訪湖の湖岸の形状は変化していないことが分かる。

問２　キクさんは，下諏訪町の人口について興味をもち，**資料３〜資料５**を得た。これらの資料を読み取ったり，考察したりした文として内容が**不適切なもの**を，あとの①〜④のうちから一つ選べ。解答番号は **18** 。

資料３　1985年の下諏訪町の人口，年齢別人口構成，人口ピラミッド

男性	12,807 人
女性	13,760 人
合計	26,567 人

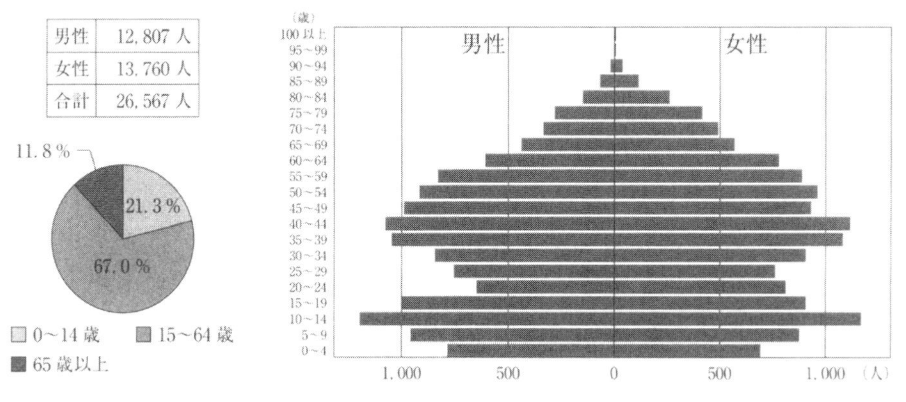

資料４　2020年の下諏訪町の人口，年齢別人口構成，人口ピラミッド

男性	9,238 人
女性	9,917 人
合計	19,155 人

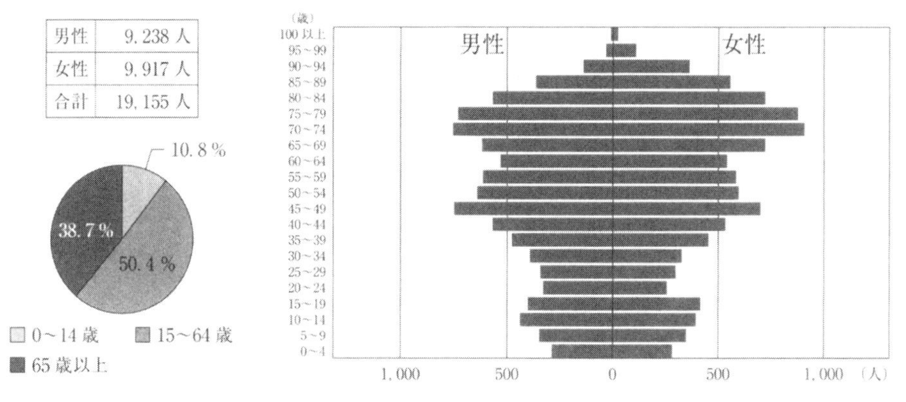

（総務省統計局　統計ダッシュボードにより作成）

資料5　2045年の下諏訪町の人口，年齢別人口構成，人口ピラミッド(推計値)

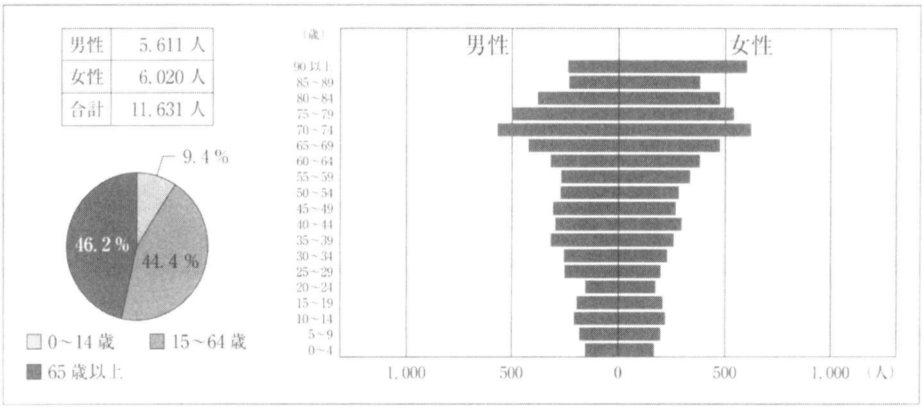

男性	5,611人
女性	6,020人
合計	11,631人

(総務省統計局　統計ダッシュボードにより作成)

① 1985年と2020年を比べると，15～64歳の割合が低下し，人口も減少していることが分かる。

② 1985年においては，10～14歳の人口が最も多く，次にその親世代に相当する40～44歳の人口が多いことが分かる。

③ 2020年においては，45～49歳の人口が男女ともに最も多く，20～24歳の人口の約3倍に相当することが分かる。

④ 2020年と2045年を比べると，65歳以上の割合の上昇が見込まれることから，今後どのように少子高齢化に対応し，活力ある地域を目指すのかが重要な課題であると考えられる。

問 3　キクさんは，下諏訪町の産業に興味をもち，**資料 6**～**資料 8** を得た。キクさんとランさんとの**会話文**中の空欄 X ， Y に当てはまる語句の組合せとして最も適切なものを，あとの①～④のうちから一つ選べ。解答番号は 19 。

資料 6　産業別人口構成(2020 年)

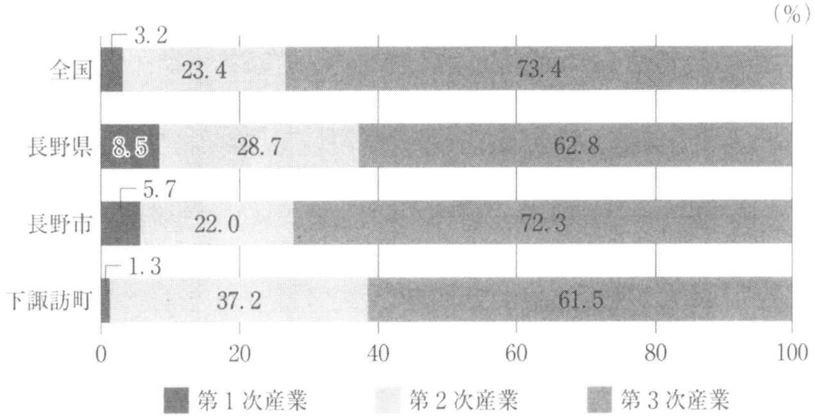

(「令和 2 年国勢調査」により作成)

資料 7　下諏訪町における製造業の事業所数の推移(1986～2019 年)

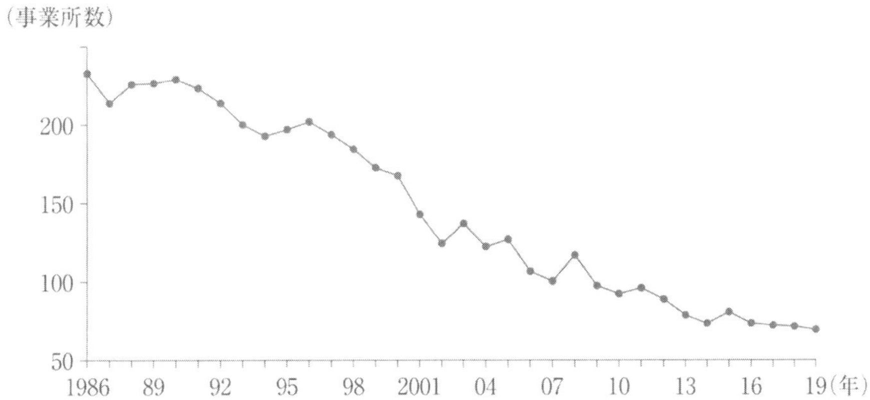

注）事業所は，従業者数 4 人以上のものが集計対象である。

(地域経済分析システム(RESAS)により作成)

資料8　下諏訪町における品目別製造品出荷額，従業者数，事業所数(2019年)

品目	製造品出荷額(百万円)	従業者数(人)	事業所数
情報通信機械器具	11,687	787	5
生産用機械器具	3,035	240	15
電気機械器具	2,176	94	3
金属製品	1,484	113	11
その他	5,601	551	36

注）事業所は，従業者数4人以上のものが集計対象である。
(地域経済分析システム(RESAS)により作成)

会話文

キ　ク：下諏訪町の産業を分析してみました。**資料6**の産業別人口構成を見てください。
ラ　ン：下諏訪町では，全国や長野県，長野市と比べて，［X］に従事する人の割合が高いことが分かります。
キ　ク：はい，そのとおりです。次に，**資料7**を見てください。
ラ　ン：下諏訪町の製造業の事業所数は，1980年代後半以降，大きく減少しています。つまり，工場の数が減ってしまったことが推察できます。
キ　ク：そのとおりです。**資料8**も見てください。2019年の下諏訪町の品目別製造品出荷額を見ると，情報通信機械器具が最も大きくなっています。また，情報通信機械器具は電気機械器具と比べて，［Y］の製造品出荷額が大きいという特徴があることが分かります。
ラ　ン：なるほど。諏訪地域は第二次世界大戦以前，日本有数の製糸業が盛んな地域でした。つくるものが変化しても，製造業の町としての伝統は生き続けているように感じます。

	X	Y
①	第2次産業	従業者一人当たり
②	第2次産業	1事業所当たり
③	第3次産業	従業者一人当たり
④	第3次産業	1事業所当たり

問 4　キクさんは，経済産業省「がんばる商店街 30 選(2014 年)」に下諏訪町の御田町（みたまち）商店街が選ばれたことを知り，現地調査を行って，**資料 9** のポスターを作成した。ポスター中の図や表から読み取ったり，考察したりした内容として**不適切なもの**を，あとの①～④のうちから一つ選べ。解答番号は **20** 。

資料 9　キクさんが現地調査を基に作成したポスター

テーマ：がんばる商店街

1　下諏訪町の位置と御田町商店街の概要

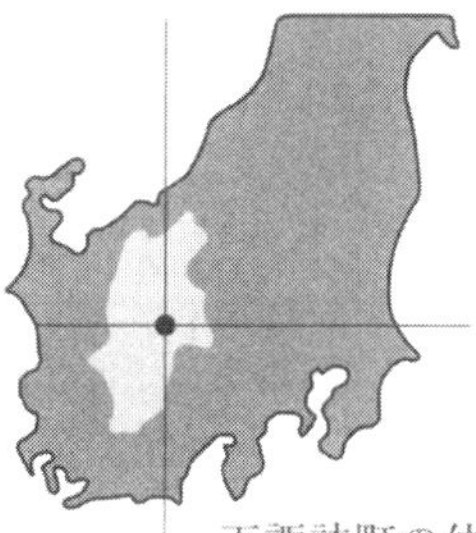

下諏訪町の位置

・下諏訪町の御田町通りに位置する全長 200 m ほどの小さな商店街。
・1911 年に御田町通りが開通し，1913 年には劇場もでき，製糸工場の工員などで賑わった歴史のある商店街。

2　御田町商店街の周辺地図(自分で歩いて作成)

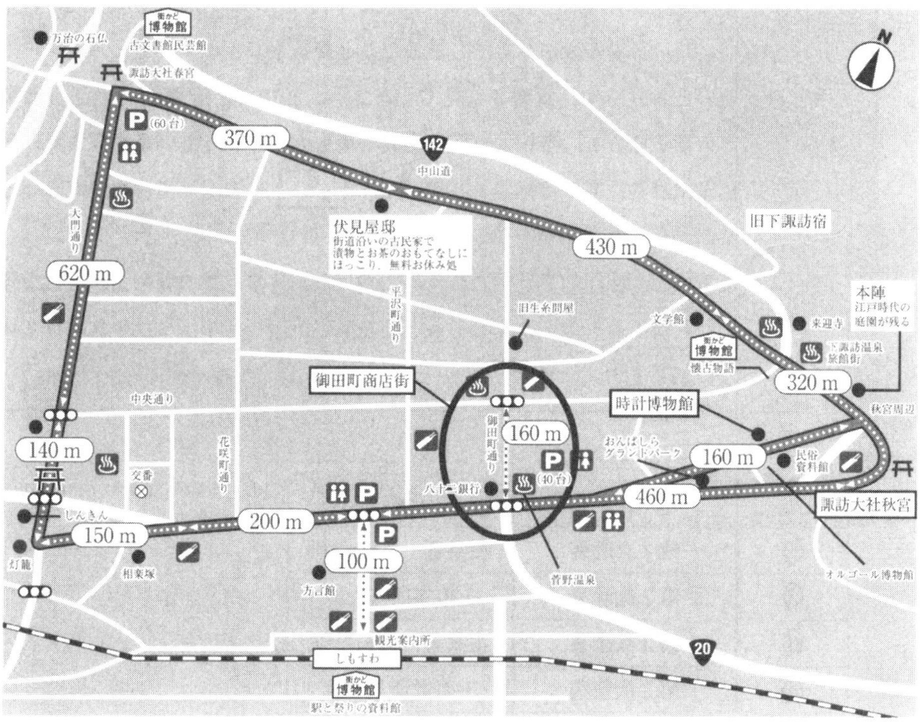

凡例　P 駐車場　温泉・足湯　トイレ　食事

（次ページに続く）

3　御田町商業会加入店舗数の推移と空き店舗の状況

御田町商業会加入店舗数の推移

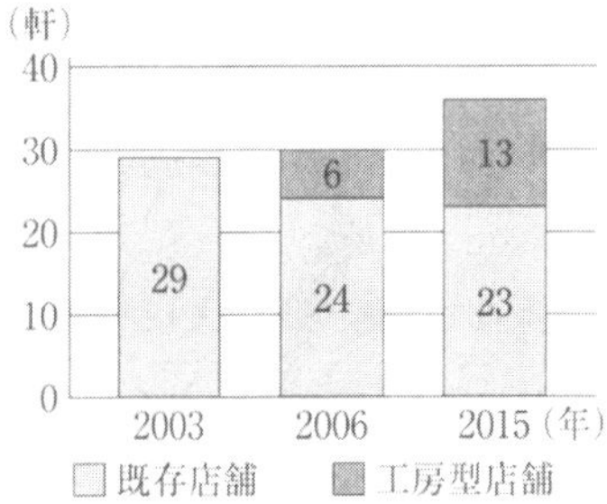

空き店舗の状況

2003 年　商店街の 1/3 が空き店舗になる →商店街活性化活動を開始。商店街関係者だけでなく，地域住民を中心とするグループが一体となって，空き店舗の改修や若者の起業・創業支援を行う。
2011 年　空き店舗ゼロに
2023 年　入居を待っている人がいる状態

4　店舗にものづくりの場を備えた工房型店舗の例

・店舗が，移住してきた若い世代の起業の場となっていたり，ものづくりの場を兼ねている。

・製造した商品をインターネット販売する店舗もある。

・ものづくりの町としての伝統が，商店街に生き続けていることが分かる。

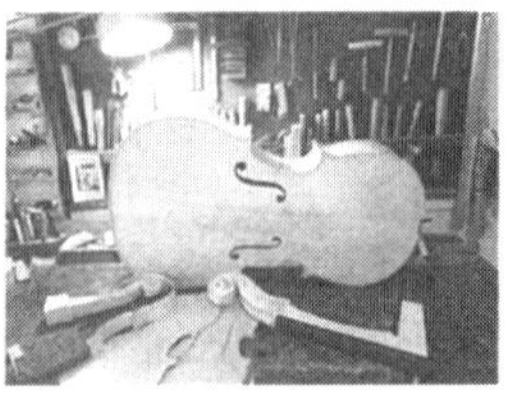

5　考察

御田町商店街が空き店舗ゼロを達成できたのは，商店街関係者だけでなく，地域住民が一体となって商店街の活性化に取り組んだことが成功のポイントであるようだ。この取組によって人通りが大きく増えたわけではないが，多くの人を呼び込むだけが商店街の価値ではない。新たに空き店舗に入居した人は，下諏訪町に移住してきた若い世代が多く，商店街の取組が活力のある地域づくりにも有効に働いている。

(下諏訪町ホームページなどにより作成)

① 御田町商店街の周辺地図から，商店街の徒歩圏に，「諏訪大社秋宮」や「時計博物館」など複数の観光資源があることが分かる。

② 御田町商業会への加入店舗は，2003 年から 2015 年の間に，店舗に工房を備えた工房型店舗の割合が高まったことが分かる。

③ 今後は御田町商店街の全ての店舗を，伝統ある製糸工房を備えた店舗に変えていくことで，人通りを増やせると考えられる。

④ 起業する若者を商店街に取り込むことは，下諏訪町の地域活性化につながる可能性があると考えられる。

(これで地理Aの問題は終わりです。)

令和５年度　第２回

解答・解説

【重要度の表記】

Ａ：重要度が高く確実に正答したい設問。しっかり復習する必要のある問題です。

Ｂ：重要度はＡレベルよりすこし下で、やや難易度が高い設問または内容を読み取る設問。高得点を狙う人は復習しましょう！

Ｃ：重要度が低い、または難解な設問。軽く復習する程度でよいでしょう！

令和５年度 第２回 高卒認定試験

【 Ａ解答 】

1	解答番号	正答	配点	2	解答番号	正答	配点	3	解答番号	正答	配点	4	解答番号	正答	配点
問１	1	④	5	問１	5	④	5	問１	9	④	5	問１	13	③	5
問２	2	④	5	問２	6	②	5	問２	10	④	5	問２	14	②	5
問３	3	①	5	問３	7	①	5	問３	11	③	5	問３	15	③	5
問４	4	③	5	問４	8	②	5	問４	12	①	5	問４	16	④	5

5	解答番号	正答	配点
問１	17	④	5
問２	18	③	5
問３	19	②	5
問４	20	③	5

【 Ａ解説 】

1

問１　不適切なものを選びます。①資料１の注にあるように、メッシュの縦横の長さは決まっており、面積は一定です。そのため、メッシュの数を数えれば、およその面積がわかるので、これは正しいです。②アとイはそれぞれ一つのメッシュであり、同じ面積だと考えられます。それに対して、アはイの約３倍の人口があり、アのほうが人口密度が高いと考えられるので、これも正しいといえます。③資料１から、イは鉄道駅や道路があるエリアだとわかります。そして、イ′の昼間人口はイの夜間人口に比べてはるかに多いので、昼間、鉄道や自動車を利用して人が集まってくるエリアだと考えられ、これも正しいといえます。④資料２で、灰色で塗った人口が 1,000 以上のメッシュは、Ａには 20、Ｂには７あります。一方、黒色で塗った人口が 3,000 以上のメッシュはＡにはなく、Ｂには３あります。したがって、灰色のメッシュはＡが多いですが、黒色はＢのほうが多いといえ、これが誤りだとわかります。したがって、正解は④です。

解答番号【１】：④　　⇒ **重要度Ｂ**

問２　資料４の説明に合う地図を資料３から選んでいきましょう。「ヘカタイオスの世界地図」は「平面的」で、「周囲は海で囲まれている」とあります。その一方で、「地中海や黒海など」「関係する地域の海岸線や河川の情報は詳し」いとありますから、イだとわかります。「プトレマイオスの世界地図」は、「円錐を平面に展開したような形」とありますから、扇子を広げたようなアだとわかります。「ＴＯ型の世界地図」は「聖地エルサレムを中心に」

アジア、アフリカ、ヨーロッパを配置していることから、ウだとわかります。「ドゥリールによる世界地図」は「各大陸の位置と形状がほぼ正確に描かれるように」なったとあるので、エだとわかります。したがって、古い順に、イ→ア→ウ→エとなるので、正解は④です。

解答番号【2】：④　　⇒ **重要度A**

問３　まず、グリニッジ標準時による世界の４つの証券取引所の取引時間を示した資料７に、資料５の５つすべての証券取引所の時間を入れて考えましょう。資料６を見ると、東京はグリニッジ標準時との時差は＋９とあります。つまり、グリニッジ標準時から９時間遅れているので、現地時間から９時間引いて考えます。つまり、東京の取引時間は、グリニッジ標準時で 0:00 ～６：00 だとわかり、資料７にも示されていることがわかります。次にニュージーランド証券取引所があるウェリントンはグリニッジ標準時との時差が＋ 12 となっています。つまり、現地時間から 12 時間引くと、21:00 ～ 4:00 となりますが、これは資料７に示されていません。ニューヨークは、グリニッジ標準時との時差が－５とありますから、現地時間に５時間足したのがグリニッジ標準時となります。すなわち 14:30 ～ 21:00 となりますが、これも資料７には示されています。そして、香港はグリニッジ標準時との時差は＋８であり、現地時間から８時間引いた 1:30 ～８：00 がグリニッジ標準時となります。したがって、これも、資料７に示されています。（X）資料７で抜けているのは、上で考えたようにウェリントンであることがわかりましたから、これは誤りです。（Y）資料７に示されていなかったウェリントンは 21:00 ～ 4:00 ですから、資料７に入れてみると、空いていた 21 時から０時までも埋まります。したがって、24 時間５つの証券取引所のいずれかが取引時間になっているといえますから、これは正しいです。したがって、Xのみが誤りであるという①が正解です。

解答番号【3】：①　　⇒ **重要度B**

問４　（X、Y）発表原稿を見ると、「ブラジルでは、国境を越えたデータ通信容量の地域別割合が特定の地域に著しく偏っています」とあります。資料９のスライドを見ると、Yはいろいろな地域と結びついていますが、XはBの地域とのつながりが４分の３以上を占めています。したがって、大きな偏りが見られるXがブラジル、Yがアメリカ合衆国だと考えられます。（A、B）ブラジルと考えられるXは、結びつきの強い中南アメリカ以外は４分の３をBの地域とのデータ通信に使っています。資料８から、ブラジルと海底ケーブルがつながっているのは、中南アメリカのほかは北アメリカですから、Bは北アメリカだと考えられます。また、北アメリカと考えられるBの地域は、中南アメリカに約半分、ヨーロッパに約４分の１の通信容量を取っています。資料８を見ると、アメリカ合衆国から、ヨーロッパへ向かう海底ケーブルとほぼ同じくらいの海底ケーブルがアジア方向へも出ていることがわかりますから、Aはアジアだと考えられます。したがって、Xがブラジル、Yがアメリカ、Aがアジア、Bが北アメリカの③が正解です。

解答番号【4】：③　　⇒ **重要度A**

2

問１　不適切なものを選びます。①資料１から、北海道・東北地方全体で、「じゃがいも」を表す点が最も多く分布していることがわかるので、これは正しいです。②資料１から、中国・四国地方では「さつまいも」を示す点が最も多く分布していることがわかるので、これも正しいといえます。③資料２のじゃがいも生産量第１位の北海道は、資料１から、「じゃがいも」の分布が最も多く、同様に、さつまいも生産量第１位の鹿児島県は、「さつまいも」の分布が、そしてさといも生産量第１位の埼玉県では「さといも」の分布が最も多くなっていることがわかりますから、これも正しいです。④資料１から、九州地方ではさつまいもやさといもの分布が多いことがわかりますが、資料２を見ると、どちらも生産量上位６道県の半分以上は占めていないことがわかりますから、これが誤りです。したがって、④が正解です。

解答番号【5】：④　　⇒重要度B

問２　(X) インドでは様々な宗教が信仰されていますが、特に多いのがヒンドゥー教です。資料４で、ヒンドゥー教の割合が高く、また様々な宗教が信仰されているAがインドの宗教別人口割合だと考えられます。(Y) インドでは非常に多くの言語が話されており、その多様性が大事にされています。ですから、紙幣に様々な言語を書くのは、「様々な異なる言語が話されており、紙幣を地方の人々が利用しやすくする」ためだと考えられます。したがって、正解は②です。

解答番号【6】：②　　⇒重要度A

問３　(X)「太陽光を最大限ゲルの中に取り込み、部屋を明るくして温めるため」には、ゲルの入り口は「南向き」にしたほうがいいと考えられます。(Y) モンゴルのようなステップ気候は、「降水量が少なく夏の日照時間が長い」ので、ソーラーパネルの利用が適していると考えられます。したがって、正解は①です。

解答番号【7】：①　　⇒重要度A

問４　(X) マリコさんはXの直前で「英語とフランス語だけでなく、英語とアジア系言語や先住民言語の組み合わせも考えられる」と言っているので、フランス語話者の多いケベック州だけでなく、アラスカの近くの州などにも中位の地域が存在するAだと考えられます。(Y、Z) マドカさんは「ケベック州では、高等学校卒業段階まではフランス語を使って学ぶ学校に通うことが原則となっている一方」で、「英語を話す人の割合は若年層を中心に高くなっています」と言っています。つまり、ケベック州は他の州に比べて二言語を話す人の割合は高いと考えられますから、資料10のCのグラフだと考えられます。したがって、YはD、ZはCとなりますから、正解は②です。

解答番号【8】：②　　⇒重要度B

3

問１　(X) 資料１を見ると、Aのほうが年間の平均気温の差が大きくて、また降水量も多いです。会話文でエバンさんが日本は「気温の年較差がとても大きいです」と言っていることから、Aが東京だと考えられるので、Bがロンドンだとわかります。(Y) 資料３はわかりにくいですが、北極を中心に北半球を見た図です。この等値線が中央（北）に向かって曲がったところで高温を記録したといえます。つまり、高温をもたらす風は、この地図の外側、「低緯度から」流れ込んだと考えられます。したがって、正解は④です。

解答番号【9】：④　⇒重要度C

問2　不適切なものを選びます。①資料4のグラフを見ると、従業員数を表す点線のグラフは1970年、事業所数を表す黒線のグラフは1985年をピークとして徐々に下がっていっていますから、これは正しいです。②資料5を見ると、粗鋼の生産量を示す太線のグラフの常に半分以下のところに輸出量を示す点線のグラフがあります。したがって、これも正しいです。③資料6を見ると、1975年も2019年も製鉄所の分布を示す点は瀬戸内海周辺や東京湾周辺など臨海部に立地しているものが多いことがわかりますから、これも正しいです。④資料5の1975年と2018年で粗鋼の生産量を表す太線のグラフを比較すると、ともに、10,000万トンを少し超えたあたりにあり、減少したとは言えません。したがって、これが誤りであり、④が正解となります。

解答番号【10】：④　⇒重要度A

問3　不適切なものを選びます。①資料7から、ブラジルは再生可能エネルギーの総発電容量の第3位であり、その多くを水力が占めていることがわかりますから、これは正しいです。②資料7から、再生可能エネルギーの総発電容量は中華人民共和国が第1位であることがわかります。しかし、資料8から、総発電容量に占める再生可能エネルギーの割合はブラジルが最大であり、中国が最大ではないことがわかります。したがって、これも正しいです。③資料7から、ブラジル、カナダ、インド、ロシアは、再生可能エネルギーのうち、水力の割合が高いですが、資料8を見ると、総発電容量に占める再生可能エネルギーの割合が50％を超えているのは、ブラジルとカナダだけとわかるので、これが誤りです。④「日本の2030年度の発電目標導入量」の「水力の増加量」は、資料9の矢印のグレーの部分だけですから、太陽光やバイオマスよりも少ないことがわかるので、これは正しいです。したがって、正解は③です。

解答番号【11】：③　⇒重要度B

問4　資料10から、スウェーデンは高齢化社会から高齢社会になるのに85年という長い時間をかけてゆっくり変化していったことがわかります。つまり、資料11の死亡率の変化が少なく、出生率との差も小さいイがスウェーデンだと考えられます。また、資料10では、日本と大韓民国の高齢化社会から高齢社会になるのにかかった期間が短いことがわかります。そして、資料11では、アは、「今後人口が減少することが予想されます」とあり、ウは「人口減少の局面にある」とあります。したがって、アは2000年代に高齢社会になった大韓民国と考えられ、ウは、2000年代から死亡率が出生率を上回り、高齢社会として段階の進んだ日本だと考えられます。したがって、X（ア）が大韓民国、Y（イ）がスウェーデン、Z（ウ）が日本の①が正解です。

解答番号【12】：①　⇒重要度C

4

問1　資料1のBのルート案について考えます。資料1の地形図を見ると、XとYの間に大きな谷があることがわかります。等高線から、Aのルートは谷を横切ってまっすぐ進み、Bのルートはあまり高さが変わらないように大回りして同じ程度の高さを通るように考えられていることがわかります。（資料２）アは標高を見ると、大きくくぼんだ部分、つまり谷があるので、谷を大きく横切るＡ、イはなるべく同じ高さで進むＢだとわかります。（資料３）Ａのルートはａ－ａ′ 間に鉄橋を建設し、最短距離を行くルートで、Ｂはｂ－ｂ′ 間に鉄橋を建設し、大回りしていくルートですから、所要時間が長くなるウがＢ、短くなるエがＡとなります。したがって、Ｂのルート案は資料２がイ、資料３がウとなる③が正解です。

解答番号【13】：③　　⇒**重要度Ｂ**

問２　（Ｘ）資料４では、▲で示された井戸を中心に、各井戸間の距離が等しくなる地点を線で結んでいます。したがって、一つの井戸を囲む線の中に住む人たちは、その井戸が一番近いので、そこを使うと考えられます。つまり、資料４では、ブロードストリートの井戸が、「他の井戸に比べて最も近い」範囲がグレーで示されているといえます。（Ｙ）資料５では、スーパーマーケットの立地と新規出店の候補地を考えていますが、各スーパーマーケット間の距離が等しくなる地点を結んだ線の中心が新規出店の候補地として検討されています。その線は、両方のスーパーマーケットから等しく遠いわけですから、すなわち「周囲のスーパーマーケットの位置から最も離れた」ところだといえます。したがって、正解は②です。

解答番号【14】：②　　⇒**重要度Ｂ**

問３　不適切なものを選びます。①資料７を見ると、地点ａは河川敷に当たるＡとの標高差が５ｍほどしかありません。つまり標高差が小さく、資料６を見ると、「洪水による浸水の深さ」が「３～５ｍ」のエリアにあります。したがって、これは正しいです。②地点ｂは資料７でわかるように、崖の真下です。つまり段丘崖に近く、資料６では「土砂災害警戒区域」に入っているので、これも正しいです。③地点ｃは資料７で見ると確かに段丘上にありますが、資料６では、「洪水による浸水の深さ」が「３ｍ未満」のエリアにありますから、浸水が予想されることがわかり、これが誤りであるとわかります。④資料６と７から、地点ｄは、河川から遠く、段丘上にあるため、浸水や土砂災害の可能性は低いと考えられていることがわかります。そして、■の記号で「指定避難場所」となっていることが示されていますから、これは正しいです。したがって、③が正解です。

解答番号【15】：③　　⇒**重要度Ａ**

問４　（Ｘ）大雪と低温に対する対策として、資料９のＡとＢがありますが、特に低温により道路が凍り付くのを防ぐため、Ｂの道路に地下水を散布する装置が使われています。地下水は雪より温度が高いため、雪を解かすことができます。（Ｙ）暴風雪となだれに対する対策は資料９のＣとＤですが、Ｃは山からのなだれ、Ｄは暴風雪を止めるものです。したがって、ＸはＢ、ＹはＤの④が正解です。

解答番号【16】：④　　⇒**重要度Ａ**

5

問１　不適切なものを選びます。①問題文に「諏訪湖に面する」とあります。資料１、２の下部（南）にあるのが、底面の傾斜がなだらかになっていることから、諏訪湖だとわかります。

したがって、諏訪湖に流れ込む砥川は北から南へ流れていることがわかりますから、これは正しいです。②資料1で「友之町」があった中央部は、資料2の「友の町」付近ですが、ここは市街地になって、桑畑などはほとんど見られなくなったことがわかります。したがって、これも正しいです。③資料1の「しもすは」駅の南側の「四王」地域付近は、資料1ではほとんどが田んぼでしたが、資料2では、住宅や工場などができていることがわかりますから、これも正しいです。④砥川の河口や諏訪湖の海岸の形状は、資料1ではカクカクとした凹凸がみられますが、資料2では滑らかな曲線になっていますから、これが誤りであることがわかります。したがって、正解は④です。

解答番号【17】：④　　⇒重要度A

問2　不適切なものを選びます。①資料3の1985年と2020年の円グラフを比べると、15～64歳が67.0％から50.4％へと減少しています。また人口ピラミッドと資料4の2020年の人口ピラミッドを比べると、全体的にとても細くなっており、人口が減少していることがわかりますから、これは正しいです。②資料3の人口ピラミッドを見ると、一番長いのは10～14歳の帯で、次に長いのは40～44歳の帯ですから、これも正しいです。③資料4を見ると、男性の帯は45～49歳が最も長いですが、男女とも70～74歳、75～79歳の帯が特に長くなっていますから、これが誤りだとわかります。④資料4と資料5を比べると、人口ピラミッドはさらに細くなり、特に高齢者の割合が高くなっていくと見込まれることがわかりますから、これは正しいです。したがって正解は③です。

解答番号【18】：③　　⇒重要度B

問3　（X）資料6を見ると、下諏訪町は他に比べて特に第2次産業の人口割合が高いことがわかります。（Y）資料8を見ましょう。情報通信機械器具は、製造品出荷額11,687百万円に対して、従業者数は787人、事業所数は5か所です。一方、電気機械器具は製造品出荷額2,176百万円に対して従業者数は94人、事業所数は3か所です。従業者一人当たりの製造品出荷額は、情報通信機械器具は約14百万円で、電気機械器具は約23百万円ですが、1事業所当たりで考えると、情報通信機械器具は約2,337百万円、電気機械器具は725百万円です。つまり、「情報通信機械器具は電気機械器具と比べて、『1事業所当たり』の製造品出荷額が大きい」ということができます。したがって、②が正解です。

解答番号【19】：②　　⇒重要度B

問4　不適切なものを選びます。①資料9の2「御田町商店街の周辺地図」には、二点間の距離を示す数字が書いてあります。それを見ると、「御田町商店街」から地図右端の「諏訪大社秋宮」へは460ｍと近く、その間に「時計博物館」やその他の資料館など複数の観光資源があることがわかるので、これは正しいです。②資料9の3「御田町商業会加入店舗数の推移」のグラフを見ると、「工房型店舗」が2003年には29軒中0軒だったのが、2006年には30軒中6軒、2015年には36軒中13軒と増加し、割合が高まったことがわかりますから、これも正しいです。③資料9の1に「製紙工場の工員などでにぎわった歴史ある商店街」とあり、4などには「ものづくりの場を備えた工房型店舗」の例も紹介されていますが、「全ての店舗を、伝統ある製紙工房を備えた店舗に変えていく」とは書いてありませんから、これが誤りです。④5の考察で、「新たに空き店舗に入居した人は、下諏訪町に移住してきた若い世代が多く、商店街の取組が活力のある地域づくりにも有効に働いている」と述べているので、これも正しいです。したがって、正解は③です。

解答番号【20】：③　　　⇒ 重要度B

令和５年度 第１回
高卒認定試験

地理Ａ

解答時間　50 分

注　意　事　項（抜粋）

＊　試験開始の合図前に，監督者の指示に従って，解答用紙の該当欄に以下の内容をそれぞれ正しく記入し，マークすること。

①**氏名欄**

氏名を記入すること。

②**受験番号**，③**生年月日**，④**受験地欄**

受験番号，**生年月日を記入**し，さらにマーク欄に**受験番号**（数字），**生年月日**（年号・数字），**受験地をマーク**すること。

＊　**受験番号，生年月日，受験地が正しくマークされていない場合は，採点できないことがある。**

＊　解答は，解答用紙の解答欄にマークすること。例えば，［10］と表示のある解答番号に対して②と解答する場合は，次の（例）のように**解答番号 10 の解答欄**の②に**マーク**すること。

（例）

解答番号	解　答　欄
10	① ● ③ ④ ⑤ ⑥ ⑦ ⑧ ⑨ ⓪

地　　理　A

（解答番号 1 ～ 20 ）

1 地球儀や地図からとらえる現代世界に関して，**問1～問4**に答えよ。

問1 メグさんは，地理の授業で正距方位図法について調べ，**資料1**を作成した。**資料1**中の下線部のうち内容が**不適切なもの**を，①～④のうちから一つ選べ。解答番号は 1 。

資料1 メグさんが作成したレポート

正距方位図法の作図にチャレンジ

○年△組　メグ

1．研究の動機

正距方位図法によって描かれた世界地図はなぜ円形になるのか疑問に思ってインターネットで作図法を調べ，実際に沖縄県の那覇市を中心とした正距方位図法を作図してみた。

2．作成手順

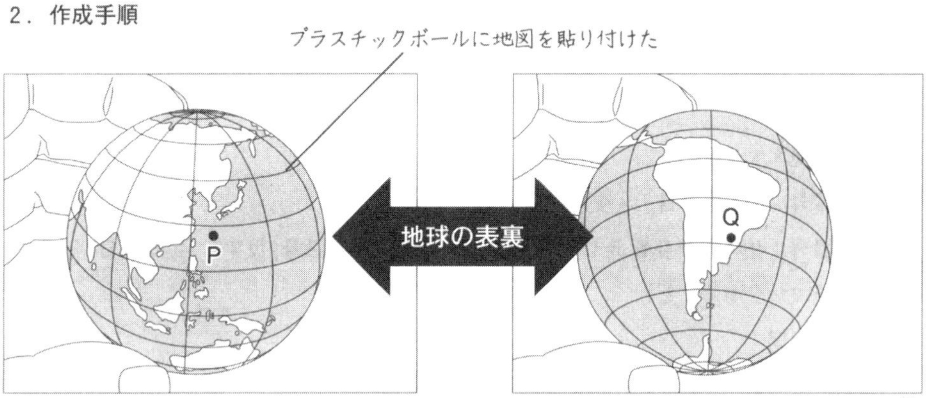

プラスチックボールで作成した「ボール地球儀」上の那覇市（P）とその地球の裏側に当たる対蹠点（Q）に印（●）をつける。

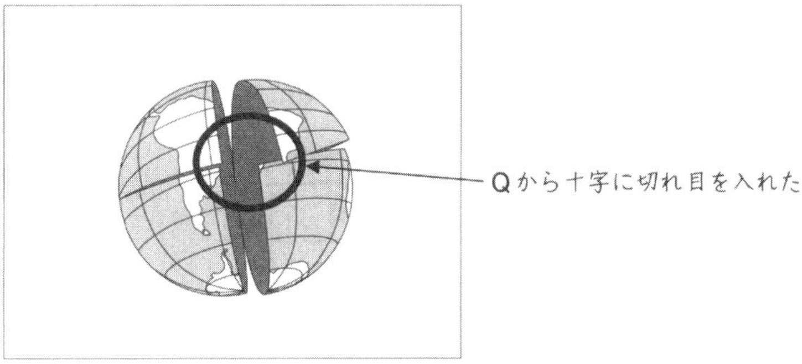

Qを起点として，QとPをそれぞれ通る経線に沿ってカッターで切れ目をPのみ残して入れる。次にQを起点として，Qを通る①緯線に沿ってカッターで切れ目をPのみ残して入れる。これらの切れ目は，それぞれ那覇市（P）から見た南北・東西の方位を示している。

（次ページに続く）

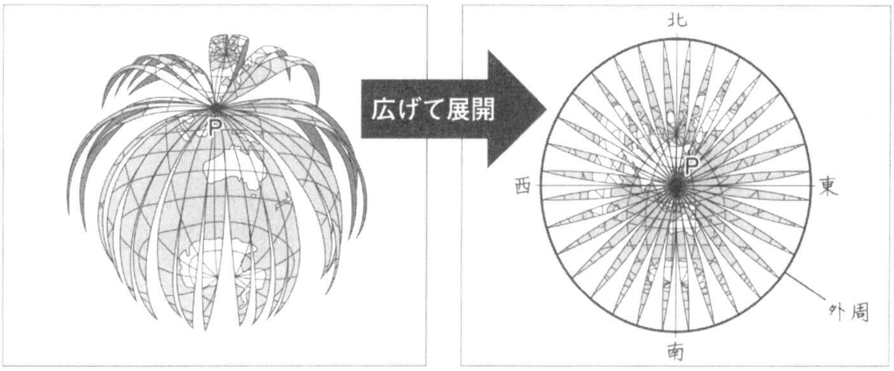

左図のように，さらに細かく切れ目を入れたのち，Pを中心として右図のように展開する。右図の外周は，②那覇市(P)の対蹠点(Q)を示しており，中心(P)から外周までの距離は③地球半周分と等しいことが分かる。

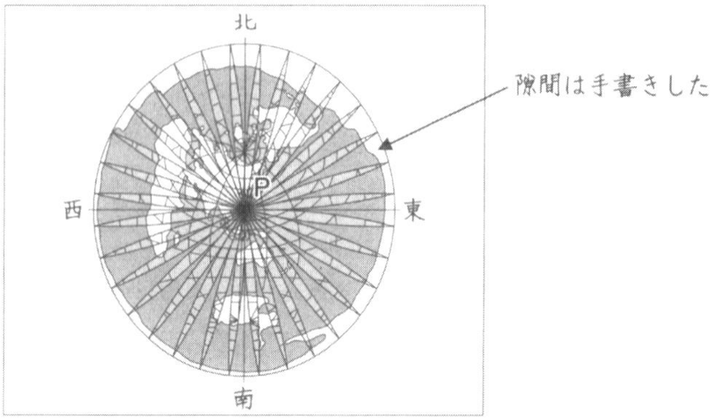

展開したボール地球儀を，Pからの南北・東西の方位に注意してのりで台紙に貼り付け，隙間は手書きする。この作業から，那覇市(P)からの南北・東西の方位が正しく示されていることや，中心から外周に向かうほど面積が④拡大して表されていることが分かる。

3．感　想

実際に作図してみると，正距方位図法によって描かれた世界地図が円形である理由と正距方位図法の地図投影法としての特性を，体験を通して理解することができてとても有意義だったので，皆さんもやってみてください。

（谷　謙二(2014)により作成）

問 2　メグさんとカイさんは，**資料 2** を基に**資料 3** を作成中である。**資料 3** は，各都道府県を一つの形にまとめ，人口規模に応じて面積を変更させて表現したカルトグラムである。この方法で沖縄県のデータを示す図を作成した場合，最も適切なものを，**資料 4** 中の①～④のうちから一つ選べ。解答番号は 2 。

資料 2　都道府県別の人口(万人)と人口増加率(％)

都道府県名	人口	人口増加率	都道府県名	人口	人口増加率
北海道	538	-0.5	滋賀県	141	0.0
青森県	131	-0.9	京都府	261	-0.2
岩手県	128	-0.8	大阪府	884	-0.1
宮城県	233	-0.1	兵庫県	553	-0.2
秋田県	102	-1.2	奈良県	136	-0.5
山形県	112	-0.8	和歌山県	96	-0.8
福島県	191	-1.1	鳥取県	57	-0.5
茨城県	292	-0.4	島根県	69	-0.6
栃木県	197	-0.3	岡山県	192	-0.2
群馬県	197	-0.3	広島県	284	-0.1
埼玉県	727	0.2	山口県	140	-0.6
千葉県	622	0.0	徳島県	76	-0.8
東京都	1,352	0.5	香川県	98	-0.4
神奈川県	913	0.2	愛媛県	139	-0.6
新潟県	230	-0.6	高知県	73	-0.9
富山県	107	-0.5	福岡県	510	0.1
石川県	115	-0.3	佐賀県	83	-0.4
福井県	79	-0.5	長崎県	138	-0.7
山梨県	83	-0.7	熊本県	179	-0.3
長野県	210	-0.5	大分県	117	-0.5
岐阜県	203	-0.5	宮崎県	110	-0.5
静岡県	370	-0.3	鹿児島県	165	-0.7
愛知県	748	0.2	沖縄県	143	0.6
三重県	182	-0.4			

注）・データは，2015 年の国勢調査のものである。
・人口増加率は，2010 年～2015 年の変化を基に年平均で示している。

（「e-Stat」により作成）

資料3　**資料2**を基に二人が作成しているカルトグラム

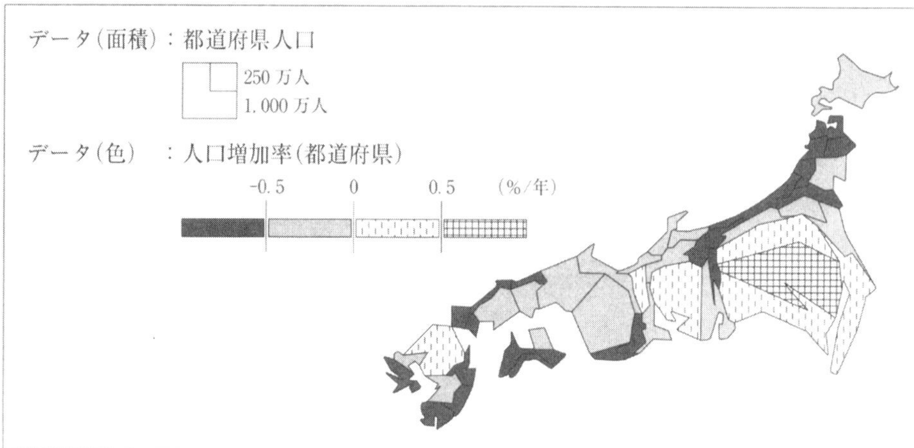

資料4　沖縄県のデータを示す図(**資料3**に追加する場合)

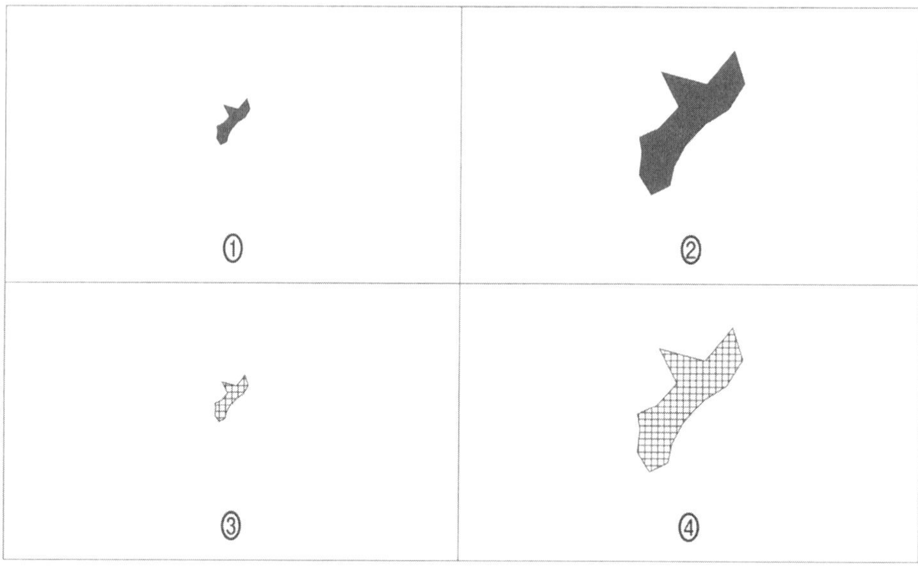

注）カルトグラムの性質上，島しょ部などは表現していない。

（「時空間情報を通して国土・地域・都市を見る」などにより作成）

問 3　メグさんとカイさんは，地方によっては，鉄道路線の維持が課題となっている地域があることを知り，**資料 5** と**資料 6** を得た。二人の**会話文**中の空欄 X ， Y に当てはまる記号の組合せとして最も適切なものを，あとの①～④のうちから一つ選べ。
解答番号は 3 。

資料 5　主なＪＲ路線の「輸送密度」(1987 年度(四国地方は 1989 年度)または 2019 年度)

A

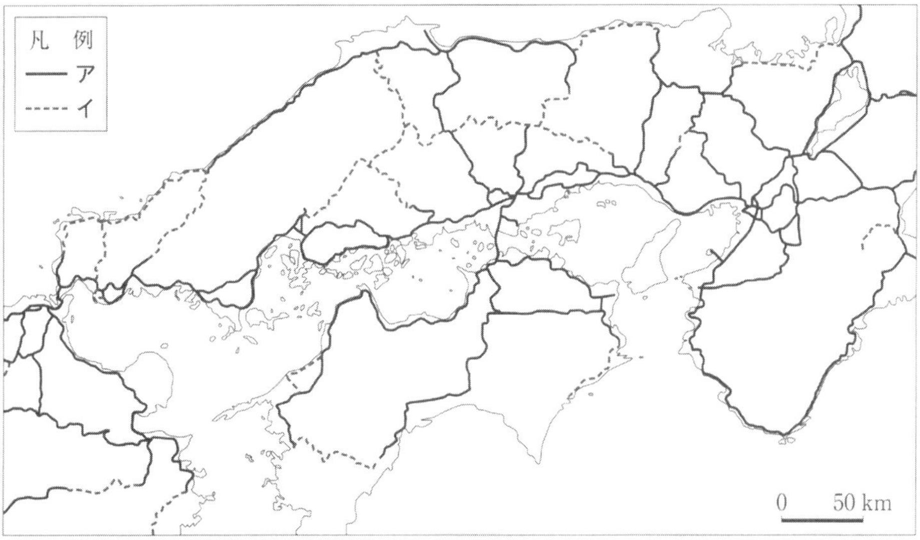

B

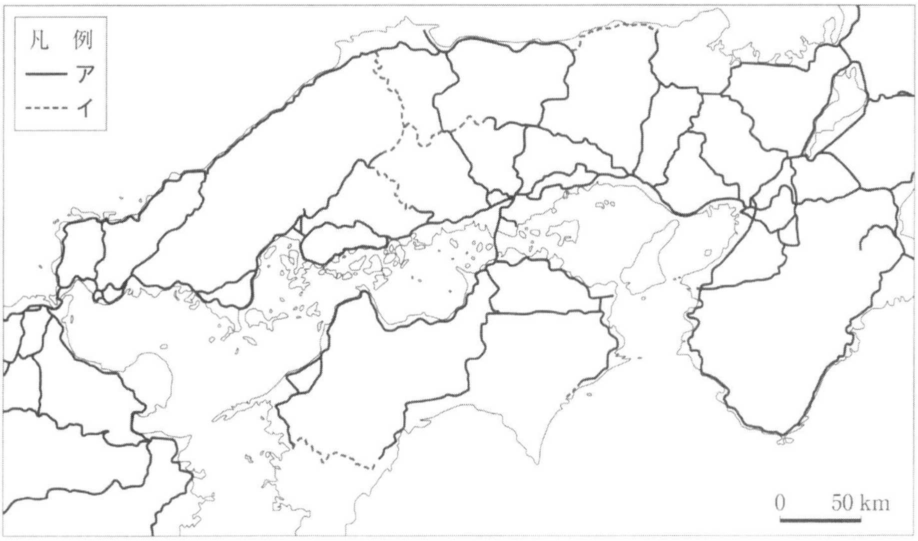

注)・「輸送密度」とは，ある区間における 1 日当たりの平均の利用旅客数を示す。
・1987 年度(四国地方は 1989 年度)と 2019 年度の両方で比較可能な資料を得られたＪＲ路線のみを示す。新幹線は除く。

(「ＮＨＫ ＮＥＷＳ ＷＥＢ」などにより作成)

資料6　**資料5**の範囲における人口密度

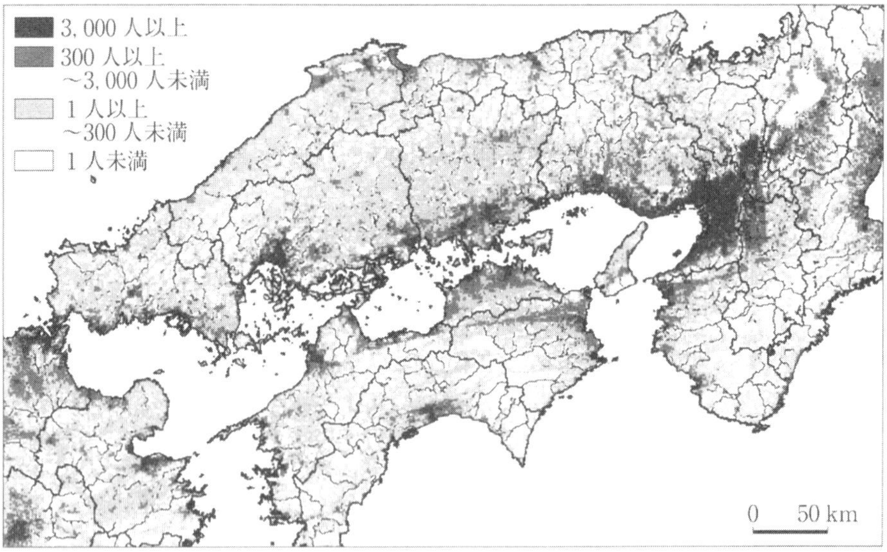

注）2015年国勢調査結果により，1 kmメッシュで作成。

（「平成27年国勢調査に関する地域メッシュ統計」により作成）

会話文

メ　グ：**資料5**を見ると，同じ西日本地域にある鉄道でも，利用客数には地域差が見られますね。

カ　イ：そうですね。どうしてこのような地域差が見られるのですか。

メ　グ：様々な要因が考えられますが，ここでは，まずは，人口分布との関係で捉えてみましょう。**資料6**を見てください。

カ　イ：**資料5**と**資料6**から読み取った情報を重ねて考えると，人口密度が比較的高い地域を通る路線は，「輸送密度」が1,000人以上の路線が多いですね。

メ　グ：そうですね。**資料5**の**ア**と**イ**は，「輸送密度」が1,000人以上または1,000人未満のいずれかを示していて，1,000人以上を示しているのは凡例の［X］です。

カ　イ：ところで，**資料5**の**A**と**B**は，それぞれ1987年度（四国地方は1989年度）か2019年度のいずれかだと聞きましたが，このうち2019年度のものは［Y］ですか。

メ　グ：そのとおりです。西日本地域に限らず，地方では道路整備の充実や過疎化，高齢化などの影響で，鉄道の需要は減少しつづけています。今後どのようにして地域の公共交通機能を維持させていくかが，地方における重要な課題になっています。

	X	Y
①	ア	A
②	ア	B
③	イ	A
④	イ	B

問 4　メグさんとカイさんは，鳥取県での地理研究班の合宿の中で，**資料7**の条件を設定して，ロンドンとニューヨークの高校生との３校合同のオンライン学習交流会の開催を検討した。二人は，条件を満たす日本での開催可能時刻を見いだそうと，**資料8**を得て，検討結果を**資料9**にまとめた。**資料9**中の空欄 X ， Y に当てはまる数値と時刻の組合せとして最も適切なものを，あとの①～④のうちから一つ選べ。解答番号は 4 。

資料7　オンライン学習交流会を開催する上での条件

- ロンドンとニューヨークの高校生は，学校の授業として参加する。
- ロンドンの高校生の学校の授業は，現地時刻の 10:00 から 16:00 で行われる。
- ニューヨークの高校生の学校の授業は，現地時刻の 9:00 から 15:00 で行われる。
- 学習交流会の予定時間は 1 時間～ 2 時間の範囲とする。
- この検討ではサマータイム（デイライトセービングタイム）は考慮しないものとする。

資料8　二人が検討に用いた等時帯を示した世界地図

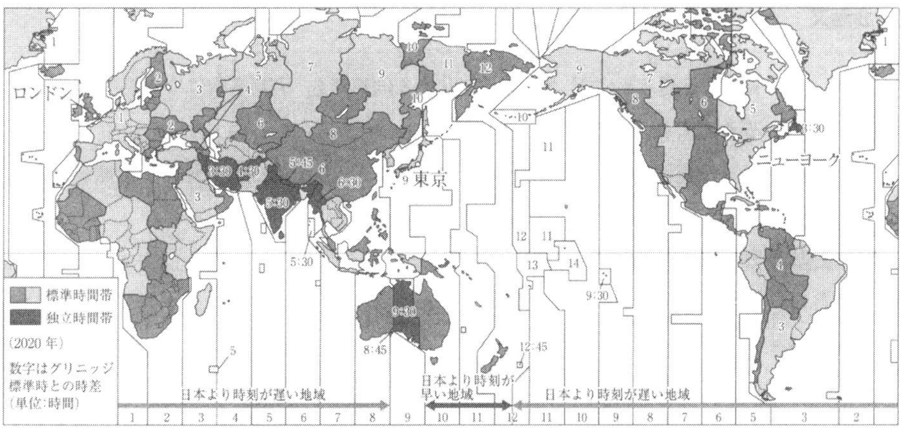

（「地理屋にできること」などにより作成）

資料9　二人が検討にあたって作成したメモ

■ 2都市の学校で授業がある時間帯から開催可能時刻を検討する

現地時刻 ――→ グリニッジ標準時(GMT)で表示した時刻

	現地時刻	GMTで表示した時刻
ロンドン	10:00～16:00(GMT±0)	10:00～16:00
ニューヨーク	9:00～15:00(GMT X)	14:00～20:00

⇩

2校とも授業時間内で交流会ができるのは，
GMTで14:00～16:00。
この間にオンライン交流会を実施する？

⇩

■開催可能時刻は，日本ではどのような時間帯になるか検討する

現地時刻 ←―― グリニッジ標準時(GMT)で表示した時刻

	現地時刻	GMTで表示した時刻
鳥取(日本)	Y (GMT＋9)	14:00～16:00

⇧

本当にこの時間帯で実施する？！

	X	Y
①	+5	5:00～7:00
②	+5	23:00～1:00
③	-5	5:00～7:00
④	-5	23:00～1:00

2 世界の生活文化の多様性に関して，**問1～問4**に答えよ。

問1 アンナさんは，世界の宗教と建築物に興味をもち，様々な建築材料を用いた宗教施設に関する**資料1～資料3**を得た。**資料1**中のＡ～Ｄの宗教施設は，それぞれ**資料2**中のア～エのいずれかの地点で見られる。ＢとＣの宗教施設が見られる地点の組合せとして最も適切なものを，あとの①～④のうちから一つ選べ。解答番号は 5 。

資料1

Ａ　木造の教会

Ｂ　石造の教会

Ｃ　木造のモスク

Ｄ　れんがと泥のモスク

（世界遺産オンラインガイドなどにより作成）

資料2　世界の主な宗教の分布

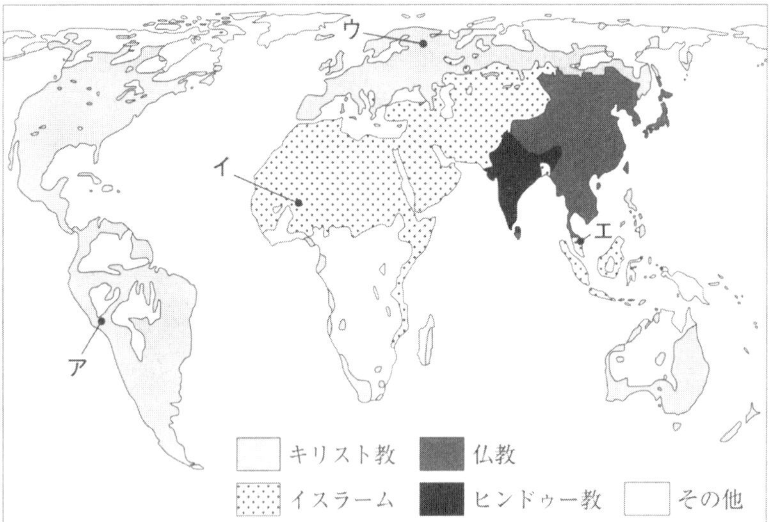

資料3　世界の主な伝統的建築物の材料の分布

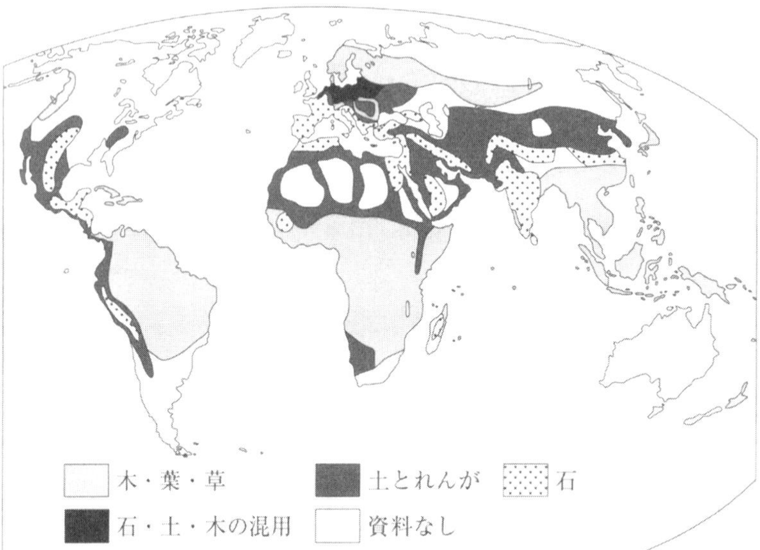

（「人文地理学」などにより作成）

	B	C
①	ア	イ
②	ア	エ
③	ウ	イ
④	ウ	エ

問2 アンナさんは，世界の牧畜と食文化の関係性に興味をもち，**資料4**と**資料5**を得た。**資料5**中の**ア**～**エ**は，**資料4**中の**A**～**D**のいずれかの国でよく食べられている肉料理について説明したものである。**B**と**D**の国の肉料理について説明した記号の組合せとして最も適切なものを，あとの①～④のうちから一つ選べ。解答番号は 6 。

資料4 世界各国・地域における頭数の最も多い家畜(2014年)

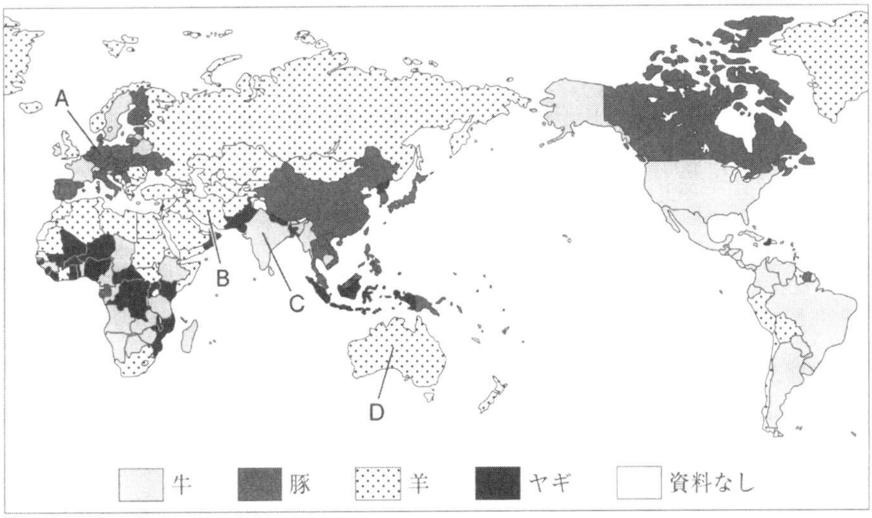

注) 家畜は牛，豚，羊，ヤギのいずれかで最も多いものを示す。

(FAOSTATにより作成)

資料5

ア

この国では，最も多く飼育される家畜は乳製品を作るのに利用しますが，その肉は宗教上の理由で食べない人が多数派です。

この料理は，鶏肉をヨーグルトや香辛料と煮込んだものです。

イ

この国では，乾燥した気候と宗教上の理由から，最も多く飼育される家畜と，よく食べられる家畜は同じです。

この料理は，ミンチ状にした羊肉を香辛料と合わせてから，串にさして焼いたものです。

ウ

この国では，農作物栽培と家畜の飼育を組み合わせた農業が発展してきたこともあり，最も多く飼育されている家畜がよく食べられます。

この料理は，塩漬けにした豚肉の大きな塊を煮込んだものです。

エ

この国では，毛用の家畜の飼育が盛んですが，実際にはそれとは異なる家畜もよく食べられています。

この料理は，鉄板や金網の上で焼いた牛肉を，ソースや塩で味付けして食べるものです。

（https://ajpr.com.au/ などにより作成）

	B	D
①	ア	ウ
②	ア	エ
③	イ	ウ
④	イ	エ

問 3　アンナさんは，世界の伝統的な衣服に興味をもち，**資料 6** と**資料 7** を得た。これらの資料からアンナさんが推察したことのうち，下線部の内容が**不適切なもの**を，あとの①～④のうちから一つ選べ。解答番号は [7] 。

資料 6　世界の伝統的な衣服

A  前開きの衣服で，生地は数種類ある。身体の前で布を交差させ，肩のボタンと腰に巻く帯で留めて着用する。	B  大きな筒状になった布の中心に着用者が入り，布の余った部分を腰の周りに重ねながら巻き付けて着用する。
C 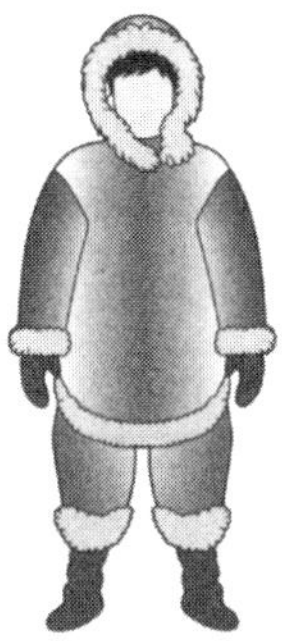 顔と手足の先を出せるようになっているが，頭や胴，腕，足などに沿って身体を覆うようになっている衣服である。	D  四角形または円形の布の真ん中に穴が開けられており，その穴に着用者が頭を通して着るようになっている衣服である。

（国立民族学博物館 Archives などにより作成）

資料7　資料6中の伝統的な衣服が着用されている都市の1月と7月の平均最高気温と平均最低気温の差

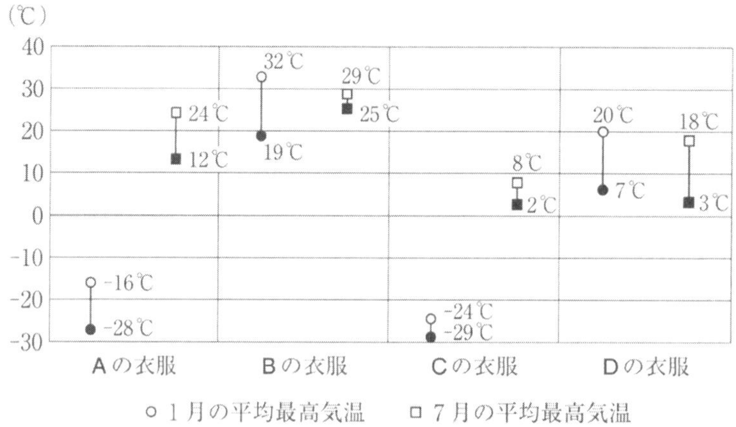

（Weather Sparkにより作成）

① Aの衣服は，薄手のものがあったり，中に保温性を高めるものを着込んだりできる作りになっている。これは，他都市と比べて1月の平均最高気温と7月の平均最高気温の差が最も大きいことが関係していると考えられる。

② Bの衣服は，足回りにゆとりをもたせた，通気性のよい作りになっている。これは，他都市と比べて年間を通じて高温であることが関係していると考えられる。

③ Cの衣服は，気密性や保温性を高める作りになっている。これは，他都市と比べて1月の平均最高気温と平均最低気温が最も低いことが関係していると考えられる。

④ Dの衣服は，容易に脱ぎ着しやすい作りになっている。これは，他都市と比べて1月も7月も平均最高気温と平均最低気温の差が最も小さいことが関係していると考えられる。

問4 アンナさんたちは，スペイン南部の都市セビリアの生活時間に興味をもち，**資料8**～**資料11**を得た。アンナさんとパブロさんとの**会話文**中の空欄 X ， Y に当てはまる語句の組合せとして最も適切なものを，あとの①～④のうちから一つ選べ。解答番号は 8 。

資料8 セビリアのある店の営業時間を伝える看板

資料9 セビリアの月別・時間別気温の推移(2019年)

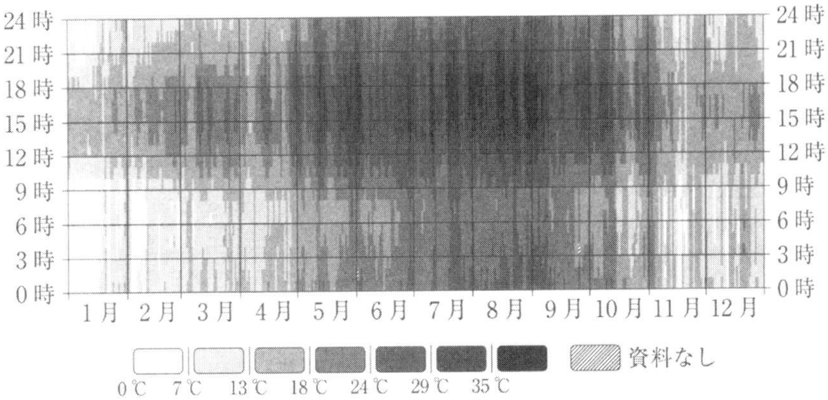

資料10 北半球の夏至の日における太陽光の当たり方

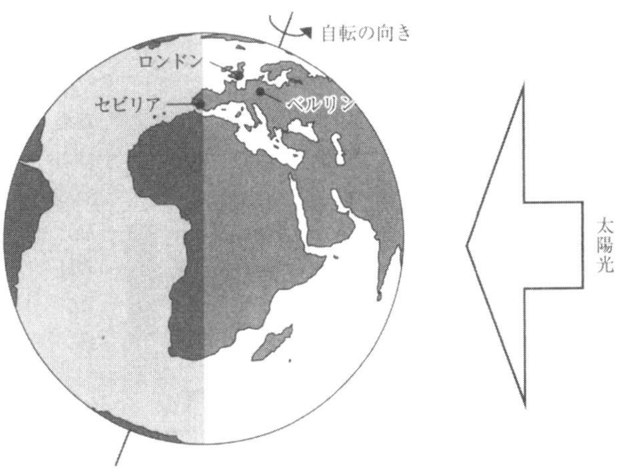

(Weather Sparkなどにより作成)

資料11　ヨーロッパ主要部の等時帯

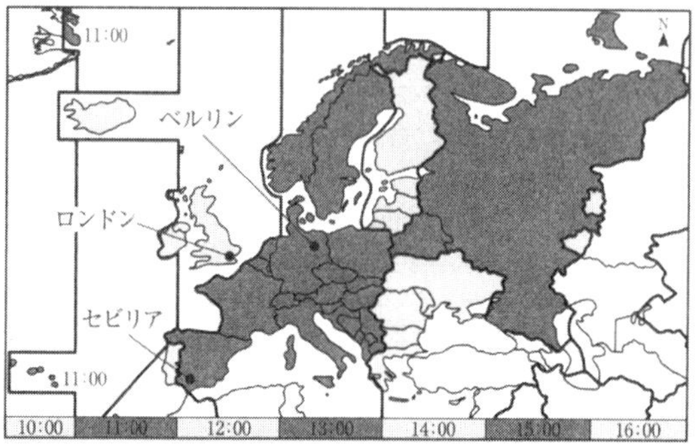

注）ヨーロッパ州のみ着色している。
（https://www.mapsofworld.com/time-zone-map/europe.html により作成）

会話文

アンナ：セビリアを旅した際に，お菓子と飲み物を買いにお店に入ろうとしたら，平日の日中なのに閉まっていたことがありました。**資料8**のような営業時間のお店をいくつも見かけたけれど，なぜなのでしょうか。

パブロ：自然環境が関係しているのではないかと思います。**資料9**から，お店は［　X　］となる時間帯を避けるようにして営業していると言えます。この時間帯に，人々は職場を一度離れて，家で食事をしたり，仮眠をとったりするなどして休憩すると聞いたことがあります。

アンナ：食事をする時間帯にしては，ずいぶん遅い気がします。

パブロ：**資料10**と**資料11**から，ロンドンよりセビリアの方が日の出の時刻は［　Y　］時刻で生活していることが読み取れます。

アンナ：そうですね。セビリアは，ずっと東にあるベルリンなどの都市と同じ等時帯にあるのですね。

パブロ：自然環境はもちろん，こうしたことがセビリアにみられる生活時間を作り出してきたと考えられますね。

	X	Y
①	夏の高温	早いのに，1時間遅れた
②	夏の高温	遅いのに，1時間進んだ
③	冬の低温	早いのに，1時間遅れた
④	冬の低温	遅いのに，1時間進んだ

3 地球的課題の地理的考察に関して，**問1～問4**に答えなさい。

問 1 タカノリさんは，世界の地震について興味をもち，**資料1～資料3**を得た。これらの資料から読み取った内容として**不適切なもの**を，あとの①～④のうちから一つ選べ。
解答番号は 9 。

資料1 2011～2020年に発生したマグニチュード6以上の地震の震源(●)の分布

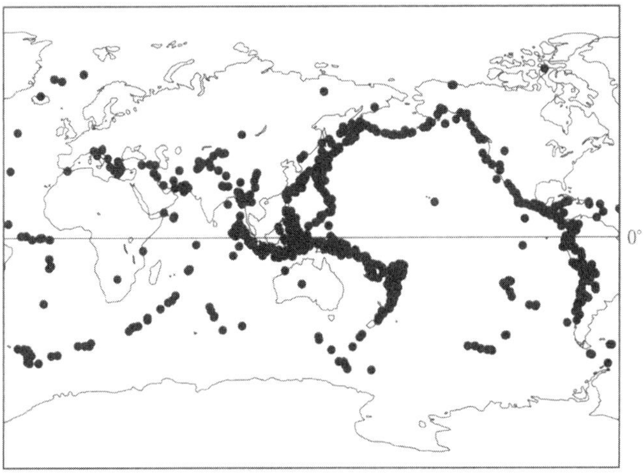

資料2 世界の火山(・)の分布

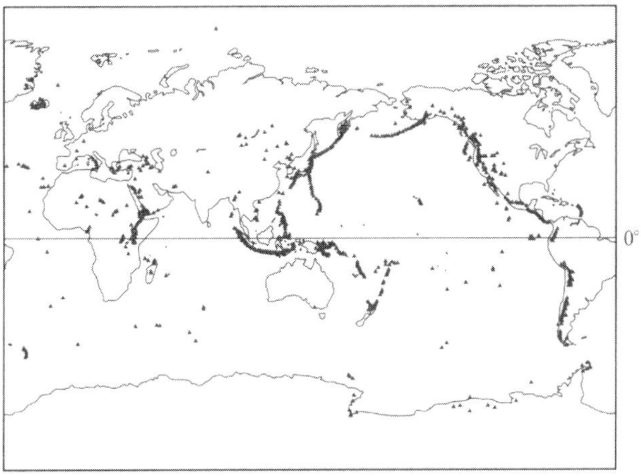

注）火山は過去概ね1万年間に活動のあったもの。
（内閣府「令和3年度防災白書」などにより作成）

資料3　世界のプレート境界の分布

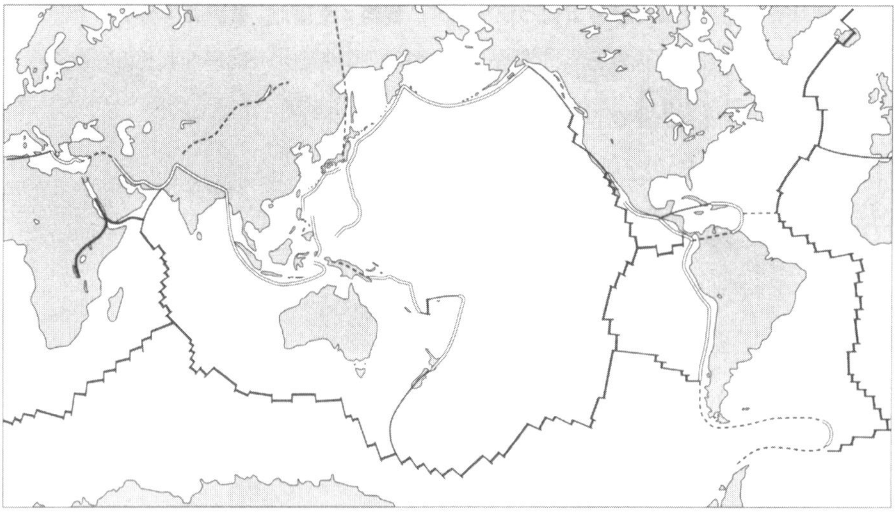

— ひろがる境界　═ せばまる境界　— ずれる境界　---- 不確実な境界

（小学館『日本大百科全書』による）

① **資料1**から，マグニチュード6以上の地震の発生頻度は，アフリカ大陸よりも日本の方が高いことが分かる。

② **資料2**から，南アメリカ大陸の火山は，大西洋側よりも太平洋側に多く分布していることが分かる。

③ **資料1**と**資料3**から，マグニチュード6以上の地震の震源の多くは，プレートの境界に位置していることが分かる。

④ **資料2**と**資料3**から，すべての火山は，せばまる境界に位置していることが分かる。

問２　タカノリさんは，工業原料の産出国と，工業製品の消費国と生産国には違いがあることに興味をもち，アルミニウムについて調べ，**資料４**を得た。**資料４**中のア〜ウから読み取ったり推察したりした内容として**不適切なもの**を，あとの①〜④のうちから一つ選べ。
解答番号は **10** 。

資料４

ア　ボーキサイトの産出量(世界計327,000千トン)の上位10ヶ国

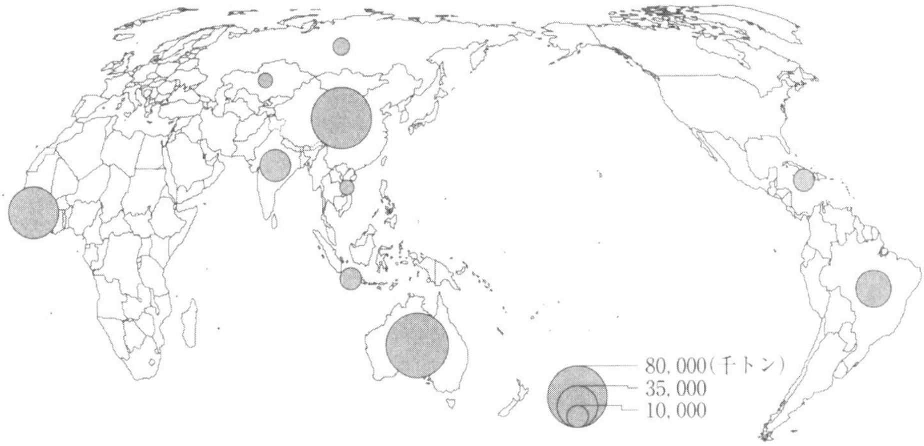

イ　アルミニウムの消費量(世界計59,917千トン)の上位10ヶ国

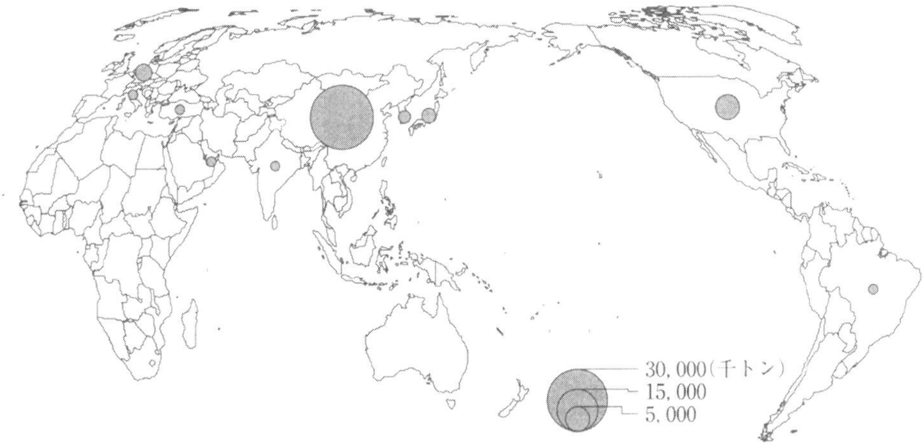

注)・中華人民共和国の値は，台湾，香港，マカオを含まない。
・統計年次は2018年。

(2018 Minerals Yearbookなどにより作成)

ウ　アルミニウムの生産量(世界計 63,600 千トン)の上位 10 ヶ国

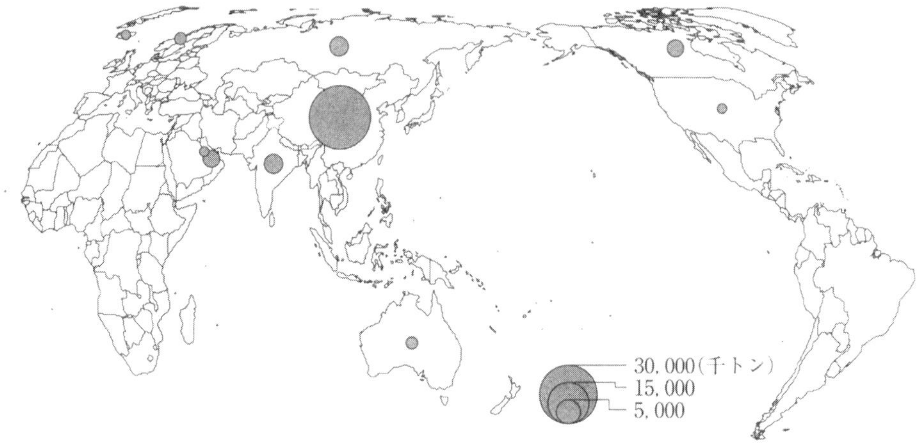

注)・中華人民共和国の値は，台湾，香港，マカオを含まない。
・統計年次は 2018 年。

(2018 Minerals Yearbook により作成)

① ボーキサイトの産出量は，中華人民共和国とオーストラリアが上位 2 ヶ国であることが分かる。

② ボーキサイトの産出量上位 10 ヶ国のうち，アルミニウムの生産量上位 10 ヶ国である国は，半数以下であることが分かる。

③ ボーキサイトの産出量とアルミニウムの消費量および生産量は，いずれもアジアとオセアニアの国々の合計が世界の 50 % を上回っていると推察される。

④ アルミニウムの消費量と生産量との関係から，カナダとアメリカ合衆国では，アルミニウムの輸入量よりも輸出量の方が多いと推察される。

問3 タカノリさんは，日本における資源・エネルギー問題への取組について興味をもち，**資料5**を得た。**資料5**中の**カ**～**ク**のうち，化石燃料の消費量削減を目的とする取組の組合せとして最も適切なものを，あとの①～④のうちから一つ選べ。解答番号は 11 。

資料5

カ

国内の大手航空会社が中心となり，海外からの輸入依存度が高い原油ではなく，廃棄物や使用済み食用油などから作られる「持続可能な代替航空燃料（ＳＡＦ）」の開発促進と活用が進められている。この取組は，今後，様々な業種間での連携により，国産ＳＡＦの生産・活用体制の構築が進められる予定である。

キ

日本近海には，天然ガスの主成分であるメタンと水とが結合し結晶化した「メタンハイドレート」と呼ばれる物質の存在が確認されている。国産エネルギー資源の一つとして利用できるようになれば，天然ガスの輸入依存度を下げることができるため，民間での商業化の実現を目指した技術の開発や資源量の評価などが進められている。

（https://press.jal.co.jp/ja/release/202106/006098.html などにより作成）

ク

長野県では，豊富な自然エネルギー資源を活用した地域づくりや産業の創出，エネルギー自給率の向上などを目指す「１村１自然エネルギープロジェクト」が推進されている。例えば，2016 年２月に竣工した長和町（ながわまち）新庁舎には，太陽光発電設備や地中の熱を冷暖房や給湯などに利用するシステムが導入されるなど，県内の自治体や企業，ＮＰＯなどによる多様なプロジェクトが行われている。

（https://town.nagawa.nagano.jp/life/2020070300013/ により作成）

① カ・キ　② カ・ク　③ キ・ク　④ カ・キ・ク

問4　タカノリさんは，「メガシティ」と呼ばれる人口が1,000万人以上の都市圏について興味をもち，**資料6～資料8**を得た。これらの資料から読み取った内容として**不適切なもの**を，あとの①～④のうちから一つ選べ。解答番号は [12] 。

資料6　2000年におけるメガシティの分布

資料7　2020年におけるメガシティの分布

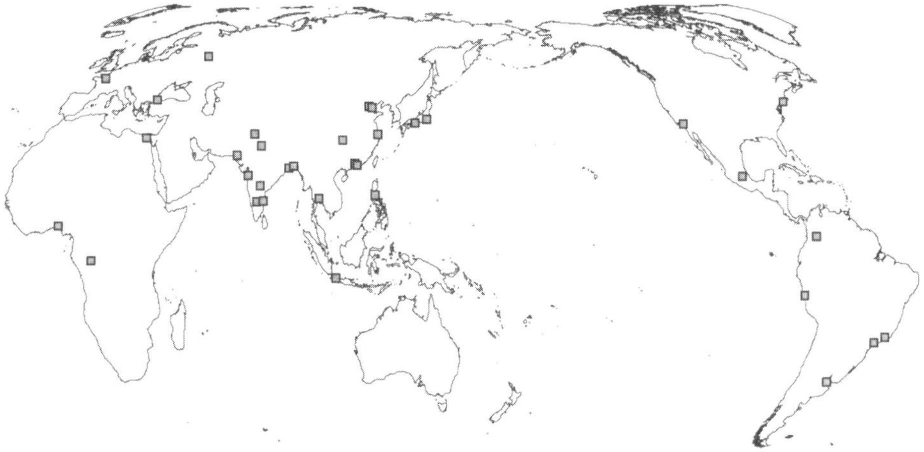

注）2020年における人口は，2018年時点での予測値である。

（World Urbanization Prospects：The 2018 Revision により作成）

資料8　2000年から2020年にかけての国・地域別人口増加率

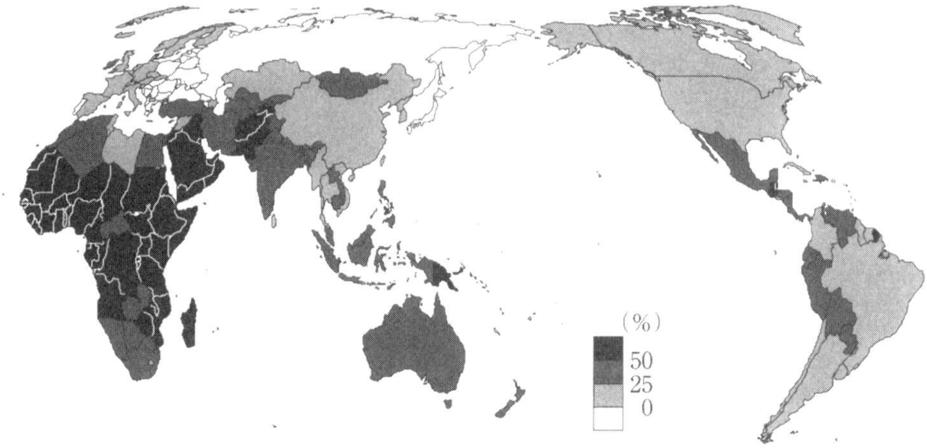

注）中華人民共和国の値は，台湾，香港，マカオを含まない。

（World Urbanization Prospects：The 2018 Revision により作成）

① **資料6**と**資料7**から，南北アメリカ大陸では2000年から2020年の間に，メガシティの数が増加したことが分かる。

② **資料6**と**資料7**から，2000年から2020年の間に新たにメガシティとなった都市圏は，特にアジアに多いことが分かる。

③ **資料7**と**資料8**から，2000年から2020年にかけての人口増加率が高い国ほど，メガシティが多く立地する傾向にあることが分かる。

④ **資料6**～**資料8**から，2000年から2020年の間に，アフリカ大陸で新たにメガシティとなった都市圏は，いずれもこの間の人口増加率が50％以上の国に属していることが分かる。

4 自然環境と防災，日常生活と結び付いた地図に関して，**問１～問４**に答えよ。

問１ メグさんは，農村の景観に興味をもち，次の**資料１～資料４**を得た。これらの資料を基にした，メグさんと先生との**会話文**中の空欄 X ， Y に当てはまる記号と語句の組合せとして最も適切なものを，あとの①～④のうちから一つ選べ。解答番号は 13 。

資料１　山形県南部で秋に撮影された写真

資料２　**資料３**の範囲

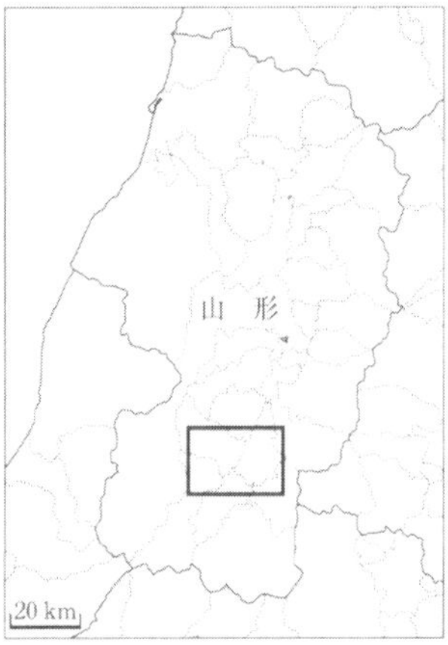

資料３　**資料１**を撮影した方向と周辺の地形

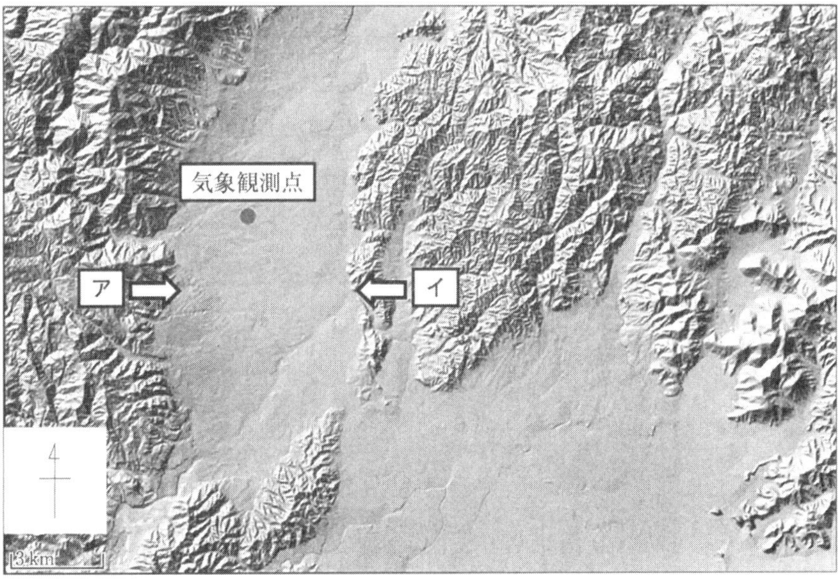

（地理院地図などにより作成）

資料4　資料3の気象観測点における最多出現風向と雨温図

	2021年	2020年	2019年	2018年
1月	西北西	南南東	西北西	西
2月	西	西	西北西	南
3月	西	西	西	西
4月	西	西	西	西
5月	西	西	西	西
6月	西	南	北北東	西
7月	南南東	南南東	南南東	南
8月	西	西	南南東	南南東
9月	北北東	北	西	北
10月	西北西	北	北	西
11月	西	南	西北西	北
12月	南	南	南	西北西

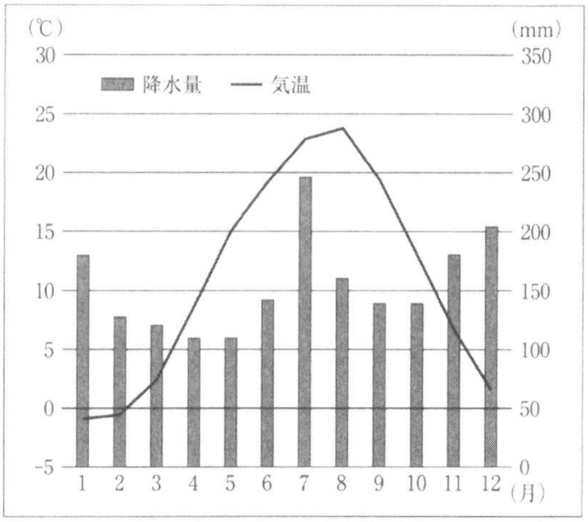

(気象庁ホームページより作成)

会話文

メ　グ：先生，**資料1**を手に入れたのですが，樹木に隠れて家がほとんど見えません。

先　生：面白いところに気づきましたね。これらの樹木は屋敷林と呼ばれ，防風など住居の快適性のために家屋の一方向や複数方向に配列されています。

メ　グ：なるほど。それでこの**資料1**では家屋が見えにくいのですね。

先　生：そうです。**資料1**を撮影した場所の反対側から見ると，家屋が見えますよ。では**資料1**は，**資料3**中の**ア**と**イ**のどちらから撮影した写真でしょうか。

メ　グ：**資料4**によると，特定の風向がよく出現しています。屋敷林はその風向への対策だとすると［ X ］から撮影しているのではないでしょうか。

先　生：そのとおりです。ところでこの地域の屋敷林は風雨から家屋を守る目的が考えられます。それは何でしょうか。

メ　グ：月ごとの風向の特徴と雨温図から考えると，［ Y ］をするためではないでしょうか。

先　生：そのとおりです。地域の景観も，気候を推測する手掛かりになるのですよ。

	X	Y
①	ア	冬にみられる家屋への着雪防止
②	ア	夏の大雨による家屋への浸水防止
③	イ	冬にみられる家屋への着雪防止
④	イ	夏の大雨による家屋への浸水防止

問 2　ミツルさんから手紙をもらったメグさんは，アメリカ合衆国のハワイ州に興味をもち，**資料5**～**資料7**を得た。ミツルさんの**手紙文**中の空欄 X ， Y に当てはまる語の組合せとして最も適切なものを，あとの①～④のうちから一つ選べ。解答番号は 14 。

ミツルさんからメグさんへの**手紙文**

こんにちはメグ。　～(中略)～

オアフ島は周囲に陸地がないことなどから，高くて強い波がたくさん押し寄せます。私がいるオアフ島のイーストサイドは X の影響で，海から岸に向けて風が吹くことが多いエリアです。その風の影響もあって，一年を通じて波があることが多く，時期を選ばずにサーフィンをすることが可能です。

年間を通してはっきりとした四季のないオアフ島ですが，島の中でも降水量に大きな地域差があり，サウスショアにあるワイキキよりも，イーストサイドにあるカネオへの方が年降水量が Y なっています。ハワイはいつ訪れても暖かいので，いつでも遊びにきてください。

資料5　ハワイ州におけるオアフ島の位置と代表的なサーフィンスポット

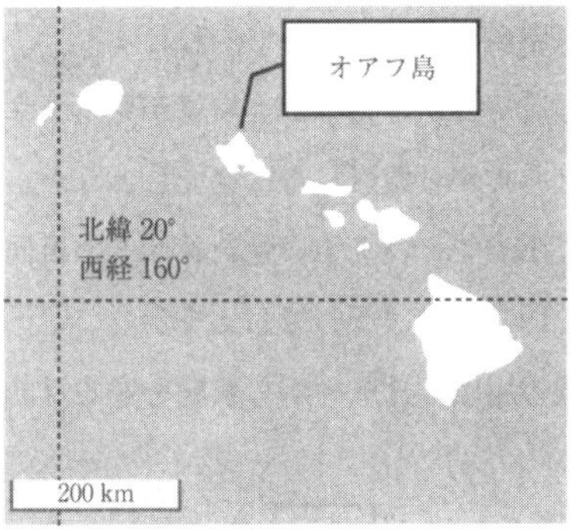

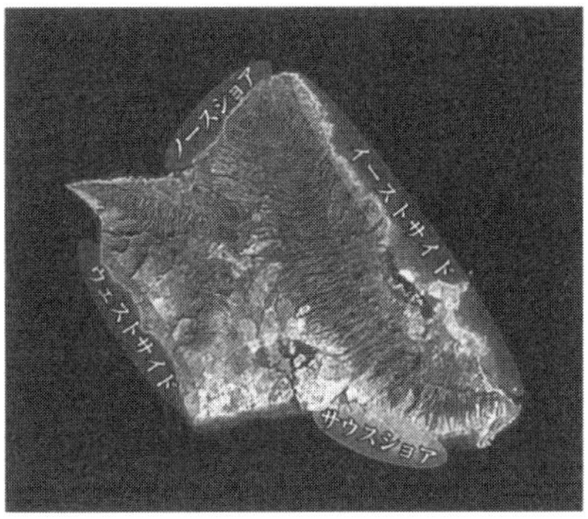

資料6　世界の恒常風の模式図

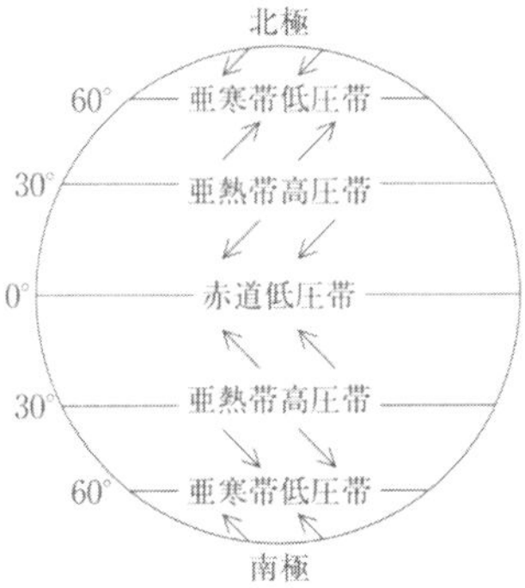

資料7　オアフ島の年降水量分布

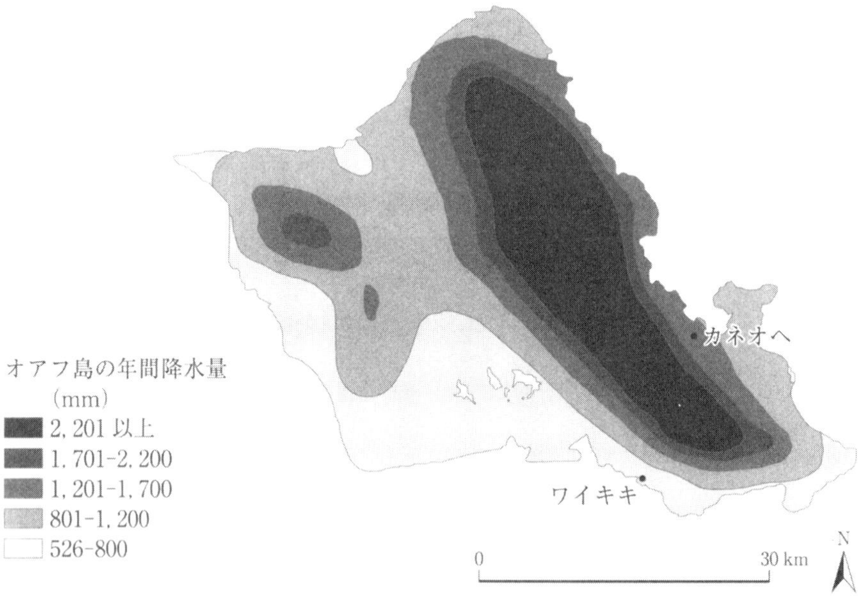

(2011 Rainfall Atlas of Hawai'I Department of Geography University of Hawai'I at Manoa により作成)

	X	Y
①	北東貿易風	多く
②	北東貿易風	少なく
③	南東貿易風	多く
④	南東貿易風	少なく

問 3 メグさんは，日本の鉄道が2022年で開業150周年となったことに興味をもち，**資料 8**～**資料 10** を得た。このことについて，あとの**メモ**中の空欄 X ， Y に当てはまる記号と語の組合せとして最も適切なものを，あとの①～④のうちから一つ選べ。
解答番号は 15 。

資料 8　錦絵に描かれた開業当初の横浜駅周辺のようす

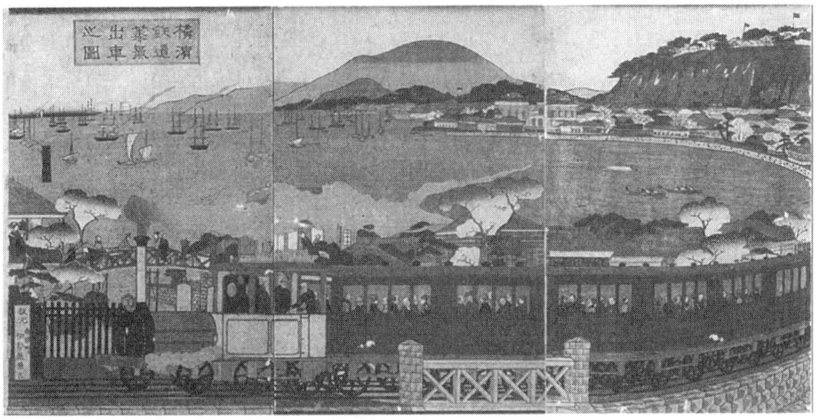

資料 9　明治14(1881)年作成の横浜駅周辺の地図

イ

ア

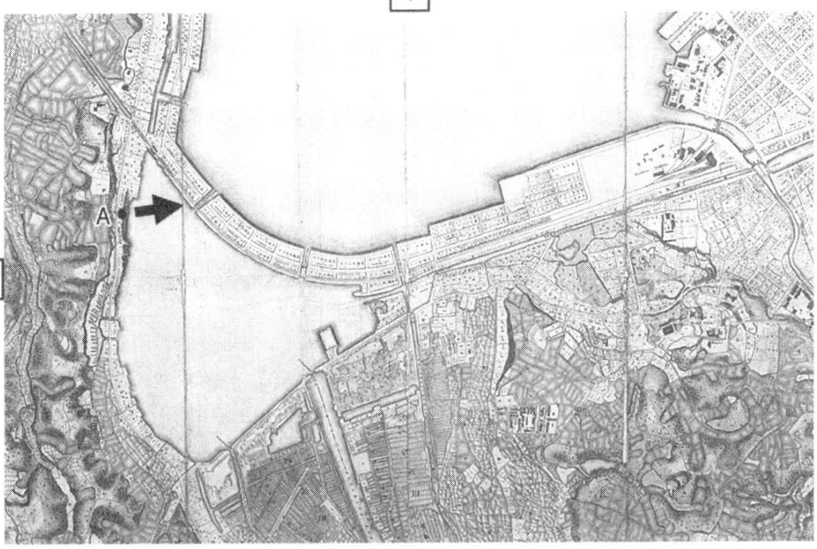

（横浜市立図書館デジタルアーカイブなどにより作成）

資料10　新旧の地形図を比較できるサイトで得た横浜駅周辺の地図

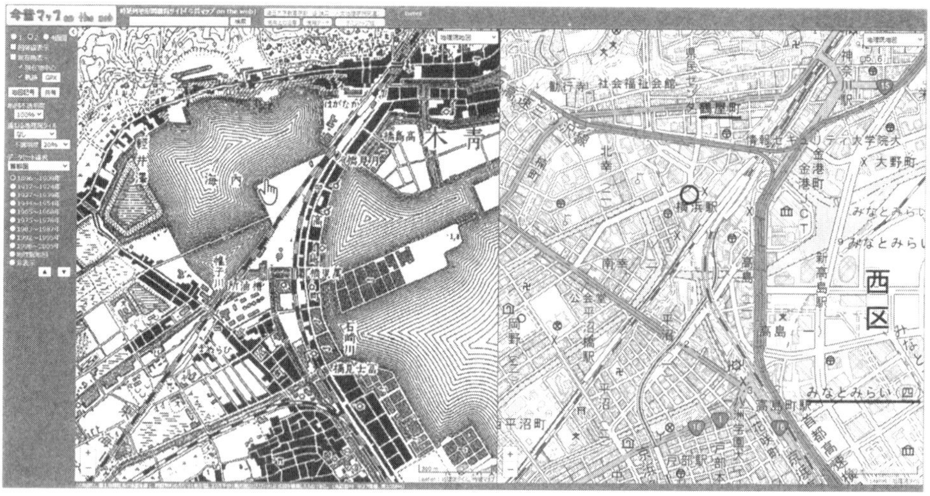

1896～1909年の間に作成された地形図　　　　最新の地理院地図

（「今昔マップ on the web」により作成）

メモ

> **資料8**は，横浜駅周辺の当時の景色とされるが，現在の地形図で見ると，海沿いをカーブするように鉄道が敷かれている場所は見当たらなかった。
>
> そこで，開業当時に比較的近い**資料9**を見ると，当時は横浜に入り江があって，そこを仕切るようにカーブさせて鉄道が敷かれていることが分かった。**資料8**は，**資料9**中の地点Aのあたりから矢印(➡)の方向に見えたようすを描いたものと考えられる。新旧の地形図を比較できるサイトにアクセスして得た**資料10**の画面を基に考えると，**資料9**の地図では，［ X ］が北方向になるように描かれていることが分かる。
>
> **資料10**中の指さしマークのポインタ(☝)は「最新の地理院地図」の「○」の印の地点と同じ場所であることを示しており，任意の地点を比較することができる。
>
> 試しに，現在の「横浜駅」付近にある指さしマークのポインタ(☝)を，**資料9**中の地点Aと同じ場所に置くと，「最新の地理院地図」では「○」の印が「［ Y ］」の近くに示された。150年の間に，地形も景観も変わっていることに，改めて驚いた。

	X	Y
①	ア	鶴屋町
②	ア	みなとみらい(四)
③	イ	鶴屋町
④	イ	みなとみらい(四)

問４　メグさんとカイさんは，地図を用いて人々の暮らしと水害の関係を調べ，**資料11～資料13**を得た。これらの資料から読み取ったり考察したりした内容として**不適切なものを**，あとの①～④のうちから一つ選べ。解答番号は **16** 。

資料11　二人が考察の対象とした地域(新潟市南部)

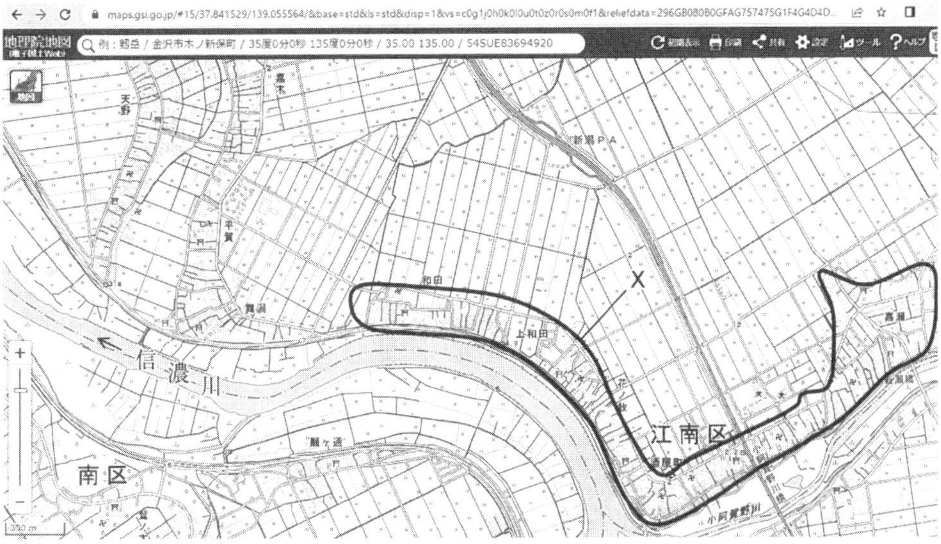

資料12　過去の氾濫時(1978年と1998年)に浸水した地域を示した地図

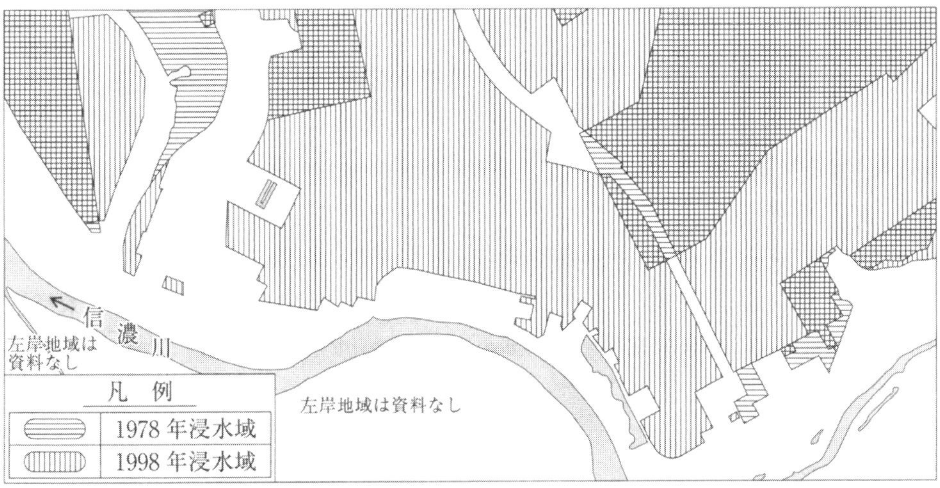

(新潟県「新潟地区浸水実績図」などにより作成)

資料13　地形の分類

後背湿地…低湿地の部分	（縦線）
微高地（自然堤防）…砂がたまった部分	（濃灰色）
旧河道…昔は川があったが，今は流れが変わったところ	（横線）
人工的に整備されたところ	（格子）

（地理院地図により作成）

① **資料** 11 から，Xの範囲に見られる家屋は，河川沿いに列状に並んで立地していることが分かる。

② **資料** 11 と**資料** 12 から，Xの範囲に見られる家屋の多くは，1978 年と 1998 年の 2 回の氾濫時に浸水を免れていることが分かる。

③ **資料** 11 と**資料** 13 から，Xの範囲に見られる家屋の多くは，旧河道に立地しているものが多いことが分かる。

④ **資料** 11～**資料** 13 から，Xの範囲に見られる家屋の多くは，比較的浸水から免れやすい微高地上に並んで立地しているものが多いことが分かる。

5 生活圏の諸課題と地域調査に関して，**問1**～**問4**に答えよ。

問1 ツルギさんは，富山県について地域調査を行い，富山県では各地で湧水が多く見られることに興味をもった。その理由について考察した**資料2**のレポート中の空欄 X ， Y に当てはまる記号の組合せとして最も適切なものを，あとの①～④のうちから一つ選べ。解答番号は 17 。

資料1

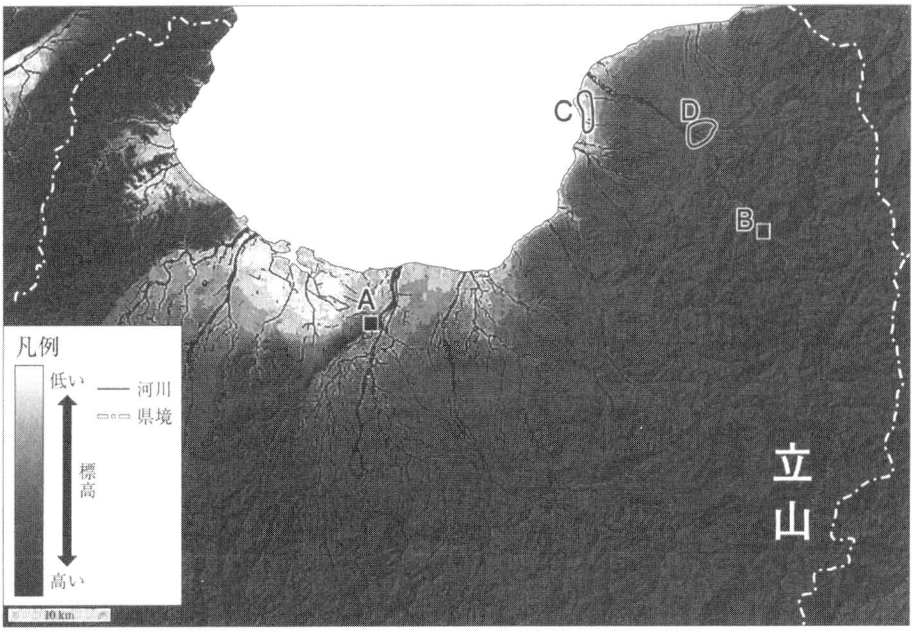

（地理院地図により作成）

資料2 富山県の湧水についてのレポート

テーマ：なぜ富山県はきれいな湧水に恵まれているのか？

1：気候的条件　～季節風が高い山地にぶつかることで豊かな降水をもたらす～

- 冬季には，大陸から季節風が吹いてくる。
- 日本海は暖流の対馬海流の影響を受けて海水温が高く，湿った季節風となる。
- その季節風が標高の高い山地にぶつかることで降水が見られる。
- そのため，同じ県内でも平地より山地のほうが降水量が多い。

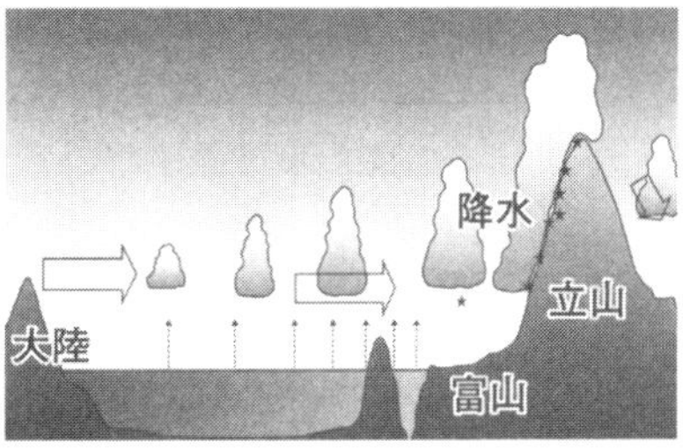

富山県における降水メカニズムの模式図

（次ページに続く）

2：地形的条件　～扇状地が発達して豊富な湧水が供給される～

・扇状地は，河川によって運ばれてきた山地の砂礫(れき)が堆積した地形である。
・比較的大きな砂礫が堆積した扇状地の中ほどでは，水が地下に伏流する。
・扇状地の末端部では，伏流していた地下水が湧き出して，きれいな水が豊富に得られる。

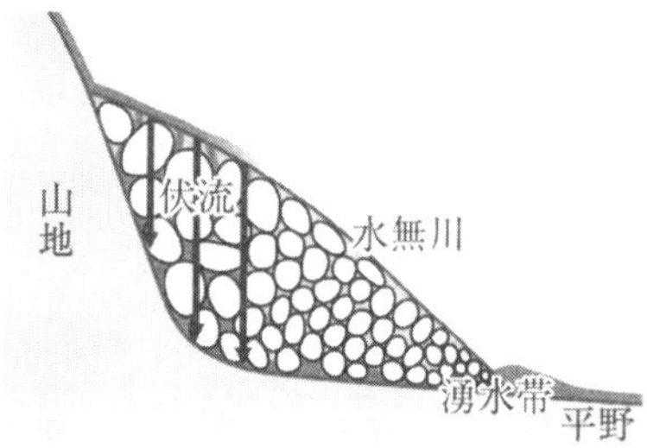

扇状地の断面図

3：気候的条件と地形的条件から考察したこと

富山県は冬の降水量が非常に多く，県内全域で豊富な水が得られる。

一方で，**資料1**中の地点**A**と地点**B**の降水量を示した下の図の**ア**と**イ**を見ると，同じ富山県内であっても地点によって降水量が異なっている。 **1：気候的条件** を基に考察すると，地点**B**の降水量を示した図は， X であると考えられる。

ア

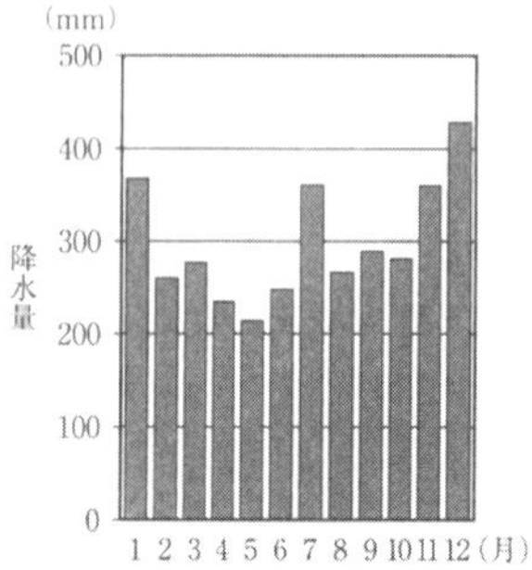

イ

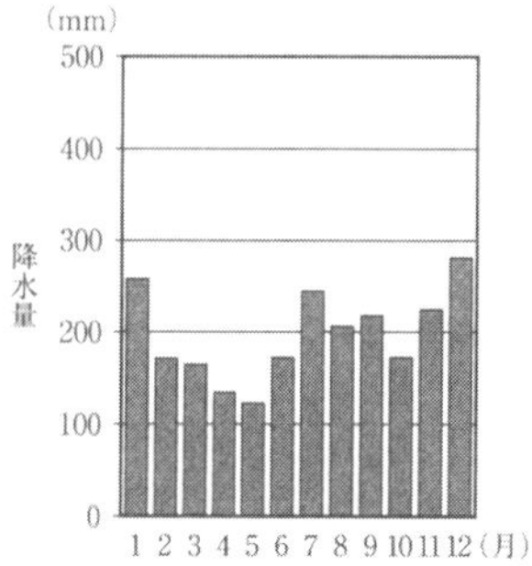

写真

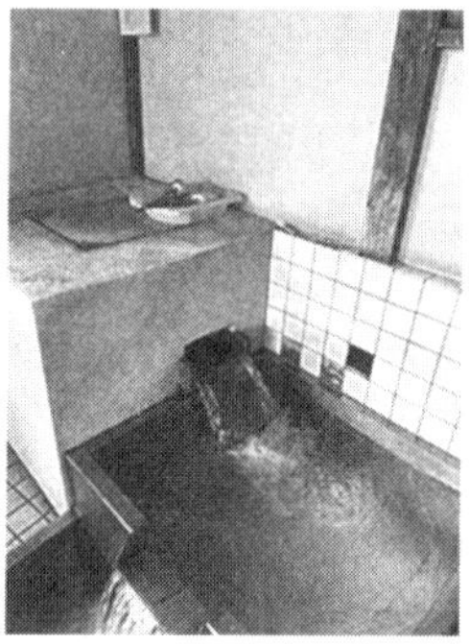

また，豊富な湧水は県内のどこでも無条件に得られるわけではない。

資料1中の**C**と**D**は，海に面した扇状地に属する地域である。**写真**は伏流していた地下水が湧き出している様子を示しており，**C**もしくは**D**の地域で撮影したものである。 **2：地形的条件** を基に考察すると，**写真**を撮影した場所は， Y の地域であると考えられる。

（気象庁資料などにより作成）

	X	Y
①	ア	C
②	ア	D
③	イ	C
④	イ	D

問２ ツルギさんは，富山市の1970年から2000年にかけての居住地域の変化に興味をもち，「富山市ではどのような変化が起きたのだろう」をテーマに調査を行い，**資料３**と**資料４**を得た。これらの資料から読み取った内容として**不適切なもの**を，あとの①～④のうちから一つ選べ。解答番号は［18］。

資料３　富山市中心部とその周辺部における人口集中地区の変遷

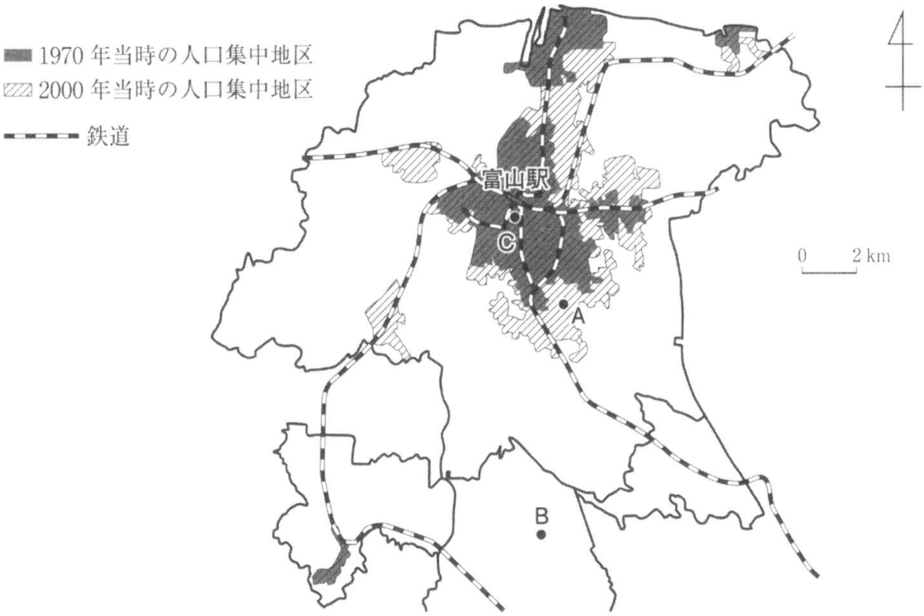

注）2005年に合併前の富山市を示している。

（「富山市都市マスタープラン」により作成）

資料4　富山市中心部とその周辺部において1970年から2000年にかけて人口が1人/ha以上増減した地域

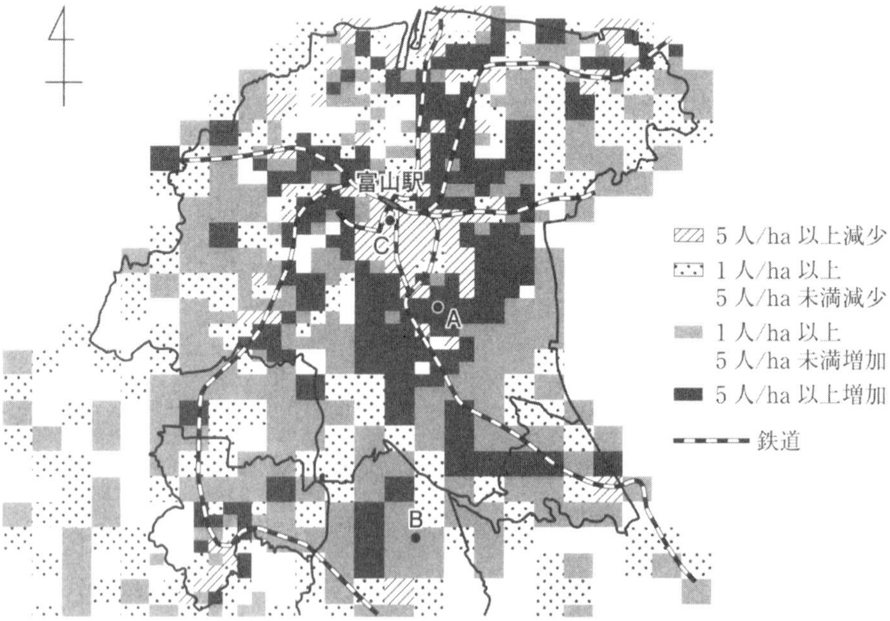

（「富山市都市マスタープラン」により作成）

① **資料3**から，富山市の人口集中地区は1970年から2000年にかけて拡大したことが分かる。

② **資料4**から，1970年から2000年にかけて，地点**A**のほうが地点**B**より人口が増加していることが分かる。

③ **資料3**と**資料4**から，1970年当時からの人口集中地区である地点**C**は，1970年から2000年にかけて人口が増加したことが分かる。

④ **資料3**と**資料4**から，2000年当時の人口集中地区以外にも1970年から2000年にかけて人口が増加した地域があることが分かる。

問 3　ツルギさんとヒカリさんは，「買い物弱者」が増加していることを知り，その背景を**資料 5**と**資料 6**を用いて考察した。**会話文**中の下線部㋐，㋑の内容の正誤の組合せとして最も適切なものを，あとの①～④のうちから一つ選べ。解答番号は［19］。

資料 5　富山市における 75 歳以上の食料品アクセス困難人口割合(2015 年)

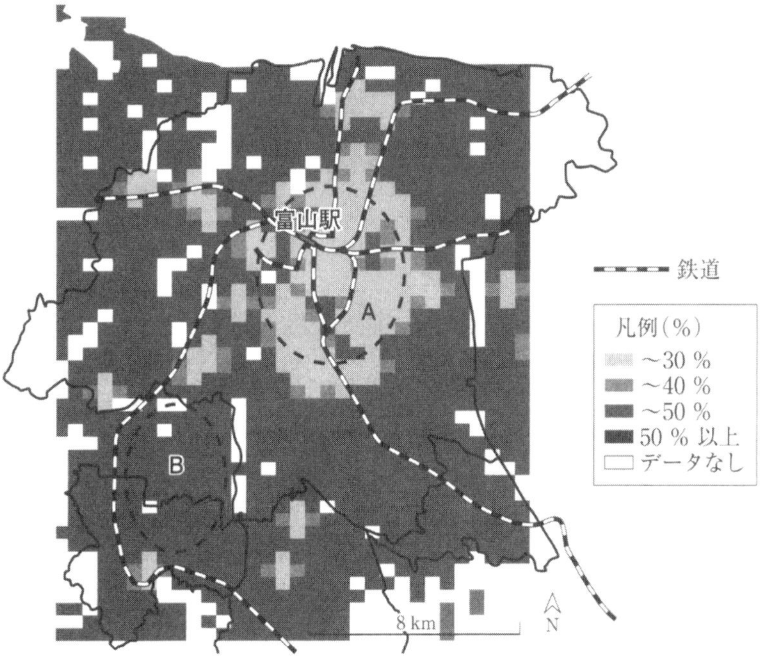

注）食料品アクセス困難人口とは，高齢者のうち自宅から生鮮食料品販売店舗等までの距離が 500 m 以上あり，かつ自動車を利用できない人の割合を示す。

(食料品アクセスマップにより作成)

資料6　富山市における主な公共交通機関と店舗

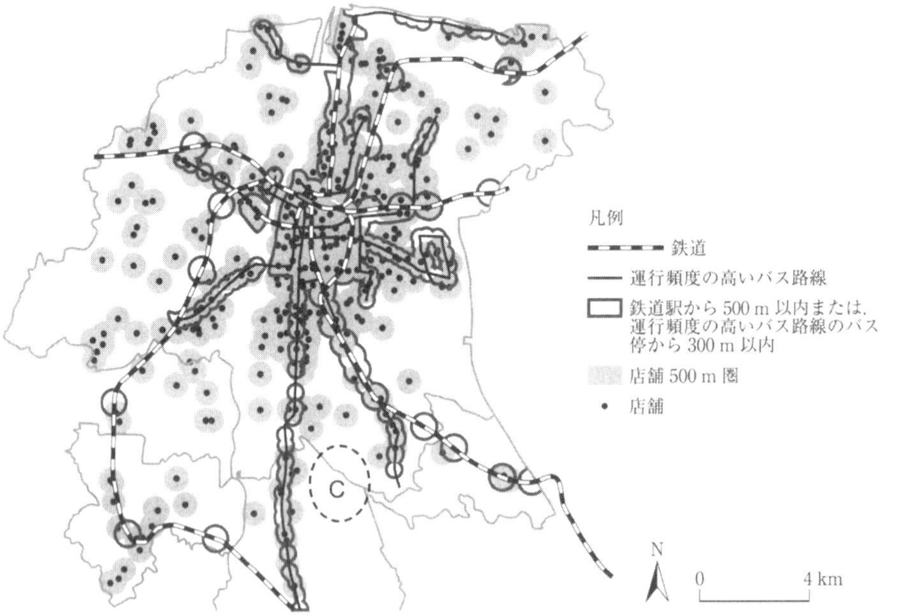

注）ここでの店舗とは，スーパーマーケット，食料品店，ドラッグストア，コンビニエンスストア，鮮魚店，食肉店，青果店などの食料品を扱う店舗を示す。

（富山市資料により作成）

会話文

ツルギ：人口減少や過疎化による流通機能や交通網の弱体化などの理由で，食料品などの買い物が困難な人々を「買い物弱者」といいます。**資料5**と**資料6**を用いて考察してみましょう。

ヒカリ：「買い物弱者」問題の現状を知る指標の一つとして，**資料5**の75歳以上の食料品アクセス困難人口があります。**資料5**から，AとBの地域の75歳以上の食料品アクセス困難人口割合を比較すると，㋐Aよりも，Bのほうが割合が高い地域が多いことが分かります。

ツルギ：近くに店舗がないことや高齢化率が高いこと以外にも，「買い物弱者」が発生する要因がありそうですね。

ヒカリ：はい。私は，**資料6**のCの地域でも「買い物弱者」が発生すると考えます。その根拠は，Cの地域では㋑店舗500 m圏に入っておらず，かつ鉄道駅から500 m以上，運行頻度の高いバス路線のバス停から300 m以上離れており，鉄道やバスを用いて買い物に行くのが難しいからです。

ツルギ：一つの問題を様々な指標から分析していくと，問題をより深く分析することができますね。

	㋐	㋑
①	正	正
②	正	誤
③	誤	正
④	誤	誤

問 4　ツルギさんは，社会問題の解決策を探るため，「持続可能なまちづくり」をテーマに富山市の取組について考察した。**資料7**は富山市のまちづくりの考え方を示している。**資料8**のモデル図と，**資料9**のまちづくりの取組事例のうち，**資料7**の富山市のまちづくりの考え方に基づいたモデル図と取組事例の記号の組合せとして最も適切なものを，あとの①～④のうちから一つ選べ。解答番号は　20　。

資料7　富山市のまちづくりの考え方

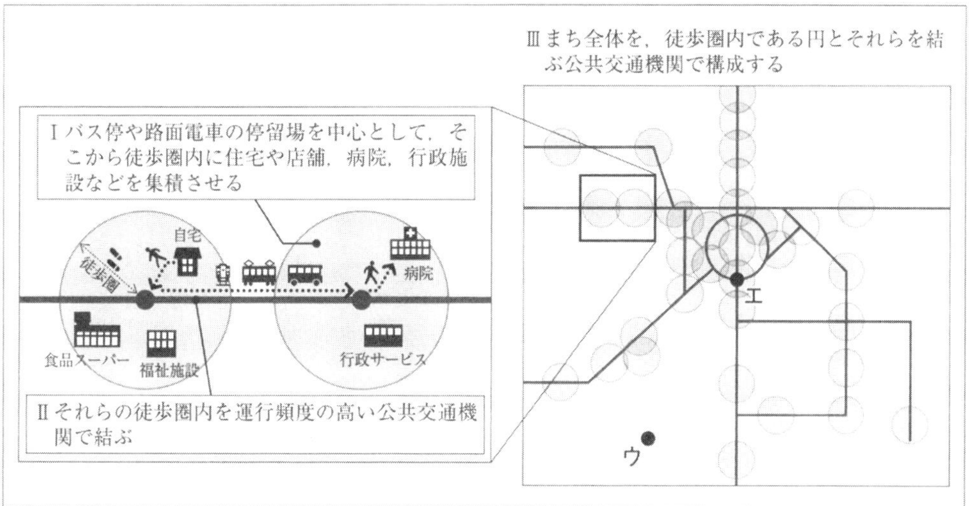

資料8　人口密度と公共交通機関のモデル図

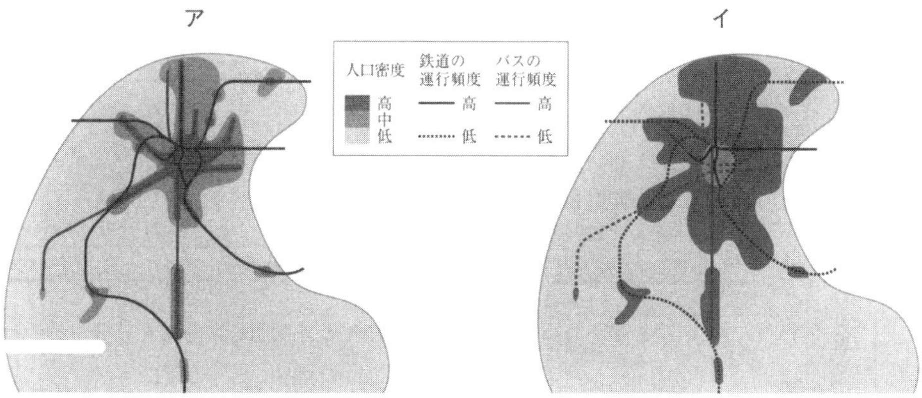

ア	イ
公共交通機関に沿った地域に人口を集中させ，公共交通機関の運行頻度を高める。	中心から離れた郊外に人口を分散させ，自家用車で生活しやすい環境を整え，公共交通機関の運行頻度を減らす。

（「富山市都市マスタープラン」により作成）

資料9　資料7中の地点ウ，エにおけるまちづくりの取組事例

ウ

地点ウのような公共交通機関が乏しい地域に，自動車でアクセス可能である広大な駐車場を備えた大型スーパーマーケットの建設を推進する。

エ

地点エのようなバス停や路面電車の停留場の近くに，公共施設や銀行，スーパーマーケットなどが入居した複合施設の建設を推進する。

（Google Mapsにより作成）

	資料8	資料9
①	ア	ウ
②	ア	エ
③	イ	ウ
④	イ	エ

（これで地理Aの問題は終わりです。）

令和５年度　第１回

解答・解説

【重要度の表記】

Ａ：重要度が高く確実に正答したい設問。しっかり復習する必要のある問題です。

Ｂ：重要度はＡレベルよりすこし下で、やや難易度が高い設問または内容を読み取る設問。高得点を狙う人は復習しましょう！

Ｃ：重要度が低い、または難解な設問。軽く復習する程度でよいでしょう！

令和５年度 第１回　高卒認定試験

【 解答 】

1	解答番号	正答	配点	2	解答番号	正答	配点	3	解答番号	正答	配点	4	解答番号	正答	配点
問１	1	①	5	問１	5	②	5	問１	9	④	5	問１	13	①	5
問２	2	③	5	問２	6	④	5	問２	10	④	5	問２	14	①	5
問３	3	①	5	問３	7	④	5	問３	11	②	5	問３	15	①	5
問４	4	④	5	問４	8	②	5	問４	12	③	5	問４	16	③	5

5	解答番号	正答	配点
問１	17	①	5
問２	18	③	5
問３	19	①	5
問４	20	②	5

【 解説 】

1

問１　不適切なものを選びます。①地球儀のボールを、那覇市（Ｐ）を中心に、地球の反対側に当たる対蹠点Ｑから切り開こうとしています。「緯線に沿って」切ろうとすると、横に切っていくことになるので、Ｐを中心に切り開くことはできません。したがって、これが誤りとなります。②那覇市（Ｐ）が中心になるように、対蹠点Ｑから切り開きます。ということは、切り開いた際の中心にあったＱが切り開かれた地図の先、つまり外周にくることになり、これは正しいです。③中心（Ｐ）から外周までの距離ですが、②で説明したように、外周は対蹠点Ｑのことでもあるので、これは、那覇市（Ｐ）から対蹠点Ｑまでの距離と同じになります。したがって、「地球半周分と等しい」ことになりますから、これも正しいです。④ボールの地図を切り開いただけでは、当然何もない隙間ができてしまいますが、その隙間は扇形になっており、外周に向かうほど隙間は広くなります。したがって、隙間を手書きで埋めていくと、「中心から外周に向かうほど面積が拡大して表される」ことになり、これも正しいとわかります。したがって、正解は①です。

解答番号【１】：①　　⇒ 重要度Ｂ

問２　資料３のカルトグラムは、資料２をもとに、各都道府県の人口に合わせて面積が決められ、さらに人口増加率に合わせて色（ここでは模様で表されています）が決められていることがわかります。沖縄県は資料２を見ると、人口は 143 万人で、人口増加率は 0.6 とあるので、面積は小さく（青森県や滋賀県など、数値が近い県を参考にしましょう）、チェック模様になっているはずです。したがって、③が正解だとわかります。

解答番号【２】：③　　⇒ 重要度Ｂ

問３　(X)メグさんの言葉から、「資料５のアとイは、『輸送密度』が 1,000 人以上または 1,000 人未満のいずれかを示していて、1,000 人以上を示している」のがXだとあります。その前にカイさんが「人口密度が比較的高い地域を通る路線は、『輸送密度』が 1,000 人以上の路線が多い」と言っていますから、人口密度を表す資料６を見てみましょう。資料６は、人口密度が高いほど色が濃く表されています。地図を見ると、大阪都市圏以外は、内陸部ではなく、瀬戸内海周辺や海沿いの地域のほうが色が濃くなっており、内陸より海沿いのほうが人口密度が高いとわかります。つまり、「輸送密度」が多いのは、人口密度が多い海岸部に多いアの路線だとわかります。(Y)資料５のＡとＢについて、メグさんは最後に「鉄道の需要は減少し続けて」いると言っています。つまり、「輸送密度」の低いイが多くなっているＡの地図が 2019 年であるとわかります。したがって、Ｘがア、ＹがＡの①が正解となります。

解答番号【3】: ①　　⇒ **重要度Ａ**

問４　ロンドンとニューヨークと日本の時差を考える問題です。(X)GMT については、資料８の左下に「数字はグリニッジ標準時との時差」とあります。その地図でニューヨークの下を見ると「５」と書いてあります。ニューヨークはロンドンより西側にあり、ロンドンより時間は遅くなるので、現地時間に５時間足すと GMT になります。つまり、現地時間は GMT から５時間引くことになるので、「GMT －５」と表されることになります。(Y)鳥取の現地時刻は「GMT ＋９」とあるように、GMT に９時間足せばわかりますから、GMT14:00 ～ 16:00 に９時間足して、23:00 ～ 25:00 つまり 23:00 ～ 1:00 となります。したがって、Ｘが－５、Ｙが 23:00 ～ 1:00 の④が正解です。

解答番号【4】: ④　　⇒ **重要度Ｂ**

2

問１　資料１の宗教施設は、教会とモスクです。教会はキリスト教の宗教施設なので、ＡとＢは資料２のキリスト教のエリアにあるアかウだと考えられます。そして、モスクはイスラームの宗教施設なので、資料２のイスラームのエリアにあるイかエだと考えられます。次に資料２と資料３を比べます。Ａは木造でＢは石造ですから、アとウの位置が資料３の分布とどう重なるか見てみましょう。資料３で「木・葉・草」が建築物の材料となっているエリアにあるウがＡ、「石」となっているアがＢだとわかります。同様に、Ｃは木造でＤはれんがと泥ですから、資料３で「木・葉・草」のエリアにあるエがＣ、「土とれんが」のエリアにあるイがＤだとわかります。したがって、Ｂがア、Ｃがエの②が正解です。

解答番号【5】: ②　　⇒ **重要度Ａ**

問２　資料４を見ながら資料５をよく読んでみましょう。アは「最も多く飼育される家畜は乳製品を作るのに利用しますが、その肉は宗教上の理由で食べない」とあります。乳製品を作るが宗教的に食べられない家畜といえば、牛です。牛はヒンドゥー教では聖なる動物と考えられ、食べられていません。したがって、ヒンドゥー教徒の多い、Ｃがアだとわかります。イには、「乾燥した気候と宗教上の理由」とありますが、乾燥した中央アジアなどで広く信仰されているイスラームでは豚を食べません。また、「最も多く飼育される家畜」が「よく食べられる」とあり、写真の料理は羊肉だと書いてありますから、羊をよく食べることがわかります。したがって、イはBだとわかります。ウには、「最も多く飼育されている家畜がよく食べられ」ているとあり、示されているのは豚肉の料理です。そして、「農作物栽培と家畜の飼育を組み合わせた農業が発展してきた」ことから、ヨーロッパの国だと考えられ、ウはAだとわかります。エには、「毛用の家畜の飼育が盛んですが、実際にはそれとは異なる家畜もよく食べられています」とありますから、資料４で羊の頭数が多く示されていて、また、それ以外の牧畜業も盛んなDがエだとわかります。したがって、Bがイ、Dがエの④が正解です。

解答番号【6】:④　⇒重要度A

問３　不適切なものを選びます。①資料７を見ると、１月には平均最高気温が－16℃になる一方で７月には24℃にもなっており、ほかの３つの都市はこれほど差が大きくありません。したがって、これは正しいといえます。②資料７を見ると、Bの都市は１月も７月も20℃から30℃の気温であることがわかり、ほかの都市とは違います。したがって、これも正しいとわかります。③資料７を見ると、Cの都市は１月の平均最高気温が－24℃、平均最低気温も－29℃であり、他の都市に比べても低いことがわかります。したがって、これも正しいとわかります。④資料７を見ると、平均最高気温と平均最低気温の差が、１月は13℃、７月は15℃となっており、ほかの都市に比べ、大きくなっていますから、「１月も７月も平均最高気温と平均最低気温の差が最も小さい」というのは誤りだとわかります。したがって、④が不適切であり、正解です。

解答番号【7】:④　⇒重要度A

問４　（X）資料９を見ると、夏は12時から18時ごろの気温が特に高いことがわかります。資料８の営業時間から14:00から17:00が休みだとわかりますから、「夏の高温」を避けていることがわかります。（Y）資料10を見ると、ロンドンよりセビリアのほうが日の出が遅いことがわかります。しかし、資料11を見ると、ロンドンが12時のとき、セビリアは13時になる時間帯にあることがわかります。したがって、日の出の時刻は「遅いのに、１時間進んだ」時刻で生活していることがわかります。したがって、正解は②です。

解答番号【8】:②　⇒重要度B

3

問１　不適切なものを選びます。①資料１を見ると、「マグニチュード６以上の地震」は日本では多く発生していますが、アフリカではほとんど発生していないことがわかりますから、これは正しいです。②資料２を見ると、南アメリカ大陸の火山を示す点はほとんどが太平洋側にあることがわかりますから、これも正しいです。③資料１のマグニチュード６以上の地震の震源を示す点と資料３の世界のプレート境界の分布に重なる部分が多いことがわかりますから、これも正しいです。④資料３のせばまる境界のラインと資料２の火山の分布はたしかに重なる部分が多いですが、それ以外の場所にも火山は分布しているので、これは正しいとは言えません。したがって、不適切な④が正解です。

解答番号【9】:④　⇒重要度A

問２　不適切なものを選びます。①アルミニウムの原料となるボーキサイトの産出量は、資料４のアから、中華人民共和国とオーストラリアの円が特に大きく、上位２か国であることがわかりますから、これは正しいです。②資料４のアとウから、アルミニウムの生産量上位 10 か国（ウ）に入る産出量上位 10 か国（ア）の国は中国、オーストラリアのほかインドとロシアだけですから、「半数以下」であることがわかり、これも正しいといえます。③資料４のアから、ボーキサイトの産出量は、世界計 327,000 千トンのうち、円の大きさから、オーストラリアと中国ですでに約半分を占めていると考えられますが、それ以外にもアジアやオセアニアの国々で産出されています。また、イを見ると、アルミニウムの消費量は世界計 59,917 千トンのうち、中国が約 30,000 千トンを占め、他に日本や韓国、インドなどが上位に入っています。また、ウから、生産量も世界計 63,600 千トンのうち中国が 30,000 千トンを占め、さらにインドやオーストラリアなども上位に入っています。したがって、これも正しいといえます。④ウを見ると、カナダとアメリカ合衆国は、生産量は 5,000 千トンよりは少ないですが、上位 10 か国に入る量であることがわかります。しかし、イの消費量を見るとカナダは上位 10 か国に入っていませんが、アメリカは 5,000 千トン強の量を示しています。そして、アメリカでは生産量が消費量より少ないことから、輸出量より輸入量の方が多いと考えられ、「輸入量よりも輸出量の方が多い」が誤りだといえます。したがって、不適切な④が正解です。

解答番号【10】：④　⇒ 重要度C

問３　資料５をよく読んで「化石燃料の消費量削減を目的とする取組」かどうか考えましょう。（カ）「廃棄物や使用済み食用油などから作られる『持続可能な代替航空燃料（ＳＡＦ）』の開発促進と活用が進められている」とあり、これは化石燃料の代表である「原油」の消費量を削減する取り組みの一つです。（キ）「メタンハイドレート」は「国産エネルギー資源の一つ」ではありますが、「天然ガス」ですので、化石燃料の一つです。（ク）「太陽光発電設備や地中の熱を冷暖房や給湯などに利用するシステムが導入」とありますが、太陽光や地熱は化石燃料に頼らない、再生可能エネルギー源です。したがって、カとキが「化石燃料の消費量削減を目的とする取組」となり、正解は②です。

解答番号【11】：②　⇒ 重要度B

問４　不適切なものを選びます。①資料６と資料７を比べると、南北アメリカ大陸ではメガシティを示す点が増えていますから、これは正しいです。②資料６と資料７を比べると、南アメリカ大陸でもメガシティは少し増えましたが、アジアの増加数はそれ以上に多くなっていますから、これも正しいです。③資料８を見ると、アフリカを中心に人口増加率が特に高い国が集まっていますが、資料７を見ても、そのエリアでのメガシティ増加率はあまり高くありません。したがって、これが誤りだとわかります。④資料７のアフリカの地図では、中央の西海岸にメガシティが二つありますが、それは資料８の人口増加率が 50％を超えたエリアにあたりますから、これも正しいです。したがって、正解は③です。

解答番号【12】：③　⇒ 重要度A

4

問１　（Ｘ）メグさんの３つめの言葉に「資料４によると、特定の風向がよく出現しています。屋敷林はその風向への対策だとすると」とありますから、資料４を見てみましょう。資料４を見ると、全体的に西向きの風が多いことがわかりますから、資料３のアから撮影したと考えられます。（Ｙ）資料４を見ると、特に冬の降水量が多いため、「冬にみられる家屋への着雪防止」のためであると考えられます。したがって、正解は①です。

解答番号【13】：①　　　⇒重要度B

問２　（X）オアフ島の位置は資料５を見ると、北緯 20 度であることがわかります。資料６を見ると北緯 20 度のあたりは、亜熱帯高圧帯から赤道低圧帯へ恒常風が吹いていることがわかります。これは、矢印の向きから見て北東から吹く風です。したがって、「北東貿易風」だとわかります。（Y）資料７を見ると、ワイキキは年間降水量 526-800 ㎜のエリアにありますが、カネオへは 1,201-1,700 ㎜のエリアにありますから、カネオへのほうが年降水量が「多く」なっていることがわかります。したがって、正解は①です。

解答番号【14】：①　　　⇒重要度A

問３　（X）資料９と、資料 10 の左の地形図の、入り江の形や鉄道の位置を比べてみましょう。資料９では入り江が地形図の上半分にあり、左右に走っていた鉄道が、資料 10 では上下に走っていることを考えると、「ア」が北方向になるように描かれていることがわかります。（Y）資料９の地点Aは、資料 10 の左の地形図では、入り江を横切る鉄道の北側、つまり地図の上側にあります。したがって、資料 10 の右の地形図の右側にある「みなとみらい」ではなく、上側にある「鶴屋町」だとわかります。したがって、正解は①です。

解答番号【15】：①　　　⇒重要度A

問４　不適切なものを選びます。①資料 11 を見ると、Xの範囲の家屋は、河川沿いに列状に並んで立地していることがわかるので、これは正しいです。②資料 11 のXの範囲は、資料 12 で見ると、２回の浸水域には入っていないので、これも正しいです。③資料 13 の旧河道にあたるエリアには、資料 11 では家屋はほとんど立地していないことがわかり、これが誤りだとわかります。④資料 11 のXの範囲は、資料 13 で見ると微高地（自然堤防）にあり、資料 12 でもわかるように、浸水から免れやすい位置にあることがわかりますから、これも正しいです。したがって、正解は③です。

解答番号【16】：③　　　⇒重要度B

5

問１　（X）資料２の１に「同じ県内でも平地より山地のほうが降水量が多い」とあります。資料１から、AとBではBのほうが標高が高いことがわかるので、Bの降水量を示した図はアだとわかります。（Y）資料２の写真は「伏流していた地下水が湧き出している様子」とあります。資料２の２には、「扇状地の中ほどでは、水が地下に伏流する」、また、「扇状地の末端部では、伏流していた地下水が湧き出して、きれいな水が豊富に得られる」とあります。したがって、写真は、「湧き出している様子」ですから、末端部となるCだと考えられます。したがって、正解は①です。

解答番号【17】：①　　　⇒重要度B

問２　不適切なものを選びます。①資料３を見ると、人口集中地区は、1970 年当時のエリアより 2000 年当時のエリアのほうが広い範囲に及んでいますから、これは正しいです。②資料４から、地点Aは５人／ha 以上増加の範囲にあり、地点Bは１人／ha 以上増加５人／ha 未満増加の範囲にあることがわかります。したがって、地点Aのほうが地点Bより人口が増加していることがわかるので、これも正しいです。③資料４から、地点Cは５人／ha以上「減少」の範囲にあり、人口が減ったことがわかるので、これが誤りです。④資料３から、人口集中地区は特に富山駅を中心としていることがわかりますが、資料４を見ると、それ以外の地域にも増加を示すグレーや濃いグレーが広く分布しており、人口が増加した地域があることがわかります。したがって、正解は③です。

解答番号【18】：③　⇒**重要度B**

問３　㋐と㋑の正誤を考えます。㋐資料５を見ると、AよりBのほうが色が濃く、割合が高くなっていることがわかりますから、これは正しいです。㋑資料６を見ると、Cの地域は、鉄道はなく、バス路線も離れており、店舗や店舗500ｍ圏の印もありません。したがって、これも正しいといえます。したがって、㋐、㋑ともに「正」の①が正解です。

解答番号【19】：①　⇒**重要度B**

問４　資料７の考え方に合う組合せを考えます。（資料８）資料７を読むと、公共交通機関が重要な役割を果たすまちづくりをしようとしていることがわかります。資料８では、アは「公共交通機関運行頻度を高める」とありますが、イは「自家用車で生活しやすい環境を整え、公共交通機関の運行頻度を減らす」とあり、アが正しく、イが誤りであることがわかります。（資料９）資料７のⅠに「バス停や路面電車の停留場を中心として、そこから徒歩圏内に住宅や店舗、病院、行政施設などを集積させる」とあります。資料９のウは「公共交通機関が乏しい地域に、自動車でアクセス可能である大型スーパーマーケットの建設を推進する」とあり、エは、「バス停や路面電車の停留所の近くに、公共施設や銀行、スーパーマーケットなどが入居した複合施設の建設を推進する」とありますから、ウが誤りで、エが正しいことがわかります。したがって、資料８がア、資料９がエの②が正解です。

解答番号【20】：②　⇒**重要度B**

令和４年度 第２回
高卒認定試験

地理A

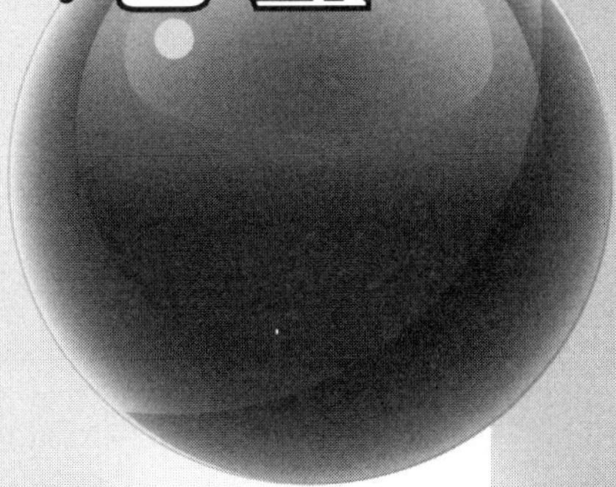

解答時間　50 分

注　意　事　項（抜粋）

＊　試験開始の合図前に，監督者の指示に従って，解答用紙の該当欄に以下の内容をそれぞれ正しく記入し，マークすること。

①**氏名欄**

氏名を記入すること。

②**受験番号**，③**生年月日**，④**受験地欄**

受験番号，**生年月日を記入**し，さらにマーク欄に**受験番号**（数字），**生年月日**（年号・数字），**受験地をマーク**すること。

＊　**受験番号，生年月日，受験地が正しくマークされていない場合は，採点できないことがある。**

＊　解答は，解答用紙の解答欄にマークすること。例えば，10 と表示のある解答番号に対して②と解答する場合は，次の(例)のように**解答番号 10 の解答欄**の②に**マーク**すること。

（例）

解答番号	解　答　欄
10	①　❷　③　④　⑤　⑥　⑦　⑧　⑨　⓪

地　　理　A

（解答番号 1 ～ 20 ）

1　地図からとらえる現代世界に関して，問1～問4に答えよ。

問1　マドカさんは，修学旅行先のハワイについて興味をもち，地図を使って調べることにした。**資料1**や先生が示した**資料2**と**資料3**を基にしたマドカさんと先生との**会話文**中の空欄 X ， Y に当てはまる語句の組合せとして最も適切なものを，あとの①～④のうちから一つ選べ。解答番号は 1 。

資料1　東京から見た東西南北などを示した地図

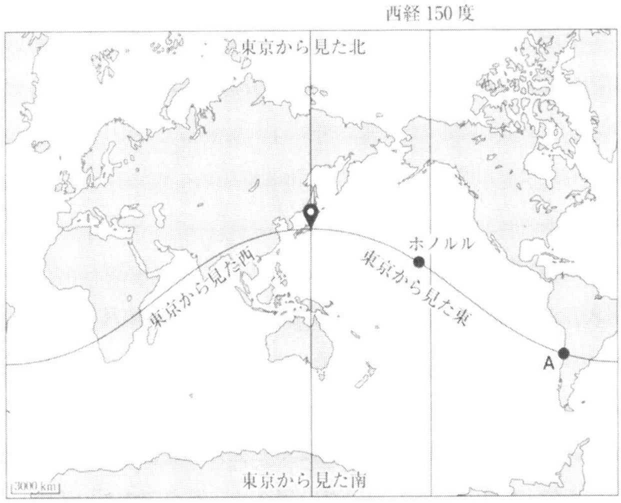

（https://user.numazu-ct.ac.jp/~tsato/webmap/sphere/concentric/ により作成）

資料2　東京を中心とした正距方位図法

資料3　ホノルルを中心とした正距方位図法

（http://maps.ontarget.cc/azmap/ により作成）

会話文

マドカ：修学旅行の事前学習でハワイのホノルルにある現地姉妹校の生徒とオンライン交流会を行うのは，日本時間の10月1日13時からです。**資料1**からハワイは西経150度付近に位置していることが分かります。ハワイ州にはサマータイム制度がないので，経度差から考えると交流会の開始時刻は，ホノルルの現地時間では［X］ということですね。

先　生：そうですね。オンラインで交流ができる便利な時代になりました。

マドカ：**資料1**を見ると，ホノルルは東京のほぼ東に位置することが分かります。東はアメリカ合衆国の本土ではないのですか。

先　生：よい疑問を抱きましたね。**資料2**を見てください。東京を中心とした正距方位図法で確認すると，ホノルルが東京のほぼ東に位置していますね。

マドカ：本当だ。では同様にホノルルから見た東は**資料1**中の**A**地点を通過するのかな。

先　生：それではホノルルを中心とした**資料3**の正距方位図法で確認してみましょう。

マドカ：ホノルルから東の方向へ向かうと，［Y］ことが分かります。

先　生：そのとおりです。様々な地図の図法に応じて，特徴が異なることをしっかりと確認できましたね。

	X	Y
①	10月1日の8時	**A**地点を通過する
②	10月1日の8時	**A**地点よりも北寄りを通過する
③	9月30日の18時	**A**地点を通過する
④	9月30日の18時	**A**地点よりも北寄りを通過する

問2　マドカさんたちは，地図の図法の違いによる特徴に興味をもち，それを踏まえた主題図の作成方法について検討した。**資料4**と**資料5**はマドカさんがインターネット上で見つけた地図であり，**資料6**はマドカさんたちが作成した主題図である。マドカさんたちの**会話文**中の空欄 X ， Y に当てはまる語と記号の組合せとして最も適切なものを，あとの①～④のうちから一つ選べ。解答番号は 2 。

資料4　国の面積を比較できるサイトで示したオーストラリアとカナダの地図

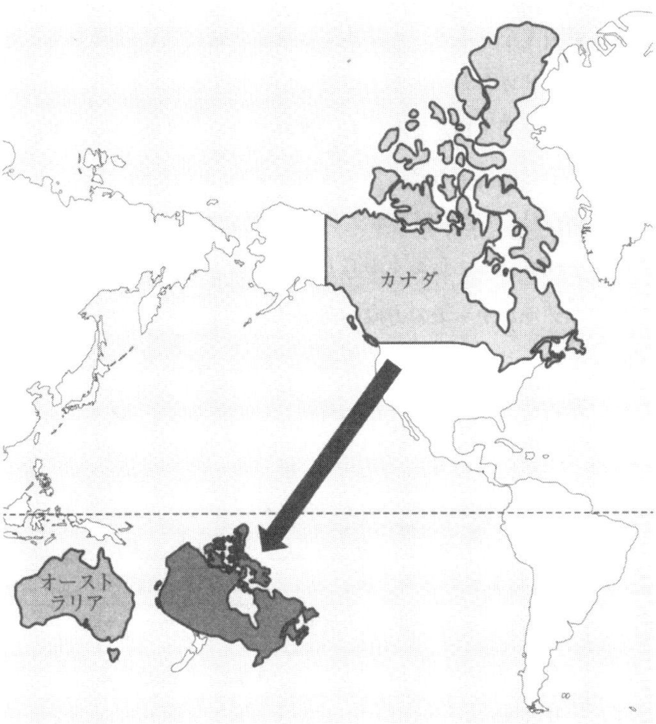

（https://thetruesize.com により作成）

資料5　ドットマップの例（仮想の国における小麦生産の分布）

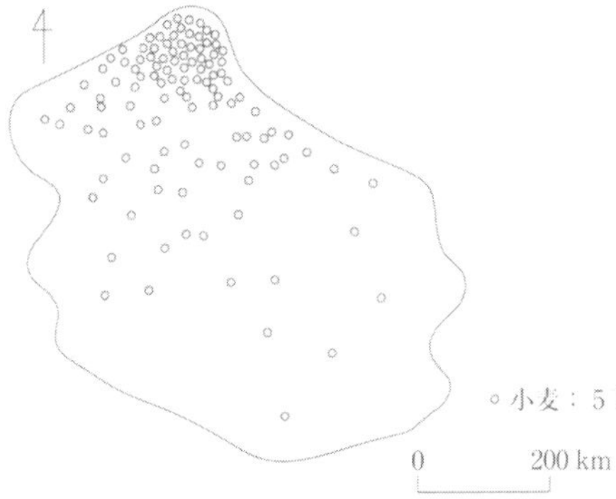

資料6

ア　都道府県別100人当たり乗用車保有台数(2020年)

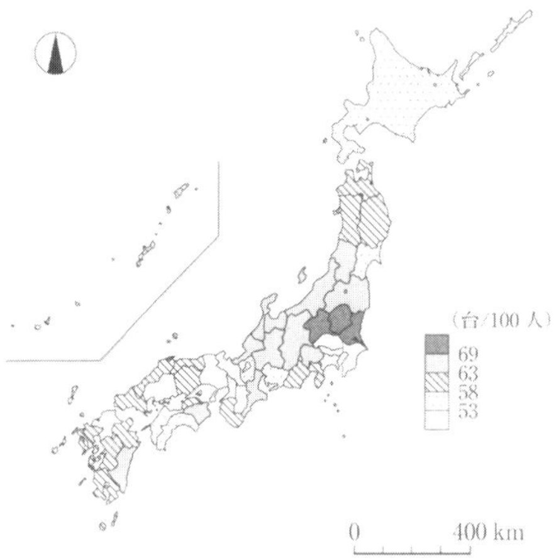

イ　都道府県別乗用車保有台数(2020年)

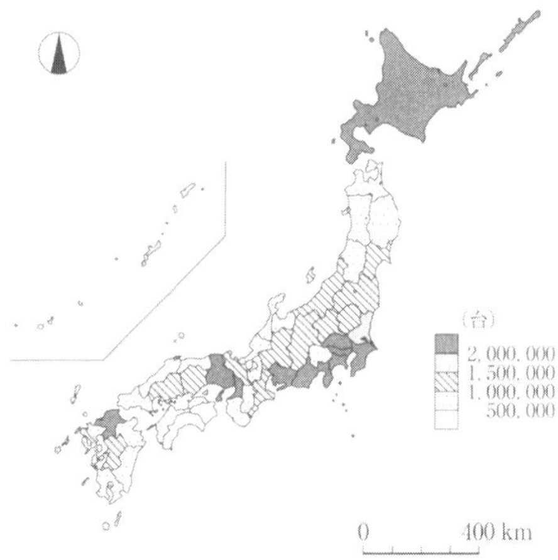

(自動車検査登録情報協会資料により作成)

会話文

カオル：**資料4**のように，パソコンの画面上で任意の国を自由に動かし，国の面積を比較することができるサイトを見つけました。カナダをオーストラリアの隣に動かしてみると，案外，カナダが大きくないことが分かります。

マドカ：**資料4**はメルカトル図法の地図で，高緯度ほど面積のひずみが大きいからだね。

ケンタ：つまり，**資料5**のように点で分布を示すドットマップをメルカトル図法の地図で作成すると，カナダのような高緯度に位置する国では実際の分布よりまばらな印象を与えてしまうね。ドットマップは［X］で作成しないとより正確に表現できないね。

マドカ：そのとおりですね。

ケンタ：私は**資料6**のように，乗用車の保有台数について，アの100人当たり保有台数とイの総数でそれぞれ地図化してみたよ。

カオル：どちらも乗用車の保有台数に関する統計地図だけれど，二つの地図は印象が全く違うね。交通における乗用車への依存度の地域差を考えるためには［Y］の図の方が適しているね。

マドカ：主題図を作るときには，読み手に伝えたい情報を正確に伝えるために，地図の表現方法や扱うデータの特徴などにしっかり気を付けないといけないね。

	X	Y
①	正積図法	ア
②	正積図法	イ
③	正角図法	ア
④	正角図法	イ

問 3 マドカさんは，様々な統計地図について興味をもち，インターネット上で**資料7**の地図を得た。**資料7**中の1991年と2017年の二つの地図から読み取った内容として**不適切なもの**を，あとの①～④のうちから一つ選べ。解答番号は **3** 。

資料7 1991年と2017年における国別総人口と国別貧困人口を面積比で表した変形地図

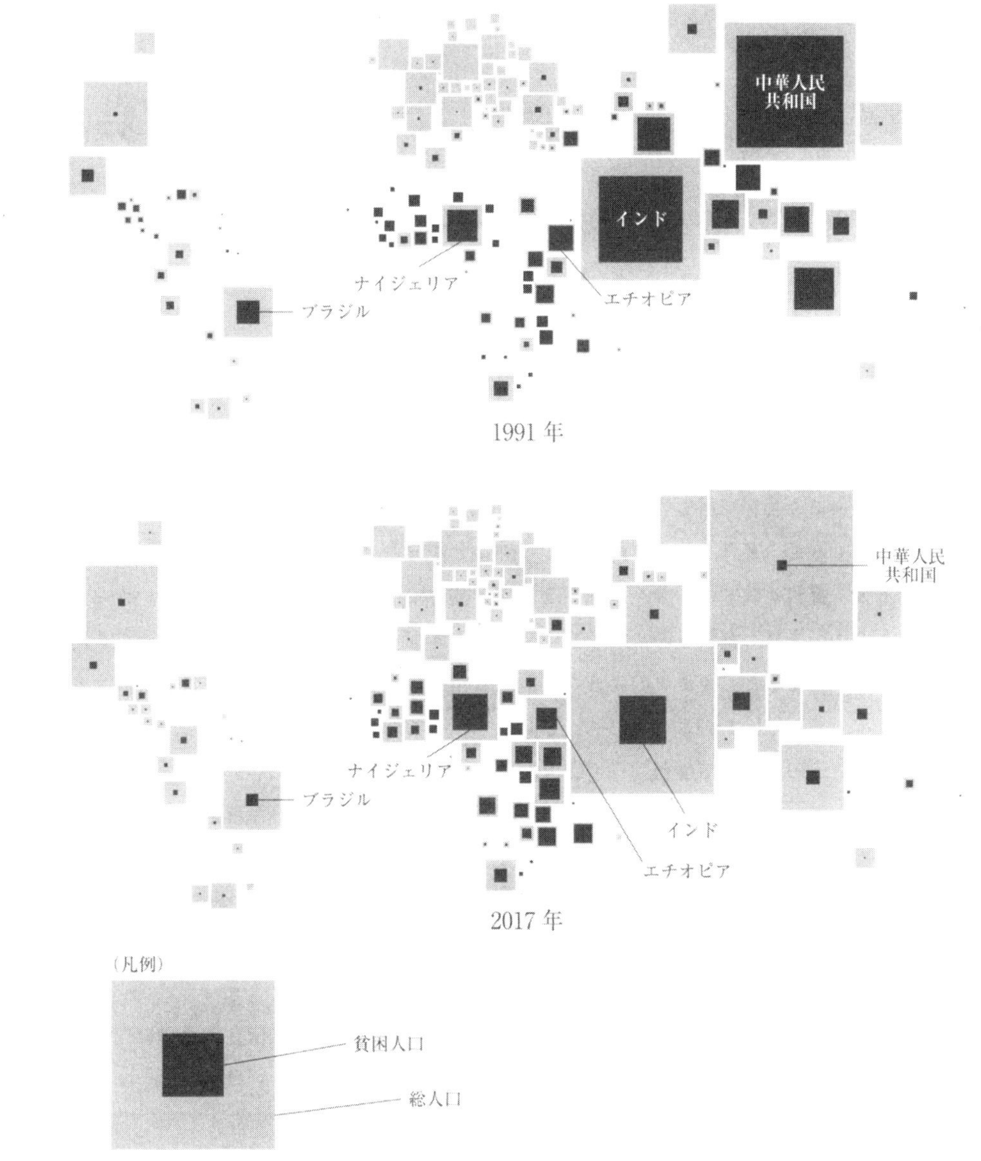

注）・貧困人口とは1日1.9ドル未満で生活する人々のことを指す。
・国別総人口や国別貧困人口の値の大小に応じて，その国の大きさを変えて表現している。

（https://datatopics.worldbank.org/sdgatlas/goal-1-no-poverty/ により作成）

① 二つの地図を比べると，ブラジルでは総人口が増加したことが分かる。

② 二つの地図を比べると，中華人民共和国とインドでは貧困人口と貧困人口の割合がともに減少したことが分かる。

③ 1991 年の地図では，インドよりもエチオピアのほうが総人口に占める貧困人口の割合が低いことが分かる。

④ 2017 年の地図では，ナイジェリアはアフリカの国々の中で，総人口と貧困人口がともに最大であることが分かる。

問 4　マドカさんは，地理院地図で広島市中心部について調べ，**資料 8** を得て「なぜ三角州の広がる広島市は河口部よりもやや上流側（Aの範囲）のほうが標高の低い地域が多いのだろう」という疑問をもった。この問いを考察するために集めた**資料 9** と**資料 10** を基にマドカさんがまとめた**レポート**の内容として**不適切なもの**を，**レポート**中の①～④のうちから一つ選べ。解答番号は［4］。

資料 8　広島市中心部の標高図

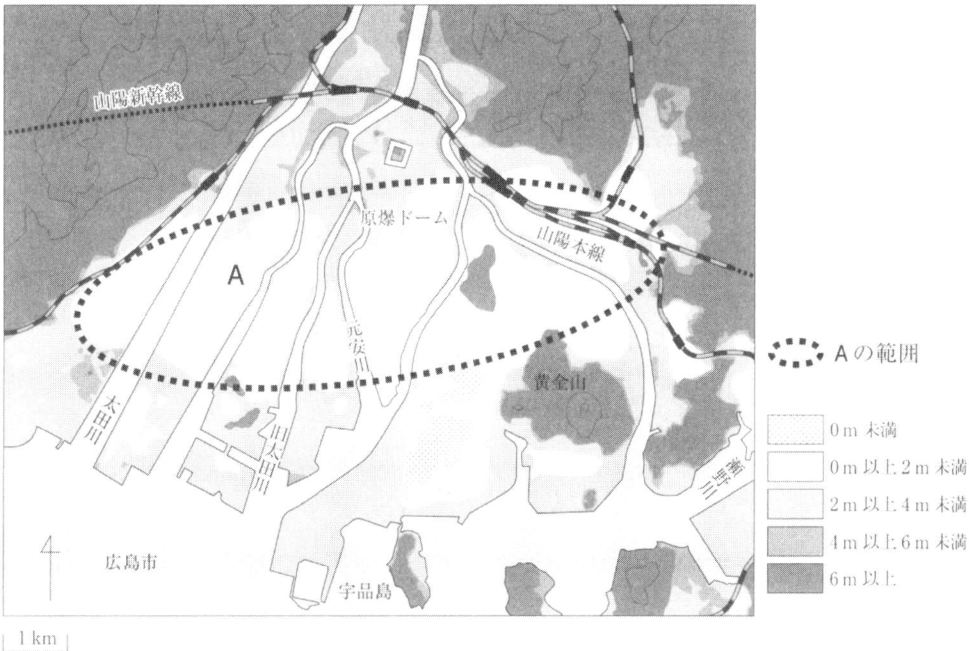

（地理院地図により作成）

資料 9　広島市中心部における新開地の広がり

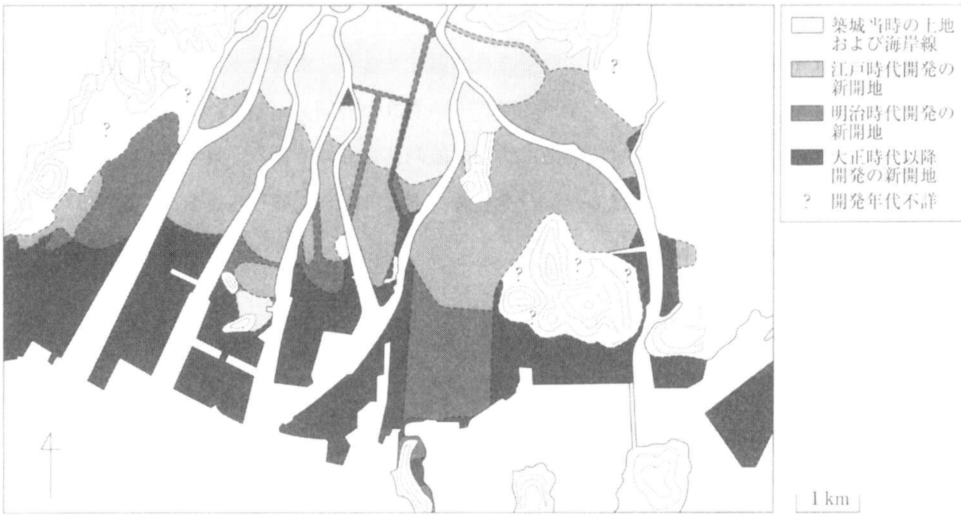

注）新開地とは埋め立てや干拓により，新たに造成された土地のことを指す。
（https://www.mlit.go.jp/river/toukei_chousa/kasen/jiten/nihon_kawa/0710_ootagawa/0710_ootagawa_01.html により作成）

資料10　埋め立てと干拓の違い（模式図）

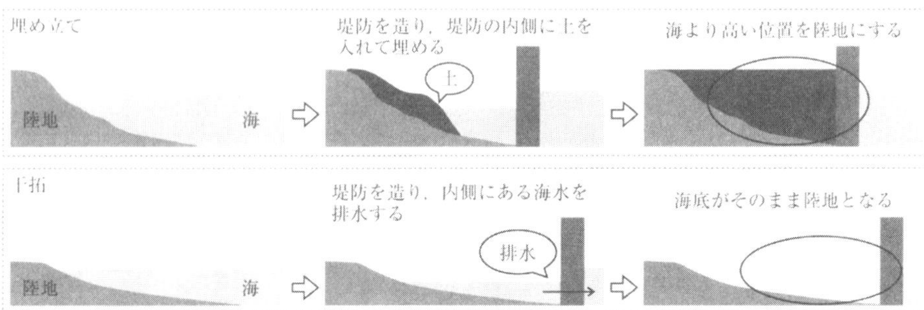

（https://www.maff.go.jp/kyusyu/seibibu/kokuei/18/kantakutoha/index.html により作成）

レポート

資料 8 と**資料** 9 から，三角州の広がる広島市では概ね①時代が新しくなるごとに，南側へと新たな土地が造成されたことが分かる。また，標高が周囲より低い A の範囲は②江戸時代に造成された地域が多いことが分かる。③大正時代以降に造成された土地は江戸時代や明治時代の造成地よりも標高が高い地域が多い。**資料** 10 から，④干拓を行うと，埋め立てを行うよりも新たに造成された土地の標高は高くなる場合が多いことが分かる。

干拓を行う場合，遠浅の海底が適しており，土砂が堆積しやすい三角州は干拓を行いやすい条件にあるといえる。つまり，**資料** 8 ～**資料** 10 から，広島市中心部の三角州において，A の範囲で標高の低い地域が多いのは，江戸時代に干拓によって開かれた土地が多いためであると考えられる。

2 世界の生活文化の多様性に関して，**問1**～**問4**に答えよ。

問1 ヒロキさんは，宗教に関する世界遺産に興味をもち，**資料1**～**資料4**を得た。**資料1**～**資料3**はスペイン，インド，インドネシアのいずれかの国において，国内の信者数の割合が<u>最多ではない宗教</u>に関する世界遺産について説明したものである。**資料1**～**資料3**の世界遺産がある国の組合せとして最も適切なものを，あとの①～④のうちから一つ選べ。
解答番号は **5** 。

資料1 イスラーム王朝の宮殿

この建物は，イスラーム王朝によって13世紀前半に建設が始まり，14世紀後半に完成した。この地で約800年間続いたイスラームによる支配は，キリスト教勢力の進出により，15世紀後半に終わりを迎えた。

資料2 ヒンドゥー教の寺院

この建物は，9～10世紀の間にこの地を治めていた王朝により建設された，世界有数のヒンドゥー教寺院である。地震などによる崩壊や損傷を乗り越え，現在も修復が続けられている。

資料3 仏教の寺院

この建物は，仏教の開祖である釈迦（しゃか）が悟りを開いた場所に建っている。周囲には日本や中国，ネパールなどの仏教寺院も集まり，各国から来た僧が修行を行っている。

（https://worldheritagesite.xyz/ などにより作成）

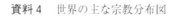

資料4　世界の主な宗教分布図

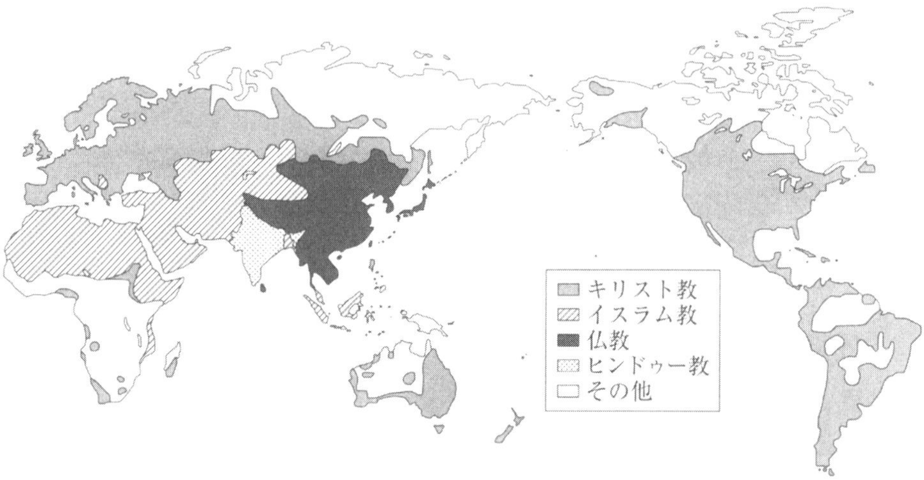

（『開発教育・国際理解教育ハンドブック』により作成）

	資料1	資料2	資料3
①	スペイン	インド	インドネシア
②	スペイン	インドネシア	インド
③	インド	スペイン	インドネシア
④	インドネシア	インド	スペイン

問 2　ヒロキさんは，世界の伝統的な衣装に興味をもち，**資料5**～**資料8**を得た。ヒロキさんと先生との**会話文**中の空欄 X ， Y に当てはまる記号の組合せとして最も適切なものを，あとの①～④のうちから一つ選べ。解答番号は 6 。

資料5　G20の集合写真

注）G20とは金融・世界経済に関する首脳会合のこと。

資料6　ある国際会議の集合写真

資料7　**資料5**と**資料6**に関連する国で撮影された風景写真

資料5の最前列中央付近の伝統的な衣装を着た人の国の様子

資料6の会議が開催された国の様子

（http://www.kantei.go.jp/jp/98_abe/actions/201906/28g20.html などにより作成）

資料8

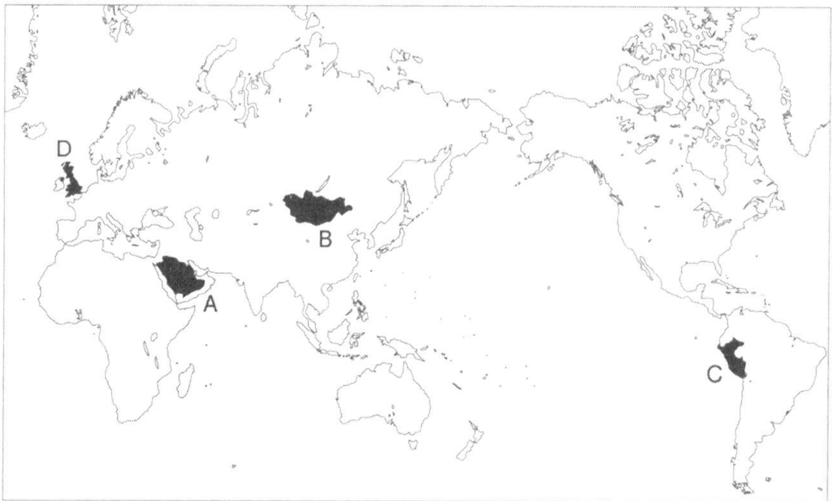

会話文

ヒロキ：先生，伝統的な衣装について調べていたら**資料5**と**資料6**を見つけました。**資料5**は多くの人が，スーツを着ていますが，最前列中央付近の人だけが他の人とは異なる白い服を着ています。

先　生：そうですね。この人は自分の国の伝統的な衣装を着ています。この国の伝統的な衣装は，**資料7**の左側の写真に見られるような気候に適した服装となっています。この国は**資料8**のうちどの国か分かりますか。

ヒロキ：［ X ］だと思います。

先　生：正解です。

ヒロキ：**資料6**では，多くの国の代表者が同じような服装をしていますが，スーツではないですね。これも伝統的な衣装ですか。

先　生：そうです。この写真では開催国の伝統的な衣装を各国の代表者たちが着ています。この開催国は，**資料7**の右側の写真に見られる地域を広く含み，そのような地域では気温の日較差が大きいため，伝統的な衣装は脱いだり着たりしやすい服装となっています。この国は**資料8**のうちどの国か分かりますか。

ヒロキ：［ Y ］だと思います。

先　生：正解です。伝統的な衣装を着ると各国の代表者も楽しそうですね。

	X	Y
①	A	C
②	A	D
③	B	C
④	B	D

問 3　ヒロキさんは，オリンピックのマラソンを見て，アフリカのある国のマラソン選手たちが活躍したことに興味をもち，**資料 9** ～**資料 11** を得た。**資料 9** で説明されている国の位置として最も適切なものを，あとの①～④のうちから一つ選べ。解答番号は［ 7 ］。

資料 9　アフリカのある国のマラソン選手に関する新聞記事(抜粋)

【マラソン選手の強さを支える生活】
・自宅及びトレーニング拠点は標高 2,000 m 以上。
　酸素濃度が低い中での生活で心肺機能を強化。
・走るエネルギーとなる炭水化物が多めの食事。
〈食事の例〉
　ウガリ，野菜炒め，ムルシック
※ウガリ…地域の伝統的主食。鍋の熱湯にトウモロコシの粉を入れてかき混ぜ，蒸して作る。
※ムルシック…牛乳を発酵させた飲み物。

ウガリを中心とした食事

(信濃毎日新聞により作成)

資料10　アフリカの標高図

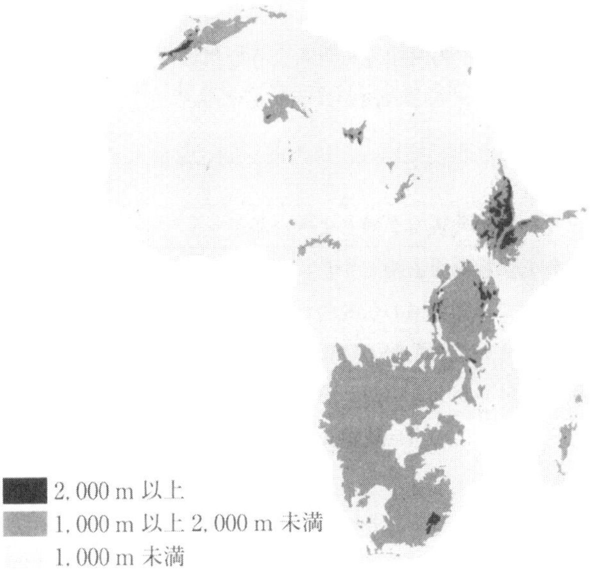

(地理院地図により作成)

■11

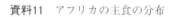

資料11　アフリカの主食の分布

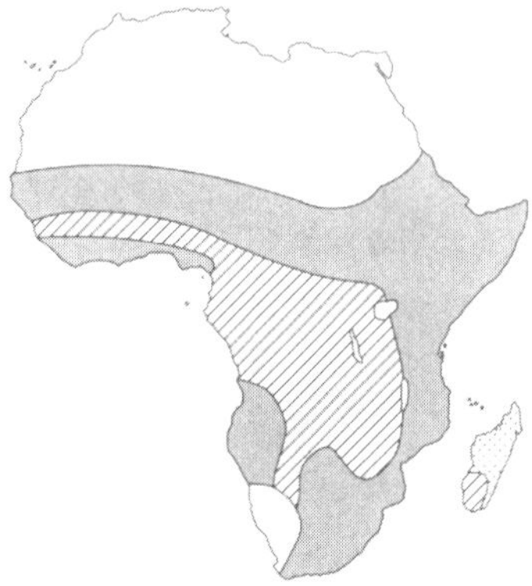

米
イモ類(タロイモなど)
雑穀(トウモロコシ，モロコシなど)
その他

(『地球時代の食の文化』により作成)

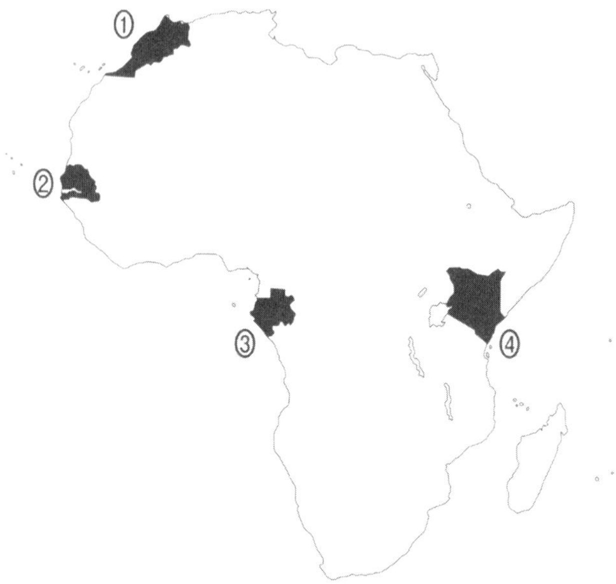

問４　ヒロキさんは，サーミの人々の生活に興味をもち，**資料12～資料15**を得た。ヒロキさんと先生との**会話文**中の空欄 X ， Y に当てはまる語句の組合せとして最も適切なものを，あとの①～④のうちから一つ選べ。解答番号は 8 。

資料12　スノーモービルに乗るＡさん

資料13　ドローンで家畜の位置を確認するＡさん

資料14　北ヨーロッパの地図

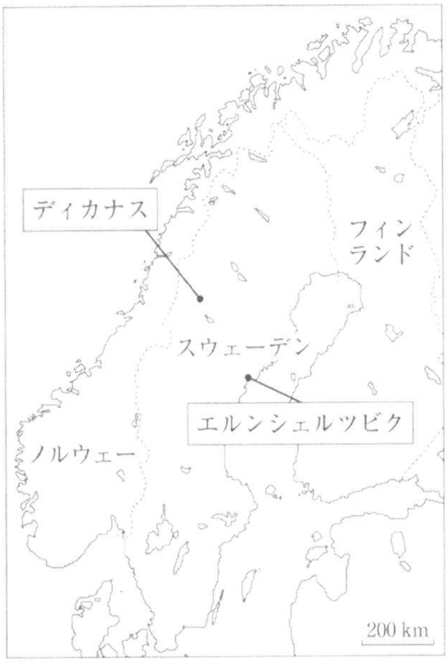

（https://www.afpbb.com/articles/-/3290128?page=1&pid=22465135 などにより作成）

資料15　エルンシェルツビクにおける2019年12月～2020年2月の気温の様子

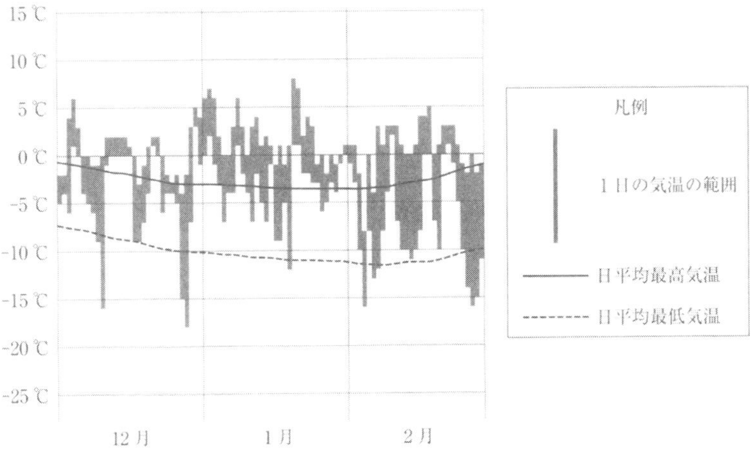

（https://ja.weatherspark.com/ により作成）

会話文

ヒロキ：先生，サーミとはどのような人たちですか。

先　生：サーミとは北欧の北極圏を中心に生活をする先住民族で，家畜であるトナカイのエサを求めて季節毎に移動して生活しています。Aさんも，夏は**資料 14** 中のディカナスで過ごし，冬にはエルンシェルツビク付近まで移動してトナカイを放牧するそうです。

ヒロキ：なるほど。ところで伝統的な遊牧で，**資料 12** や**資料 13** のような近代的な機器を用いているのはなぜでしょうか。

先　生：近代的な機器が便利であることも理由の一つでしょう。しかし，他にも理由があります。トナカイは冬の時期，降り積もった雪の下のコケ類などを掘り出して，エサとしています。この冬のエサをめぐって，近年，ある問題が発生しているのです。

ヒロキ：それはどういうことですか。

先　生：**資料 15** を見てください。これはエルンシェルツビクの気温の様子を示したものです。冬の気温の様子に注目すると，どのような特徴を読み取れますか。

ヒロキ：1日の気温の範囲を見ると，その日の［X］が多いということです。

先　生：そうですね。このような傾向が近年見られます。そのため，［Y］のです。その結果，以前よりも広範囲を移動して，エサを探す必要があります。**資料 13** のようにスノーモービルで追えない時はドローンを使って，トナカイの足取りを追っています。

ヒロキ：気候変動による問題も，サーミの人々の生活が近代的な様式に変化したことの背景にあるのですね。

	X	Y
①	最高気温が日平均最高気温を上回る日	雪が解け，再び寒さが戻って凍ると厚い氷の層ができてしまうため，エサが掘り出せなくなってしまう
②	最高気温が日平均最高気温を上回る日	強い太陽光と高い湿度により，コケ類などが枯れてしまう
③	最低気温が日平均最低気温を下回る日	雪が解け，再び寒さが戻って凍ると厚い氷の層ができてしまうため，エサが掘り出せなくなってしまう
④	最低気温が日平均最低気温を下回る日	強い太陽光と高い湿度により，コケ類などが枯れてしまう

3 地球的課題の地理的考察に関して，**問1〜問4**に答えよ。

問1 ランさんは，日本の国際緊急援助隊が大規模な自然災害の被災国などに派遣されていることに興味をもち，**資料1**と**資料2**を得て**ポスター**を作成した。**資料1**中の空欄 X 〜 Z は，火山噴火，地震，津波のいずれかを示している。**資料1**中の空欄 X 〜 Z に当てはまる語の組合せとして最も適切なものを，あとの①〜④のうちから一つ選べ。解答番号は 9 。

資料1 インドネシア，スリランカ，ネパールにおける自然災害を対象とした日本の国際緊急援助隊の活動事例(2000年から2019年)

国名	派遣年	自然災害の種類
インドネシア	2000	X
	2004	Y
	2005	Y
	2005	X
	2006	X
	2009	X
	2010	Z
	2018	X
スリランカ	2004	Y
	2005	Y
	2017	豪雨
ネパール	2015	X

(https://www.mofa.go.jp/mofaj/gaiko/oda/files/000207494.pdf により作成)

資料2 インドネシア，スリランカ，ネパールの位置

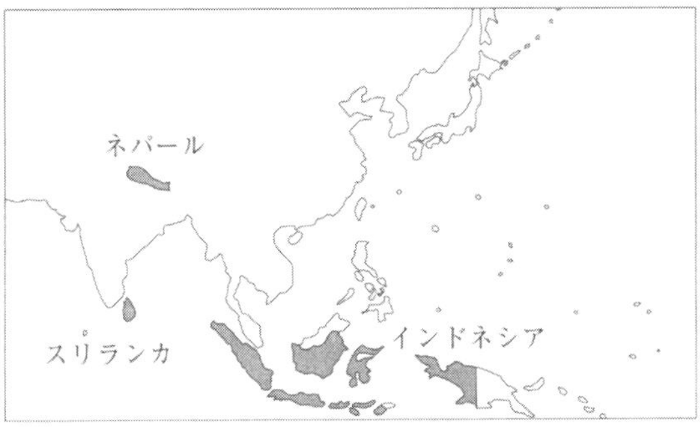

ポスター

自然環境と大規模な自然災害の関係

1　地殻変動が活発なところ…プレートの境界など

狭まる境界には，衝突帯と沈み込み帯がある。ネパール付近のような衝突帯では，ヒマラヤ山脈などの大山脈ができ，沈み込み帯では，海溝付近で X が発生しやすく，それに伴って Y を引き起こすこともある。インドネシアのように沈み込み帯の大陸側では Z が発生しやすい。

2　地殻変動が活発でないところ

安定大陸(安定陸塊)：プレートの境界から離れており X ， Z がほとんどおきない。
ただしスリランカなどの沿岸部では， Y に注意が必要。

インドネシア，スリランカ，ネパール付近のプレートの境界

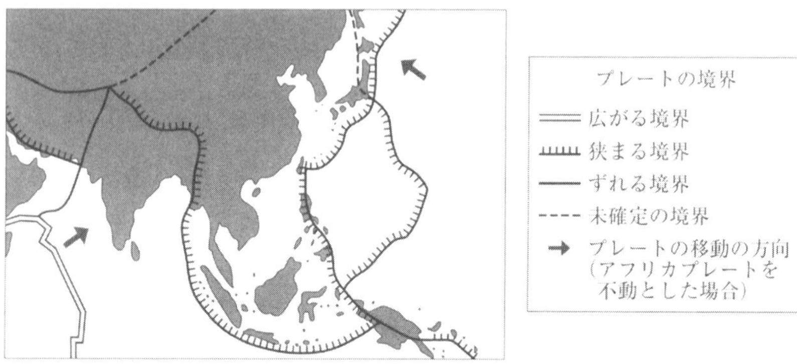

(Diercke Weltatlas ほかにより作成)

まとめ

プレートの境界は地殻変動が活発で大規模な自然災害がおきやすい。
自然災害が多い日本で培われた経験を，今後も海外で生かしていくべきだ。

	X	Y	Z
①	津波	地震	火山噴火
②	津波	火山噴火	地震
③	地震	火山噴火	津波
④	地震	津波	火山噴火

問 2　ランさんは，自然環境と気候変動の関係に興味をもち，**資料3～資料5**を得た。ランさんと先生との**会話文**中の空欄 X ～ Z に当てはまる語と記号の組合せとして最も適切なものを，あとの①～④のうちから一つ選べ。解答番号は 10 。

資料3　温室効果ガスの働き

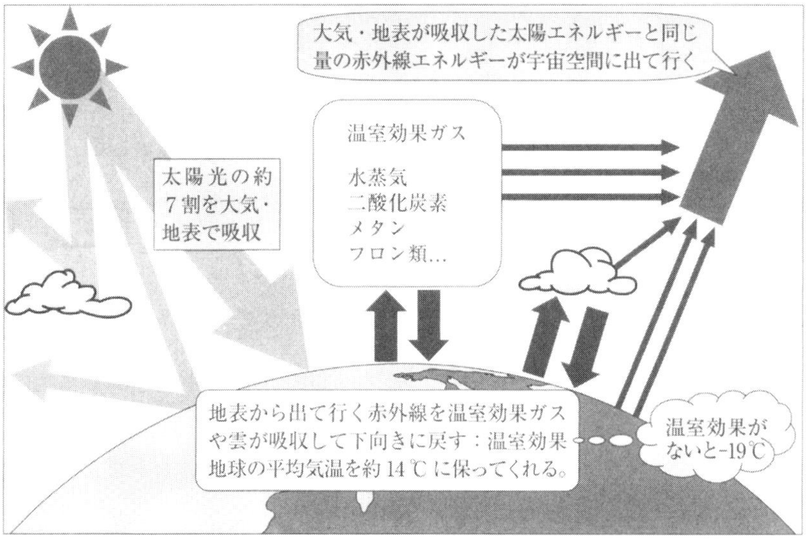

（https://www.data.jma.go.jp/cpdinfo/chishiki_ondanka/p03.html により作成）

資料4　1850～1900年を基準とした2006～2015年における気温上昇の推計値

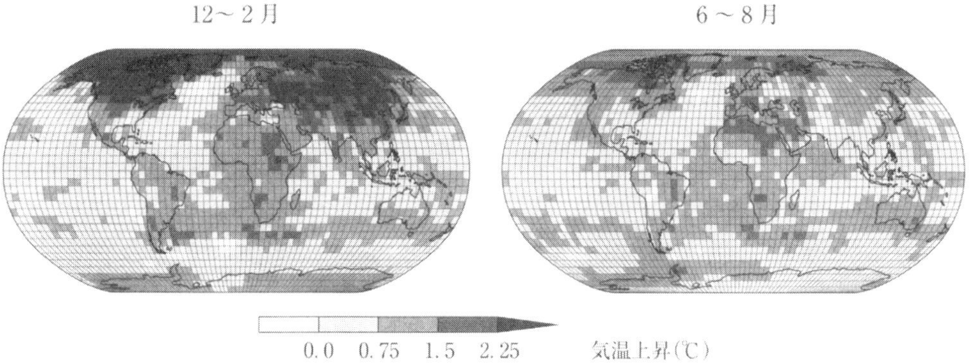

（環境省「IPCC 1.5℃特別報告書の概要」により作成）

資料5　綾里（りょうり）（岩手県）と南極点のいずれかにおける大気中の二酸化炭素濃度の変化

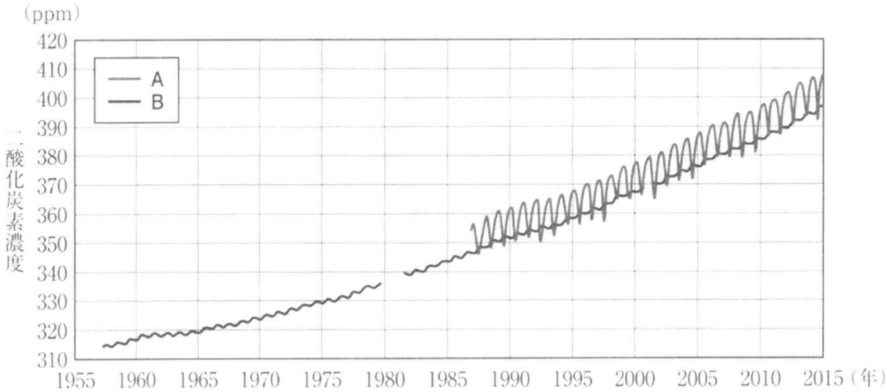

（気候変動監視レポート2016により作成）

会話文

ラ　ン：**資料3**から，地球の平均気温は，二酸化炭素などの温室効果ガスにより，約14℃に保たれていると知りました。温室効果ガスというと地球温暖化を引き起こす悪いものというイメージばかりでしたが，大事な働きもあるのですね。地球温暖化の現状はどうなっているのですか。

先　生：**資料4**は，1850～1900年を基準とした2006～2015年における気温上昇の推計値を示したものです。

ラ　ン：温暖化といっても，地球全体で均一に気温が上昇するという単純なものではないのですね。**資料4**から北半球の12～2月には，6～8月と比べると［X］で気温がより上昇することが分かります。地球温暖化には，地域差や季節差があるのですね。

先　生：いいところに気付きましたね。次に，**資料5**を見ましょう。AとBは，岩手県の綾里，南極点のいずれかの地点の大気中の二酸化炭素濃度の経年変化を示したものです。

ラ　ン：両地点ともに，二酸化炭素濃度は上昇傾向にあります。Aでは，Bに比べて，二酸化炭素濃度が増加と減少をはっきり繰り返しているのは，どうしてなのですか。

先　生：植物の光合成による二酸化炭素の吸収量の季節変化が，Bに比べて大きいことが主な原因の一つです。

ラ　ン：なるほど。つまり，綾里は［Y］，南極点は［Z］ということですね。

先　生：そのとおりです。

	X	Y	Z
①	高緯度	A	B
②	高緯度	B	A
③	低緯度	A	B
④	低緯度	B	A

問 3　ランさんは，世界各国の電力事情に興味をもち，**資料6**と**資料7**を得た。これらの資料から読み取った内容として**不適切なもの**を，あとの①～④のうちから一つ選べ。
解答番号は 11 。

資料6　主な国の電源別発電量と総発電量に占める割合(2018年)

（単位：上段は億kWh，下段は%）

	水力	火力	原子力	風力	太陽光	地熱	その他
アメリカ合衆国	3,170 (7.1)	29,120 (65.4)	8,413 (18.9)	2,758 (6.2)	852 (1.9)	188 (0.4)	53 (0.1)
中華人民共和国	12,321 (17.2)	51,116 (71.2)	2,950 (4.1)	3,658 (5.1)	1,772 (2.5)	1 (0.0)	0 (0.0)
ドイツ	241 (3.7)	3,855 (59.9)	760 (11.8)	1,100 (17.1)	458 (7.1)	2 (0.0)	16 (0.2)
日本	874 (8.7)	8,236 (82.3)	621 (6.2)	65 (0.6)	185 (1.8)	21 (0.2)	2 (0.0)

注）・中華人民共和国には，台湾，香港，マカオを含まない。
・日本の太陽光発電には，住宅等を含まない。
・四捨五入の結果，割合の合計は100％とならないことがある。

資料7　**資料6**中の4か国の総発電量の変化

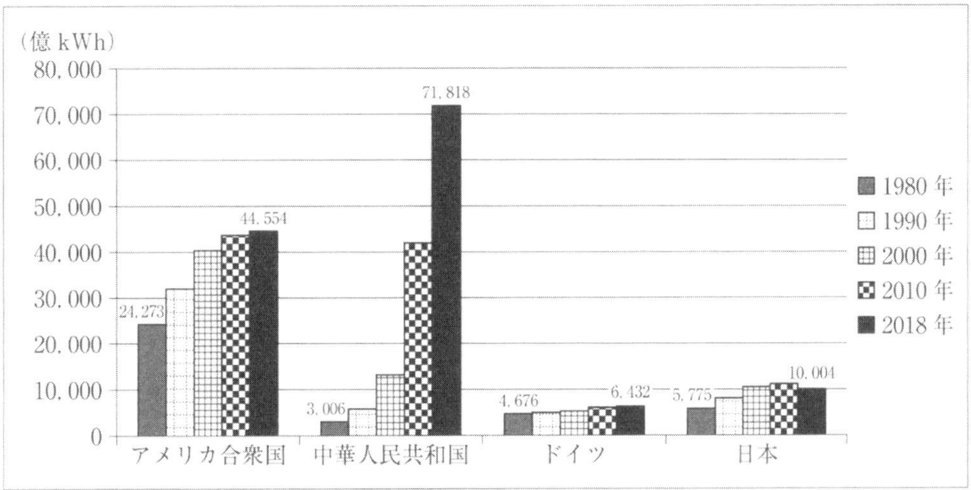

注）1990年以前のドイツは，東西ドイツを合わせたものである。

（「世界国勢図会2021／22」により作成）

① アメリカ合衆国は，**資料6**から，水力と火力と原子力を合計した発電量の割合が9割を超え，**資料7**から，総発電量の年次ごとの増加は鈍化したことが分かる。

② 中華人民共和国は，**資料6**から，火力による発電量が4か国中で最も多く，**資料7**から，総発電量は1980年と2018年を比較して10倍以上に増加していることが分かる。

③ ドイツは，**資料6**から，火力による発電量の割合が4か国中で最も低く，**資料7**から，1980年と2018年の総発電量を比較すると，その差は2,000億kWh未満であることが分かる。

④ 日本は，**資料6**から，風力と太陽光と地熱を合計した発電量の割合が1割を超え，**資料7**から，2018年の総発電量は2010年より少ないことが分かる。

問4　ランさんは，インドネシアの首都・ジャカルタの都市問題に興味をもち，**資料8**を得て**資料9**と**資料10**を作成した。**資料9**中の**A**～**C**には，それぞれ**資料10**中の**ア**～**ウ**の交通渋滞対策のいずれかが当てはまる。**資料9**中の**A**～**C**に当てはまる記号の組合せとして最も適切なものを，あとの①～④のうちから一つ選べ。解答番号は 12 。

資料8　ジャカルタ市内の交通渋滞の様子

（https://monoist.itmedia.co.jp/mn/articles/1803/22/news011.html による）

インドネシアの首都・ジャカルタでは，経済発展を背景として首都圏への人口流入が過剰となり，交通渋滞が大きな都市問題となっている。

資料9

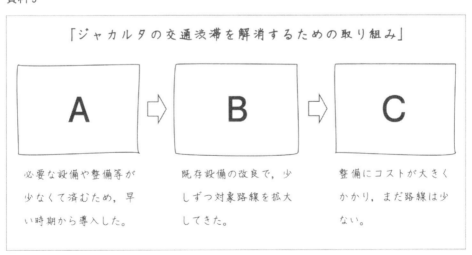

「ジャカルタの交通渋滞を解消するための取り組み」

A	⇨	B	⇨	C
必要な設備や整備等が少なくて済むため，早い時期から導入した。		既存設備の改良で，少しずつ対象路線を拡大してきた。		整備にコストが大きくかかり，まだ路線は少ない。

資料10

ア

地下鉄の開通

地下鉄は日本の資金や技術などを活用して整備された。交通渋滞の影響を受けないために，定時運行率が高く，移動手段として多くの人の利用が期待できる。

イ

バス専用レーンの整備

既存の道路をバス専用レーンに用いたバス高速輸送システムは，交通渋滞の影響が軽減されるため，移動手段として人々のバス利用の増加が期待できる。

ウ

３　ｉｎ　１制度の導入

指定された区間および時間帯において３人以上の同乗を義務づけたこの制度は，自動車への相乗りを促進し，自動車の走行台数の削減が期待できる。

（https://toyokeizai.net/articles/-/316385 などによる）

	A	B	C
①	ア	イ	ウ
②	イ	ウ	ア
③	ウ	ア	イ
④	ウ	イ	ア

4 自然環境と防災，日常生活を結びつけた地図について，**問1～問4**に答えよ。

問1 コウジさんは，都市型水害について興味をもち，**資料1～資料3**を得た。コウジさんとンタさんとの**会話文**中の空欄 X ， Y に当てはまる文と記号の組合せとして最適切なものを，あとの①～④のうちから一つ選べ。解答番号は 13 。

資料1

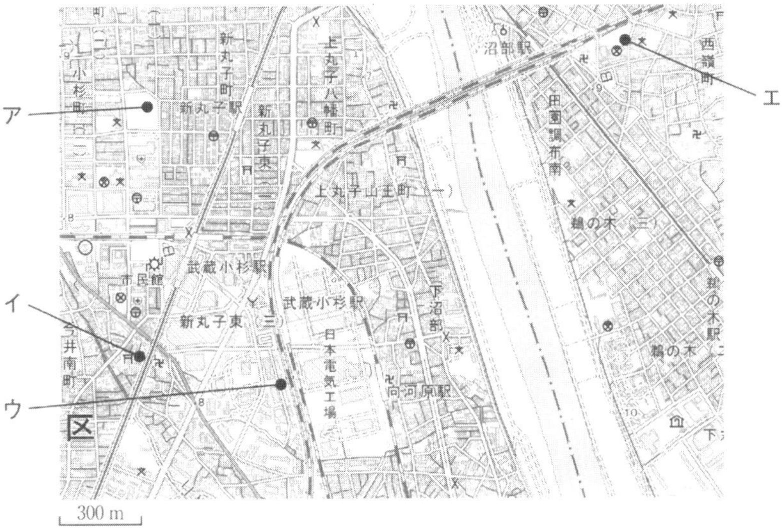

（地理院地図により作成）

資料2 水害の種類

外水氾濫	内水氾濫
河川の増水や堤防の決壊により生じる。	下水路の排水能力の不足などが原因で，降った雨を排水処理できなくなり生じる。

（福岡市総合ハザードマップにより作成）

資料3　**資料1**と同じ範囲の治水地形分類図

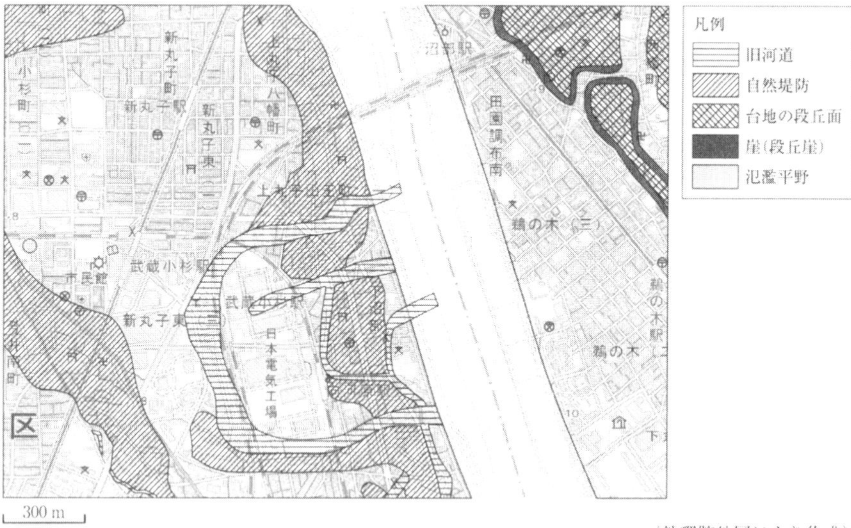

（地理院地図により作成）

会話文

コウジ：都市型水害が深刻化しているそうだよ。

ケンタ：都市の水害って，何が危ないのかな。

コウジ：都市は農村に比べると，緑地が少ないし，[X]でしょ。だから，雨が地下に浸透しにくくて，短時間で浸水してしまうことがあるそうだよ。

ケンタ：**資料1**の地域では都市化が進んでいるようだけど，どんなことを想定しておけばいいのかな。

コウジ：**資料2**を見て。都市では河川の増水などによる外水氾濫だけでなく，内水氾濫が起こることがあるんだ。例えば，大量の雨水が下水道へ流入して，下水道がその処理能力をこえて排水しきれなくなると，下水道が逆流してマンホールから水があふれ出てしまうことなどがあるね。

ケンタ：なるほど，そうなると，必ずしも河川から離れていれば安全というわけでもないね。

コウジ：そのとおり。土地の成り立ちを考えることで，どのようなところが浸水しにくいのか，知っておくことも大切だね。**資料3**と見比べながら考えると，**資料1**中のア～エの地点のうち，水害に比較的強いと考えられる場所は[Y]だと思うよ。

ケンタ：そうだね。

	X	Y
①	下水道があまり普及していない	アとウ
②	下水道があまり普及していない	イとエ
③	地表がアスファルトなどで覆われていることが多い	アとウ
④	地表がアスファルトなどで覆われていることが多い	イとエ

問2　コウジさんは，海岸地形に興味をもち，**資料4**～**資料6**を得た。**資料5**中の**ア**～**ウ**は，**資料4**中の**ア**～**ウ**の地点で見られる海岸線を示したものである。また，**資料6**中の**A**～**C**は，**資料4**中の**ア**～**ウ**のいずれかの海岸地形の特徴を説明したものである。**資料4**中の**ア**～**ウ**と**資料6**中の**A**～**C**の組合せとして最も適切なものを，あとの①～④のうちから一つ選べ。解答番号は［14］。

資料4　特徴的な海岸地形が見られる主な地点

資料5　ア～ウの地点で見られる海岸線

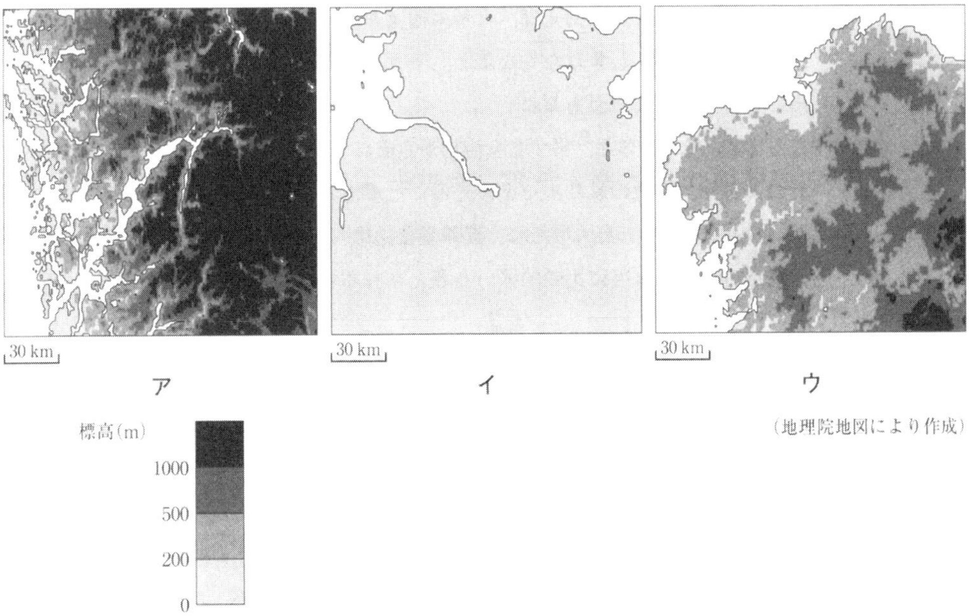

（地理院地図により作成）

資料6　ア～ウのいずれかの地点で見られる海岸地形の特徴

A

起伏の小さい平野部にある土砂供給量の少ない河川の河口部が沈水して形成された。後背地は広い平野であり，大きな港湾や都市が発達している。

B

氷河の侵食を受けた深い谷が沈水して形成された。急な谷壁に囲まれた奥深い入り江で水深も深いため，大型船も航行できる。

C

河川が山地を侵食した深い谷が沈水して形成された。湾内は波が静かで，漁港や養殖場として利用されている。

	ア	イ	ウ
①	A	B	C
②	A	C	B
③	B	A	C
④	C	A	B

問 3　コウジさんたちは，災害発生時に紙の地図の重要性が注目されたというニュースに興味をもち，**資料 7** と**資料 8** を基にクラスで話し合った。クラスの話合いで出たコメント**X**と**Y**の内容の正誤の組合せとして最も適切なものを，あとの①～④のうちから一つ選べ。
解答番号は［ 15 ］。

資料 7　熊本地震(2016 年)発生時に道の駅「阿蘇」で配布された地図

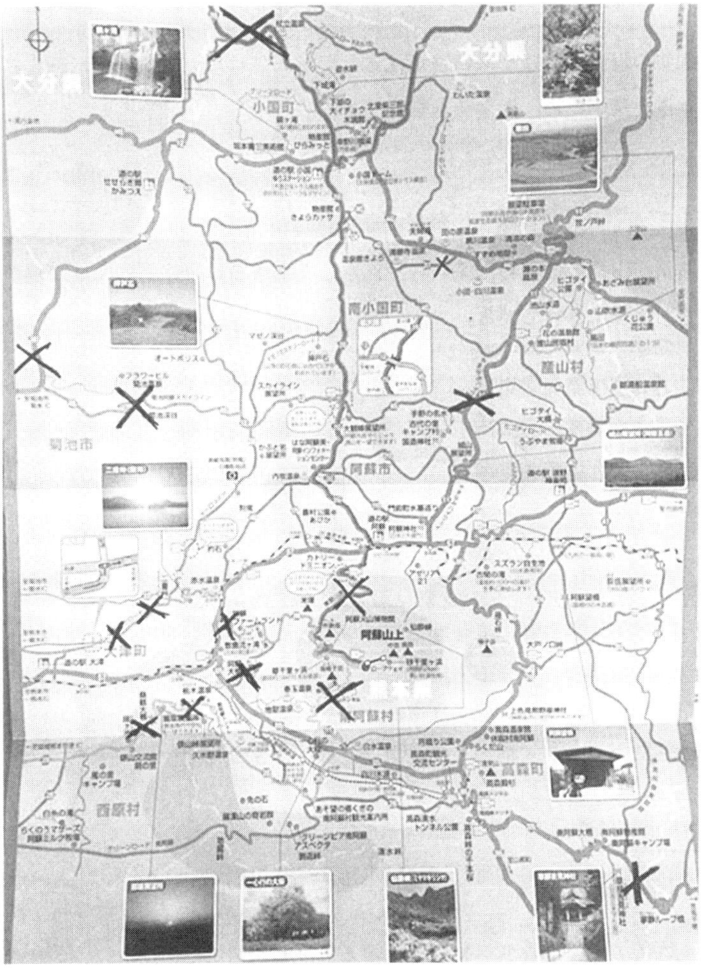

道の駅「阿蘇」では停電と断水に見舞われたが，地震により通行不能となった道路が多くあったことから，阿蘇周辺の道路の通行情報を住民やドライバーから聞き取り，観光マップに手書きで×印を書き込んで，住民や復旧支援に向かうドライバーに配布した。

(https://jocr.jp/raditopi/2021/04/20/282563/ により作成)

資料８　平成30年７月豪雨(2018年)発生時に広島県内のコンビニエンスストアで配布された手書き地図

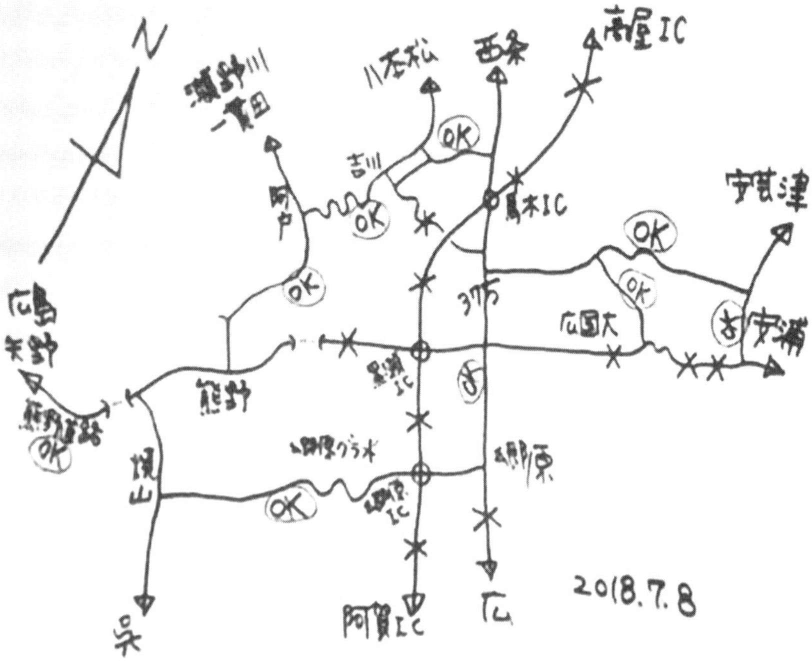

> 広島県内では5,000か所以上で土石流や土砂崩れが発生し，道路が寸断され通行止めとなった地点が多数生じた。県内主要都市を結ぶ通行不能となった道路や通行可能な迂回路を示した手書き地図が被災地域のコンビニエンスストアで配布され，ＳＮＳでも拡散された。

(https://hiroshima.keizai.biz/photoflash/1995/ により作成)

〈話合いで出たコメント〉

X　**資料７**は利用者と情報が集まりやすい道の駅において，通行不能な道路の情報が集約され，停電の状況下でも紙の地図によって道路の通行情報を共有できたことが分かる。

Y　**資料７**と**資料８**から，大規模な災害発生時に，政府機関や自治体が公式に発表する情報だけでなく，人々から集められたリアルタイムな情報が活用されたことが分かる。

	X	Y
①	正	正
②	正	誤
③	誤	正
④	誤	誤

問 4 コウジさんは，瀬戸内海において「渡し船銀座」と呼ばれる地域があることに興味をもち，その航路を示す**資料 9** を得て，その地図を基に「なぜこの範囲に三つも渡し船の航路があるのだろう」という問いを立てた。この問いに関して，**資料 10** と**資料 11** を見ながら考察しているコウジさんたちの**会話文**中の空欄 X ～ Z に当てはまる記号の組合せとして最も適切なものを，あとの①～④のうちから一つ選べ。解答番号は 16 。

資料 9 渡し船の航路とその周辺

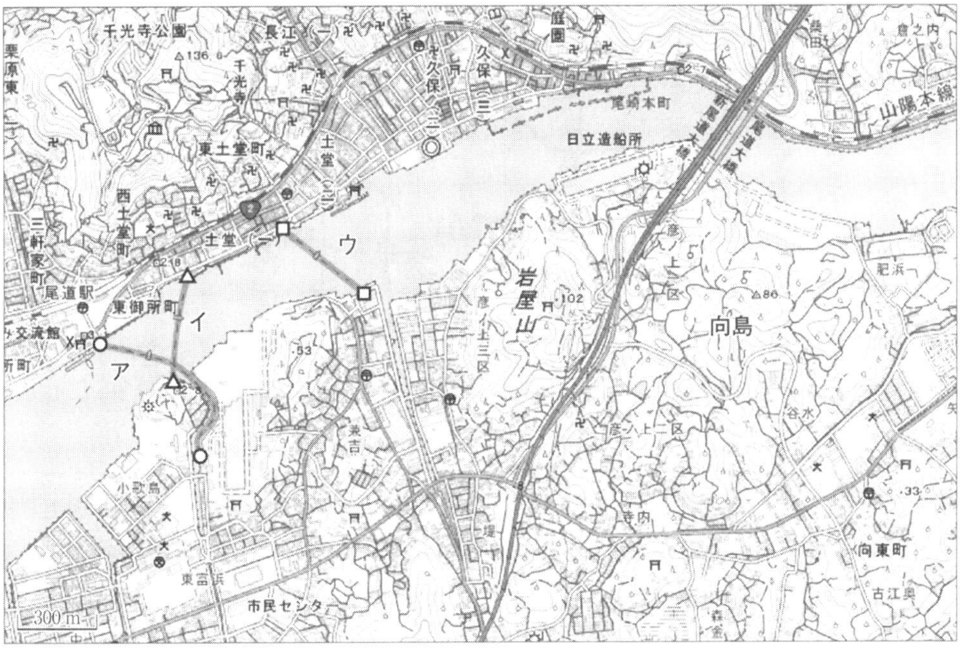

（地理院地図により作成）

資料10 渡し船の様子

（https://onomichijp.com/shimanami/ekimae_tosen.html による）

資料11　各航路の特徴

	ア	イ	ウ
運賃大人(小児)	100円(50円)	60円(30円)	100円(50円)
自転車	10円	10円	10円
原付自転車	10円	20円	10円
自動二輪車	乗船不可	20円	10円
自動車(運転者1名含む) 4m以上5m未満	乗船不可	100円	130円
始発時刻・最終時刻	6:00・22:00	6:30・20:00	6:00・22:00
運休日	なし	日曜日	なし

注）ア～ウは資料9中の航路と対応している(上記の運賃等は2022年2月現在のものである)。

(http://www.onoport.jp/sightseeing/route-f.htmlにより作成)

会話文

コウジ：資料9の地理院地図を見ると，複数の渡船(とせん)と航路の地図記号が確認できます。ここは「渡し船銀座」とも呼ばれ，1日に約300往復も渡し船が行き交(か)うそうです。資料10の様子からも人々の重要な交通手段であることがうかがえます。この範囲にア～ウの異なる航路が存在しているのはなぜなのでしょう。

ケンタ：［X］の航路は尾道(おのみち)駅前から最も近いので利便性が高そうですね。地図の南西部に見られる中学校や高等学校にも近いので，学生の利用が多そうです。

カオリ：調べてみると，資料11から分かるように，中学生や高校生は毎日の利用になるので，金銭的な負担が少なくて済む［Y］の航路を利用する人が多いようです。

コウジ：原付自転車や自動二輪車の運賃や乗船可否も航路によって違うので，毎日利用する通勤客も通勤方法に応じた航路を利用すると思います。観光客はどうでしょうか。

カケル：自動車で日曜日に訪れ，車で向島(むかいしま)へ渡る観光客は［Z］の航路を利用するか，東側にある尾道大橋を利用するしかなさそうです。航路によって利用する人々のニーズが異なり，利用者のすみ分けが行われているからこそ，「渡し船銀座」と呼ばれるほど，それぞれの航路で船が運航されているのですね。

コウジ：1968年に開通した尾道大橋は当初，普通車の通行に150円がかかる有料道路でしたが，2013年に無料化され，来島者の橋の利用が増えているため，渡船会社の経営も厳しくなっているそうです。近年はサイクリングで訪れる観光客による利用も増えているので，観光資源としても伝統的な渡し船の文化が長く続いてほしいですね。

	X	Y	Z
①	ア	イ	ウ
②	ア	ウ	イ
③	イ	ア	ウ
④	ウ	イ	ア

5 生活圏の地理的諸課題と地域調査に関して，**問1～問4**に答えよ。

問1 北海道釧路（くしろ）市に住むリオさんは，北海道の気候の地域差について調べ，**資料1**と**資料2**を得た。**資料2**中の**ア～ウ**は，**資料1**中の釧路，旭川（あさひかわ），小樽（おたる）のいずれかの地点の雨温図である。都市名と雨温図との組合せとして最も適切なものを，あとの①～④のうちから一つ選べ。解答番号は **17** 。

資料1

資料2

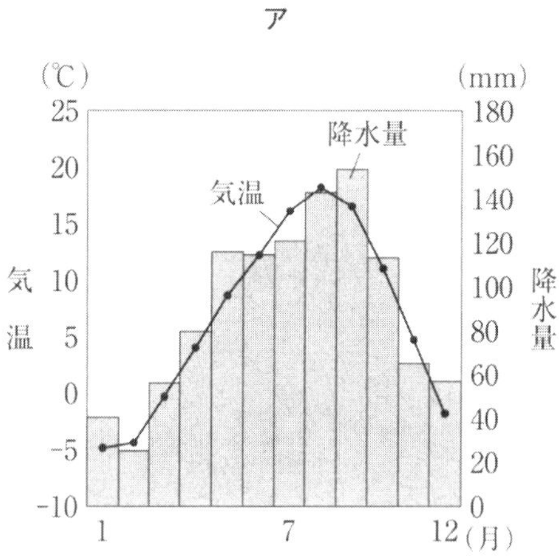

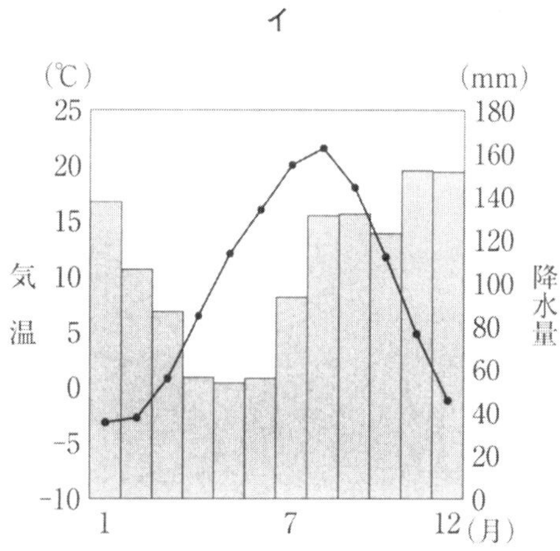

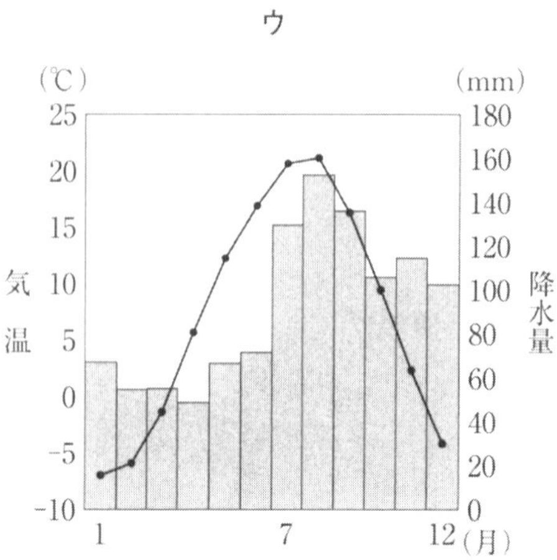

(気象庁ホームページにより作成)

	釧路	旭川	小樽
①	ア	イ	ウ
②	ア	ウ	イ
③	ウ	ア	イ
④	ウ	イ	ア

問２　リオさんは，釧路市の土地利用の変化について調べるために，**資料３**と**資料４**を得た。これらの資料から読み取った内容として**不適切なもの**を，あとの①～④のうちから一つ選べ。解答番号は 18 。

資料３

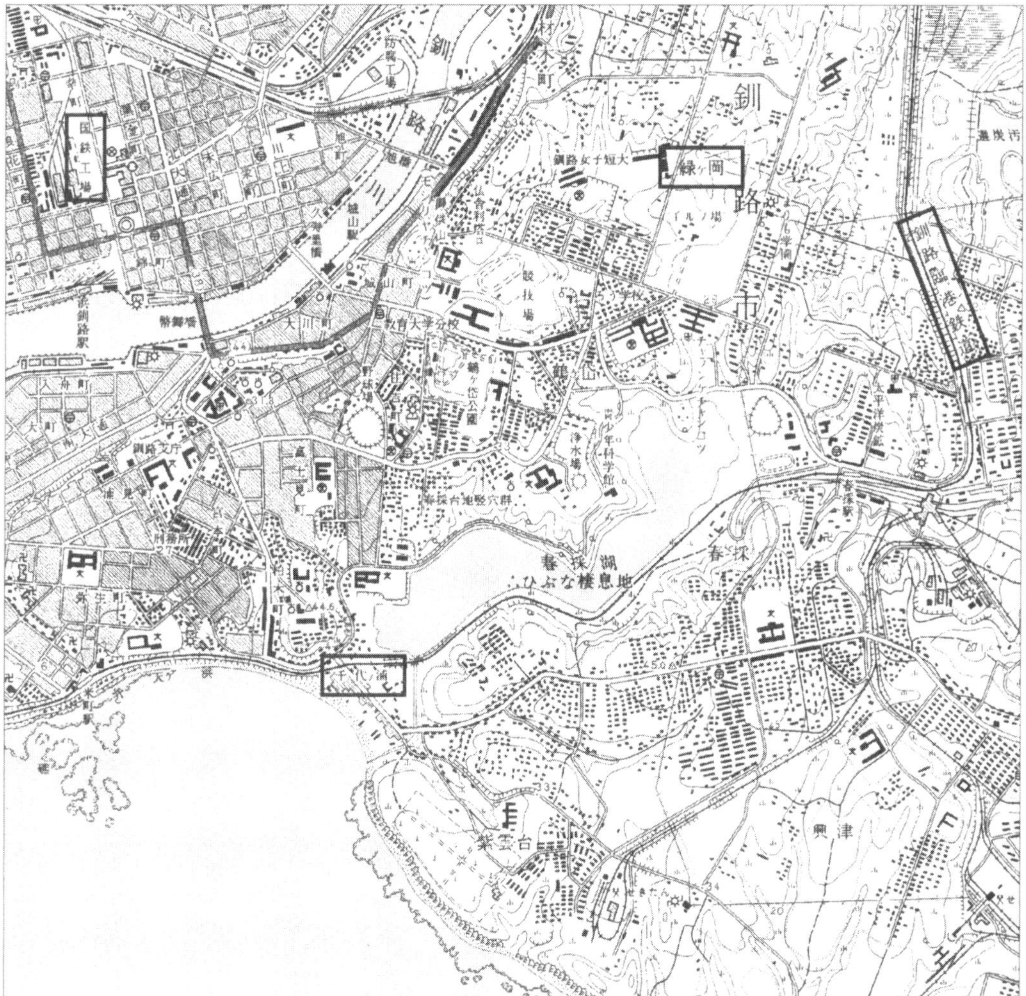

（国土地理院発行25,000分の１地形図「釧路」，昭和46年発行に一部加筆）

資料 4

（国土地理院発行 25,000 分の 1 地形図「釧路」，平成 29 年発行より抜粋）

① **資料 3** の「国鉄工場」は，**資料 4** ではなくなっていることが分かる。

② **資料 3** の「釧路臨港鉄道」には，**資料 4** では新しい駅が設置されていることが分かる。

③ **資料 3** の「千代ノ浦」の海岸部は，**資料 4** では一部が埋め立てられ新しく土地が造成されたことが分かる。

④ **資料 3** の「緑ヶ岡」の北側の丘陵地は，**資料 4** では道路が新設され住宅地が拡大されたことが分かる。

問3　リオさんは，釧路市で盛んな漁業について調べ，**資料5**と**資料6**を得た。これらの資料から読み取ったX，Yの文について，その内容の正誤の組合せとして最も適切なものを，あとの①～④のうちから一つ選べ。解答番号は 19 。

資料5　釧路市の魚種別生産額

2008年	生産額(千円)	2018年	生産額(千円)
すけとうだら	5,944,591	いわし	2,474,587
さんま	2,543,040	すけとうだら	2,013,113
さけ	1,419,483	たら	1,190,445
たら	1,026,007	さんま	893,836
するめいか	234,202	さば	209,659
その他	2,257,271	その他	2,112,539
合計	13,424,594	合計	8,894,179

資料6　釧路市の魚種別生産数量の割合

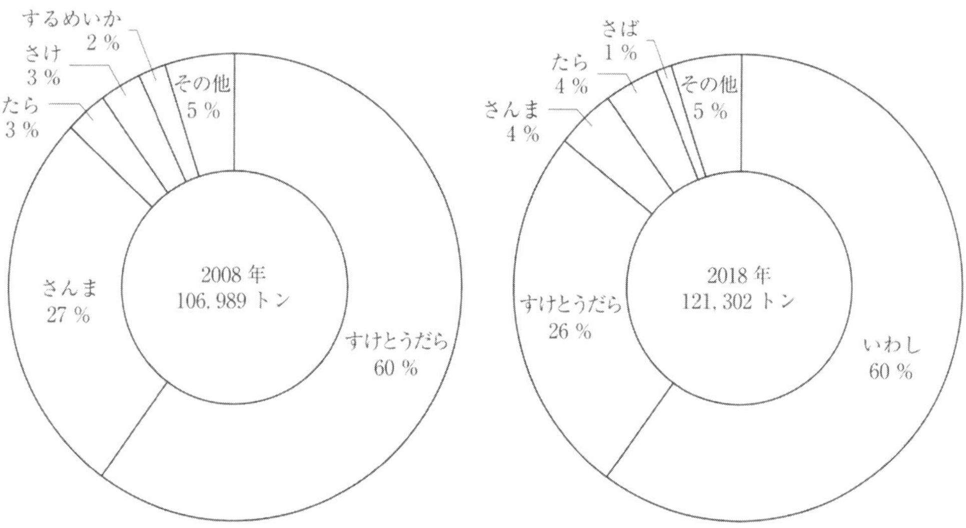

（「釧路の水産」（釧路総合振興局ホームページ）により作成）

X　2008年と2018年を比較すると，すけとうだらの生産額と生産数量は，ともに減少したことが分かる。

Y　2018年のいわしとたらを比較すると，生産数量1トン当たりの生産額は，たらの方が高いことが分かる。

	X	Y
①	正	正
②	正	誤
③	誤	正
④	誤	誤

問 4　リオさんは，釧路港に輸入される貿易品目と釧路市周辺地域の産業の関係に興味をもち，**資料7**と**資料8**を得た。リオさんと先生との**会話文**中の空欄 X ， Y に当てはまる語句の組合せとして最も適切なものを，あとの①～④のうちから一つ選べ。
解答番号は 20 。

資料7　釧路港における上位輸入品目の輸入量の推移

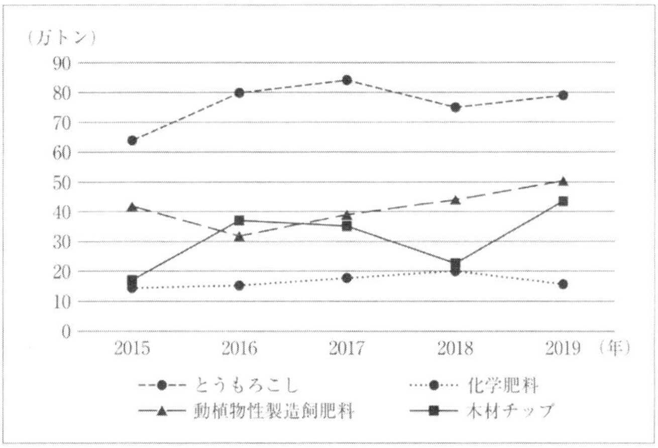

(「釧路港統計年報」により作成)

資料8　釧路総合振興局管内の市町村における品目別農業産出額(2019年)

総額 8,883 千万円

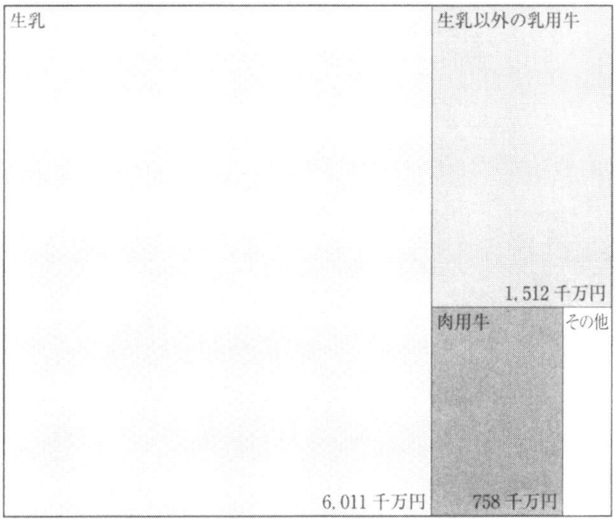

注）釧路総合振興局管内とは，釧路市とその周辺6町1村をいう。

(RESASにより作成)

III

会話文

リ　オ：先生，**資料7**を見ると，釧路港にはとうもろこしや動植物性製造飼肥料などが多く輸入されていることが分かりました。これはどうしてでしょうか。

先　生：おもしろいことに気付きましたね。**資料8**を参考に考えてみましょう。

リ　オ：先生，**資料8**の「生乳」と普段見かける「牛乳」はどのような違いがあるのですか。

先　生：「生乳」とは牛から搾(しぼ)った状態の生の乳のことで，「牛乳」とは生乳を100％使い，成分無調整で殺菌したものです。

リ　オ：そうなのですね。初めて知りました。**資料8**を見ると，釧路総合振興局管内の市町村における生乳の産出額は，農業産出額の総額の［X］を占めますね。

先　生：そうですね。そのことを踏まえると，釧路港に輸入される貿易品目の特徴としてどのようなことがいえますか。

リ　オ：釧路港では，［Y］ために多くのとうもろこしや動植物性製造飼肥料が輸入されているのですね。

先　生：そのとおりです。

リ　オ：釧路港は，周辺地域の産業を支えるのに必要な物資を外国から受け入れる窓口となっていることが分かりました。

先　生：そうですね。これからも地域発展のために，貿易港として役割を果たしていくことができると良いですね。

	X	Y
①	約9割	飼料の需要の大きい地域が近接している
②	約9割	牛乳の需要の大きい地域が近接している
③	約7割	飼料の需要の大きい地域が近接している
④	約7割	牛乳の需要の大きい地域が近接している

（これで地理Aの問題は終わりです。）

令和４年度　第２回

解答・解説

【重要度の表記】

Ａ：重要度が高く確実に正答したい設問。しっかり復習する必要のある問題です。

Ｂ：重要度はＡレベルよりすこし下で、やや難易度が高い設問または内容を読み取る設問。高得点を狙う人は復習しましょう！

Ｃ：重要度が低い、または難解な設問。軽く復習する程度でよいでしょう！

令和４年度 第２回 高卒認定試験

【 Ａ解答 】

1	解答番号	正答	配点	2	解答番号	正答	配点	3	解答番号	正答	配点	4	解答番号	正答	配点
問１	1	④	5	問１	5	②	5	問１	9	④	5	問１	13	④	5
問２	2	①	5	問２	6	①	5	問２	10	①	5	問２	14	③	5
問３	3	③	5	問３	7	④	5	問３	11	④	5	問３	15	①	5
問４	4	④	5	問４	8	①	5	問４	12	④	5	問４	16	①	5

5	解答番号	正答	配点
問１	17	②	5
問２	18	②	5
問３	19	①	5
問４	20	③	5

【 Ａ解説 】

1

問１ （X）時差の問題を考えるときは、ロンドンを通る本初子午線（経度０度）を基準に考えましょう。日本の標準時は東経 135 度を基準にします。経度が 15 度変わるごとに１時間の時差が生まれ、東のほうが時間が早くなっています。東経 135 度の日本から経度０度のロンドンまで、135 度÷ 15 度＝９ですから、日本のほうがロンドンより９時間早くなります。そして、経度０度のロンドンから西経 150 度のホノルルまで、150 度÷ 15 度＝ 10 ですから、ロンドンのほうがホノルルより 10 時間早くなります。よって、日本→ロンドン→ホノルルまで、９時間＋ 10 時間で 19 時間の時差があります。ホノルルの時間は、日本のほうが早いことから、10 月１日 13 時の 19 時間前となり、「９月 30 日の 18 時」だということがわかります。（Y）地球は球体ですから、資料１のようなメルカトル図法で表した場合、南北は正しく表せますが、東西は正しくありません。また、資料２や資料３の正距方位図法は距離や方位を正しく表すことができるのは中心からだけです。よって、東京を中心に見た場合とホノルルを中心に見た場合ではまた違ってしまいます。Ａ地点にあたるチリの北部を資料３で探すと、ホノルルから真東（右）に延ばした線上にはありません。その線よりは下つまり南側にあるので、ホノルルから東の方向へ向かうと「Ａ地点よりも北寄りを通過する」といえます。したがって、正解は④となります。

解答番号【１】：④ ⇒ 重要度Ｂ

問２ （X）メルカトル図法のような「正角図法」では、面積のひずみができてしまいますから、資料５のようなドットマップを作成するなら、面積を正確に示す「正積図法」を使用する必要があります。（Y）資料６の「イ」のように単純に保有台数を示した地図では、人口が多い土地では必然的に台数が多くなってしまいます。カオルさんの言う「交通における乗用車への依存度の地域差を考える」ためには、「ア」の地図で「100 人当たり乗用車保有台数」を見て、その地域での乗用車の重要性を知る必要があります。したがって、Xが「正積図法」、Yが「ア」の①が正解となります。

解答番号【２】：①　　　⇒ 重要度Ａ

問３　不適切なものを選びます。①ブラジルの 1991 年と 2017 年の面積を比べると、2017 年のほうがすこし大きくなっていることから、総人口が増加したことがわかりますので、これは正しいです。② 1991 年には貧困人口の面積が総人口の面積に対して非常に大きかった中華人民共和国とインドですが、2017 年にはともに貧困人口の面積が大幅に縮小しています。よって、貧困人口とその割合がともに減少したことがわかりますので、これも正しいです。③ 1991 年の地図でインドとエチオピアを見ると、エチオピアのほうは貧困人口が総人口にほぼ重なっていることから、インドと比べても貧困人口の割合が非常に高いことがわかりますので、これが誤りです。④ 2017 年の地図でアフリカを見ると、アフリカの中でナイジェリアは総人口も貧困人口もその面積から最も大きいことがわかりますので、これは正しいです。したがって、正解は③となります。

解答番号【３】：③　　　⇒ 重要度Ｂ

問４　不適切なものを選びます。①資料９を見ると、新しく造成された土地ほど色が濃く示されていることから、より南側へと新たな土地を造成していることがわかりますので、これは正しいです。②資料８のＡの範囲のほとんどは資料９の２番目に薄いグレーの土地に重なります。これは「江戸時代開発の新開地」ですから、これも正しいです。③資料９の最も濃いグレーの土地が「大正時代以降開発の新開地」で、その部分を資料８で見ると、多くが「２ｍ以上４ｍ未満」の土地です。江戸時代や明治時代に開発された新開地は、多くが「０ｍ以上２ｍ未満」もしくは「０ｍ未満」の土地ですから、「大正時代以降開発の新開地」のほうが標高が高く、これも正しいです。④資料 10 を見ると、埋め立ては「海より高い位置を陸地にする」ものですが、干拓は「海底がそのまま陸地となる」ものですから、「干拓を行うと、埋め立てを行うよりも新たに造成された土地の標高は高くなる」ということが誤りです。したがって、正解は④となります。

解答番号【４】：④　　　⇒ 重要度Ａ

2

問１　資料４は「世界の主な宗教分布図」ですが、資料１から資料３は「国内の信者数の割合が最多ではない宗教に関する世界遺産」です。選択肢に挙げられている３つの国について、資料４を参考に考えていきましょう。（資料１）これは「イスラーム王朝の宮殿」ですが、「キリスト教勢力の進出」によって、この地でのイスラームによる支配は終わったとあります。よって、現在はキリスト教が中心の国で、イスラーム支配を受けた国は、「スペイン」です。なお、この建物はアルハンブラ宮殿です。（資料２）「ヒンドゥー教の寺院」とあります。かつてヒンドゥー教が信じられ、現在は最多ではない国は「インドネシア」となります。インドネシアは現在、バリ島にヒンドゥー教徒が多くいますが、ほかはイスラーム信者の多い国です。なお、この建物はプランバナン寺院群と呼ばれる遺跡です。（資料３）「仏教の寺院」とあり、「仏教の開祖である釈迦が悟りを開いた場所」とあります。これはインドのブッダガヤで、この建物はその地に立つ塔です。インドは、仏教が生まれた土地ですが、現在ではヒンドゥー教徒が約80％を占める国です。したがって、資料１が「スペイン」、資料２が「インドネシア」、資料３が「インド」の②が正解となります。

解答番号【5】：②　　　⇒ 重要度B

問２　（X）資料５の中央やや左に位置する人物が着ている白い衣装はサウジアラビアのトーブと呼ばれるものです。これは締め付けが弱く、日差しを遮ることができます。資料７の左側の砂漠の写真のように、気温が高く乾燥した気候にふさわしいものです。よって、Xに当てはまるのはA（サウジアラビア）です。（Y）資料６において着用されている衣装は中南米で広く着用されているポンチョと呼ばれるものです。とくにペルーなどは低緯度ですがアンデス山脈は標高が高く、１日の気温の差が大きくなりますから、脱ぎ着しやすいこのような衣装がふさわしいといえます。また、資料７の右側の写真はアンデス山脈に住むアルパカで、アルパカの毛を使って、毛織物がつくられています。よって、Yに当てはまるのはC（ペルー）です。したがって、正解は①となります。

解答番号【6】：①　　　⇒ 重要度A

問３　資料９をよく読んで、ヒントとなる言葉を探しましょう。まず、資料９に「標高2,000m以上」とありますから、この国は資料10の色が最も濃い地域にあることがわかります。よって、地図の①か④のどちらかではないかと考えられます。そして、資料９には「ウガリ」というトウモロコシを含む主食を中心とした食事をしていることが書かれています。資料11を見ると、トウモロコシを含む雑穀を主食とする地域はグレーで示されています。この範囲に含まれているのは地図の②と④です。したがって、両方の条件を満たす④（ケニア）が正解となります。

解答番号【7】：④　　　⇒ 重要度A

問４　（X）資料15を見ると、「日平均最高気温」を示す線より、「１日の気温の範囲」を示す棒が上にある日が多く見られます。つまり、これは「最高気温が日平均最高気温を上回る日」が多いということを示しています。（Y）気温が高くなれば、雪は解けてしまいますが、解けた雪が凍り付けば、今度は氷の層になってしまいます。よって、「雪が解け、再び寒さが戻って凍ると厚い氷の層ができてしまうため、エサが掘り出せなくなってしまう」という問題が発生していると考えられます。したがって、正解は①となります。

解答番号【8】：①　　　⇒ 重要度B

3

問１　ポスターをよく読んで、地震のメカニズムを思い出しましょう。「プレートの境界など」の「地殻変動が活発なところ」では、「地震」が発生しやすくなります。そのプレートの沈み込み帯の海溝付近で地震が発生すれば、「津波」を引き起こすこともあります。そして、「沈み込み帯の大陸側」では「火山噴火」が発生しやすくなります。したがって、Xが「地震」、Yが「津波」、Zが「火山噴火」の④が正解となります。

解答番号【9】：④　　⇒**重要度A**

問２　（X）資料４を見ると、「12～２月」のほうは「６月～８月」に比べて地図の北部がとくに濃い色になっており、反対の南極付近もグレーになっています。よって、「高緯度」のほうがより気温が上昇していることがわかります。（Y・Z）資料５のAには「植物の光合成による二酸化炭素の吸収量の季節変化」がBよりはっきり出ているということから、綾里は「A」、南極点は「B」ということがわかります。したがって、正解は①となります。

解答番号【10】：①　　⇒**重要度A**

問３　不適切なものを選びます。①資料６を見ると、アメリカ合衆国は、水力が7.1％、火力が65.4％、原子力が18.9％で、これらを合計した発電量の割合は91.4％となっています。また、資料７を見ると、1980年から2000年までの総発電量の変化の伸びと2000年から2018年までの伸びを比べると、年次ごとの増加は鈍化したことがわかりますから、これは正しいです。②中華人民共和国は、資料６を見ると、火力発電量が51,116億kWhとあり、４か国中、最多です。また、資料７を見ると、1980年には3,006億kWhだった総発電量が2018年には71,818億kWhと20倍以上になっていますから、これも正しいです。③資料６を見ると、ドイツの火力発電の割合は59.9％と、ほかの３か国に比べて最も低くなっています。また、資料７を見ると、1980年の総発電量は4,676億kWhで、2018年は6,432億kWhです。その差は1,756億kWhで2,000億kWh未満となりますので、これも正しいです。④日本は、資料６を見ると、風力が0.6％、太陽光が1.8％、地熱が0.2％で、この３つの発電量の割合は合計しても2.8％です。１割を超えていませんから、これが誤りです。したがって、正解は④となります。

解答番号【11】：④　　⇒**重要度B**

問４　資料９をよく読み、それぞれの取り組みの違いを考えましょう。（A）「必要な設備や整備等が少なくて済む」とありますから、「自動車への相乗りを促進」した「ウ」の「3 in 1制度の導入」だと考えられます。（B）「既存設備の改良」とありますから、「イ」の「既存の道路をバス専用レーンに用いたバス高速輸送システム」だと考えられます。（C）「整備にコストが大きくかかり」とあることから、「ア」の「日本の資金や技術などを活用して整備された」地下鉄だと考えられます。したがって、Aが「ウ」、Bが「イ」、Cが「ア」の④が正解となります。

解答番号【12】：④　　⇒**重要度A**

4

問１　（X）都市と農村を比べたとき、一般的に都市はアスファルトなどで舗装され、下水道も広く普及しています。よって、都市は「地表がアスファルトなどで覆われていることが多い」ので、雨が地下に浸透せず、浸水しやすいといえます。（Y）資料１と資料３を比べてみましょう。「ア」の地点は資料３では「氾濫平野」です。河川が氾濫を繰り返し、土砂が堆積してできた平野ですから、この地点は外水氾濫にあう可能性が高そうです。「イ」の地点は資料３では「自然堤防」です。これは洪水が大量の土砂を運び、周りより小高くなった土地です。よって、この地点は洪水には強いと考えられます。「ウ」の地点は資料３では「旧河道」です。このような土地は、かつて川が流れていたところなので、ほかよりすこし低くなっていて洪水の被害にあいやすいといわれています。「エ」の地点は「台地の段丘面」です。周りより高くなっていますから、ここは水害には強いと考えられます。以上のことから、水害に比較的強いと考えられる場所は「イ」と「エ」です。したがって、正解は④となります。

解答番号【13】：④　　⇒**重要度B**

問２　資料６をよく読んで、それぞれの特徴を捉えましょう。(A)「起伏の小さい平野部」とありますから、資料５においてほとんど起伏が見られない「イ」だと考えられます。(B)「氷河の浸食を受けた深い谷が沈水して形成された」とあります。これはフィヨルドのことですから、資料４においてノルウェーの地点を指している「ア」だとわかります。(C)「河川が山地を浸食した深い谷が沈水して形成された」とあります。これはリアス式海岸の特徴で、ヨーロッパではスペインの海岸が有名ですから、資料４においてスペインの地点を指している「ウ」だとわかります。したがって、正解は③となります。

解答番号【14】：③　　⇒**重要度B**

問３　ＸとＹのコメントの正誤を考えます。(X) 資料７から、道の駅「阿蘇」では、周辺の道路状況を聞き取り、集まった情報を地図に反映させて、住民や復旧支援に向かうドライバーに共有したということがわかります。また、観光マップに手書きで×印を書き込むという方法をとったことから、停電という状況下でも情報共有ができたことがわかります。よって、これは正しいです。(Y) 資料７と資料８を見ると、いずれも災害が起きた現地にいた人が、同じく現地にいた人々から得た災害発生時の道路状況の情報を集約したことがわかります。また、資料７においては「住民や復旧支援に向かうドライバーに配布した」とあり、資料８においては「被災地域のコンビニエンスストアで配布され、SNSでも拡散された」とあることから、災害発生時の情報がリアルタイムに活用されたことがわかります。よって、これも正しいです。したがって、正解は①となります。

解答番号【15】：①　　⇒**重要度A**

問４　(X) 会話文に「尾道駅前から最も近い」とありますから、資料９の西部にある尾道駅に近い「ア」の航路です。(Y) 会話文に「金銭的な負担が少なくて済む」とありますので、資料11において運賃を比べてみます。大人の運賃は、「ア」と「ウ」の航路は100円ですが、「イ」の航路は60円ですので、「イ」の航路だとわかります。(Z) 会話文に、「自動車で日曜日に訪れ、車で向島へ渡る観光客」がこの航路を利用することが述べられています。「ア」の航路は自動車が乗船不可となっており、また「イ」の航路は日曜日が運休日となっていますので、「ウ」の航路だとわかります。したがって、Xが「ア」、Yが「イ」、Zが「ウ」の①が正解となります。

解答番号【16】：①　　⇒**重要度A**

5

問１　日本に吹く季節風を考えてみましょう。夏は南から吹き、太平洋岸に雨を多く降らせます。冬は北から吹き、日本海側に雨を多く降らせます。よって、夏に雨が多く、冬に雨が少ない「ア」が釧路の雨温図だと考えられ、また冬に雨が多く、夏に雨が少ない「イ」が小樽の雨温図だと考えられます。そして、残る「ウ」が旭川の雨温図です。したがって、正解は②となります。

解答番号【17】：②　⇒**重要度A**

問２　不適切なものを選びます。①資料３の「国鉄工場」は資料４にはありませんから、これは正しいです。②資料３の「釧路臨港鉄道」には、「春採駅」と「米町駅」が見られます。しかし、資料４では、路線が短くなり、「米町駅」がなくなっていることがわかりますから、これが誤りです。③資料３の「千代ノ浦」の海岸部を資料４で見ると、人工的に造成されたと思われる土地がありますから、これは正しいです。④資料３の「緑ヶ岡」の北側の辺りと資料４の同じ辺りを見比べると、道路が多く新設され、住宅地が拡大されたことがわかりますから、これは正しいです。したがって、正解は②となります。

解答番号【18】：②　⇒**重要度B**

問３　XとYの正誤を考えます。(X) 資料５を見ると、2018年のすけとうだらの生産額は2008年の生産額の約３分の１に減少しています。また、生産数量は、全体の生産数量にすけとうだらが全体に占める割合を掛ければわかります。資料６を基に算出すると、2008年には約６万トンでしたが、2018年には約３万トンに減少していますから、これは正しいです。(Y) 資料５を見ると、2018年のいわしの生産額はたらの生産額の約２倍であることがわかります。しかし、資料６を見ると、2018年の生産数量は、たらが全体の４％であるのに対して、いわしはその15倍の60％ですから、生産数量１トン当たりの生産額はたらのほうが高いことがわかります。よって、これも正しいです。したがって、正解は①となります。

解答番号【19】：①　⇒**重要度C**

問４　(X) 資料８を見ると、農業産出額の総額は8,883千万円、生乳の産出額は6,011千万円とあります。生乳の産出額が総額に占める割合を計算すると、約68％つまり「約７割」です。(Y) 釧路でとうもろこしや動植物性製造飼肥料が多く輸入されているのは、酪農を行っている「飼料の需要の大きい地域が近接している」ためだと考えられます。したがって、正解は③となります。

解答番号【20】：③　⇒**重要度A**

令和４年度 第１回
高卒認定試験

地理Ａ

解答時間　50 分

注　意　事　項（抜粋）

＊　試験開始の合図前に，監督者の指示に従って，解答用紙の該当欄に以下の内容をそれぞれ正しく記入し，マークすること。

①**氏名欄**

氏名を記入すること。

②**受験番号**，③**生年月日**，④**受験地欄**

受験番号，生年月日を記入し，さらにマーク欄に**受験番号**（数字），**生年月日**（年号・数字），**受験地をマーク**すること。

＊　**受験番号，生年月日，受験地が正しくマークされていない場合は，採点できないことがある。**

＊　解答は，解答用紙の解答欄にマークすること。例えば，[10] と表示のある解答番号に対して②と解答する場合は，次の（例）のように**解答番号 10 の解答欄**の②に**マーク**すること。

（例）

解答番号	解　答　欄
10	① ● ③ ④ ⑤ ⑥ ⑦ ⑧ ⑨ ⓪

地　　理　A

(解答番号 1 ～ 20)

1 地球儀や地図から捉える現代世界に関して，問１～問４に答えよ。

問１　ケンさんは，時差に興味をもち，**資料１**を得た。**資料１**から読み取った内容として**不適切なもの**を，あとの①～④のうちから一つ選べ。解答番号は 1 。

資料１

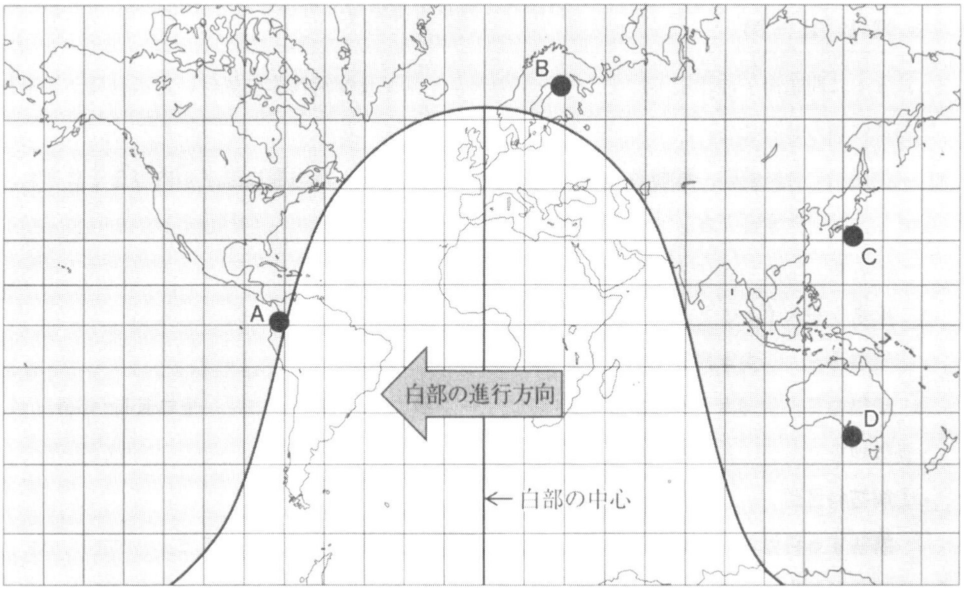

・緯線，経線は15度間隔で示している。
・地図中の白部は，その時点で太陽光が当たる範囲を示している。
・地形的な条件は考慮しない。
・時間の経過とともに白部は左側へ移動していき，24時間後に白部の中心は現在の位置に戻る。
・この図はイギリスのロンドンが正午の時点を示している。

① **資料1**は，北半球が冬至となる頃の様子を示したものである。

② 地点Aでは，まもなく日の入りを迎える。

③ 地点Bでは，この日は1日中太陽が昇らない。

④ 地点Cと地点Dを比較すると，この日の日の出から日の入りまでの時間は地点Dの方が長い。

問２　ケンさんは，世界地図の様々な図法の特徴に興味をもち，**資料２**と**資料３**を得た。これらの資料から読み取った内容として**不適切なもの**を，あとの①～④のうちから一つ選べ。解答番号は　2　。

資料２　メルカトル図法の地図

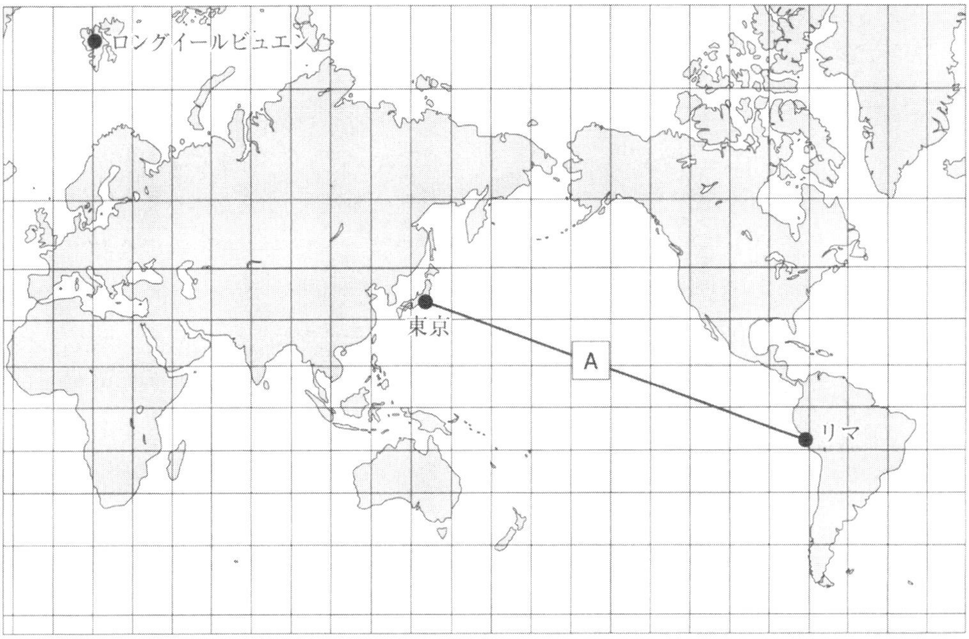

（https://user.numazu-ct.ac.jp/~tsato/webmap/sphere/great-circle/ により作成）

資料3　東京を中心とした正距方位図法の地図

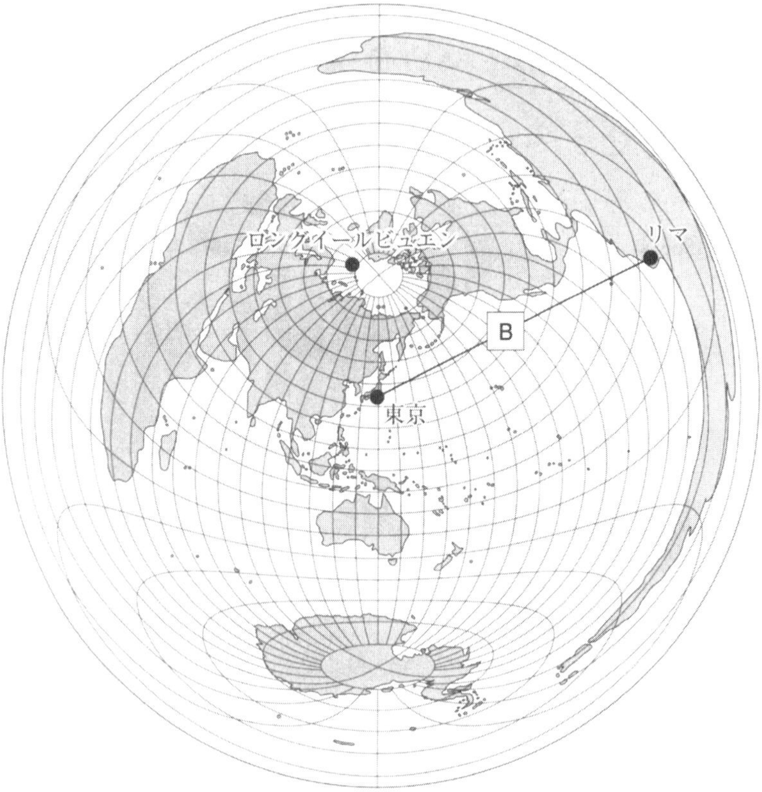

注）この地図の外側の円は，東京の対蹠点を示しており，東京から外側の円までは約20,000 kmである。
（http://maps.ontarget.cc/azmap/ により作成）

① 資料中のAは東京からリマまでの等角航路を，Bは大圏航路を示している。

② 東京から見たリマの方位は，南東である。

③ 東京からリマまでの距離は10,000 km以上離れている。

④ 東京からリマまでの距離は，東京からロングイールビュエンまでの距離よりも長い。

問 3　ケンさんは，「カルトグラム」と呼ばれる地図表現があることを知り，**資料 4** を得た。**資料 4** を基に作成したケンさんの**レポート**中の空欄 X ，Y に当てはまる語句の組合せとして最も適切なものを，あとの①～④のうちから一つ選べ。解答番号は 3 。

資料 4

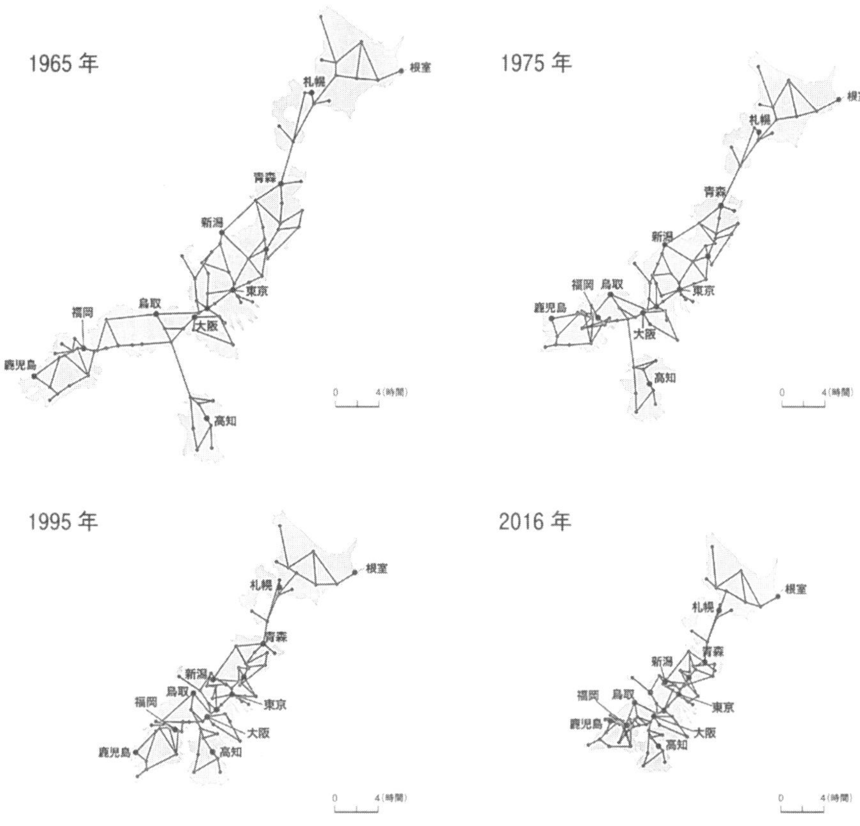

(https://www.nikkei.com/edit/interactive/rd/50shinkansen/ により作成)

レポート

資料4は，鉄道交通と水上交通による各地点間の時間距離の変化を示した地図である。例えば1975年と1995年を比較すると，東北新幹線の開通により，東京と東北地方の都市との間隔が狭くなっている。

資料4の大阪～福岡間の時間距離の変化に着目すると，大阪～福岡間の時間距離が最も短縮されたのは， X であることが分かる。

また，時間距離の変化には地域差があることが分かる。1965年～2016年の期間で，福岡～鹿児島間と札幌～根室間を比較すると， Y の方が時間距離の変化が小さいことが分かる。

	X	Y
①	1965年～1975年	福岡～鹿児島間
②	1965年～1975年	札幌～根室間
③	1995年～2016年	福岡～鹿児島間
④	1995年～2016年	札幌～根室間

問 4　ケンさんは，地理情報システム(ＧＩＳ)の活用に興味をもち，**資料5**を得た。ケンさんが**資料5**から読み取ったことをまとめた**メモP，Q**について，その内容の正誤の組合せとして最も適切なものを，あとの①～④のうちから一つ選べ。解答番号は 4 。

資料5　ＧＩＳによる重ね合わせの概念図

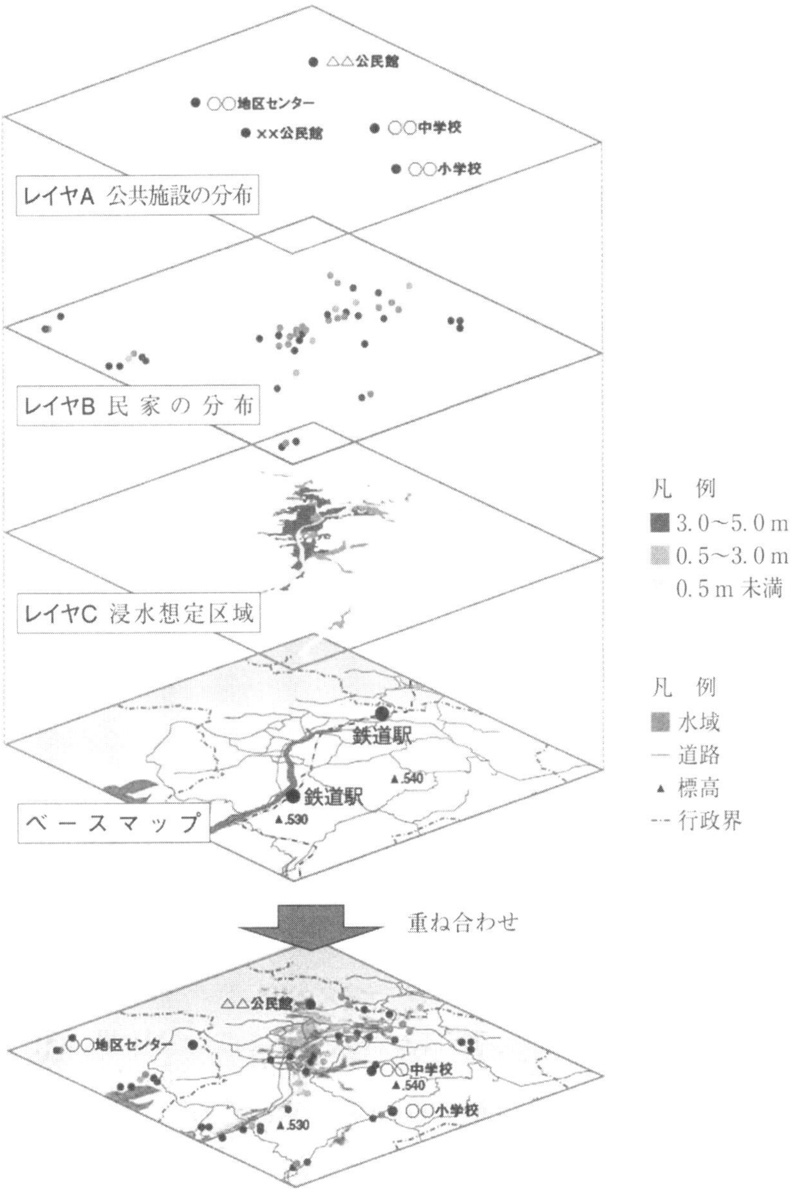

（国土交通省の資料により作成）

メモP

資料5中のレイヤAとレイヤCを重ね合わせると，それぞれの公共施設が浸水想定区域に含まれるかどうかを知ることができそうだ。

メモQ

資料5中のレイヤAとベースマップを重ね合わせると，鉄道駅から近い距離にある公共施設を知ることができそうだ。

	P	Q
①	正	正
②	正	誤
③	誤	正
④	誤	誤

2 生活文化の多様性に関して，**問1**～**問4**に答えよ。

問1 サツキさんは，世界の漬物を使用した料理に興味をもち，**資料1**と**資料2**を得た。**資料1**中の**A**は**資料2**中の**ア**と**イ**のいずれか，**B**は**資料2**中の**ウ**と**エ**のいずれかの国で伝統的に作られる漬物を使用した料理である。**A**，**B**の料理が伝統的に作られる国の位置の組合せとして最も適切なものを，あとの①～④のうちから一つ選べ。解答番号は **5** 。

資料1 世界の漬物を使用した料理

A

プリザーブドレモンを使用した料理
この地域で多く生産されているレモンを塩漬けにしたもので，家庭によって漬け方に違いがある。肉や魚の臭みを消すための風味付けに使われることも多い。

B

ラペソーを使用した料理
茶の漬物で，「ラペ」が茶，「ソー」が湿った，という意味である。高温多湿の環境を生かし，バナナの葉で包むなどして，しっかりと発酵させる。米や野菜などとともに食べる。

（https://www.huffingtonpost.jp/cookpad-news/lemon-salt_b_5686947.html などにより作成）

資料2

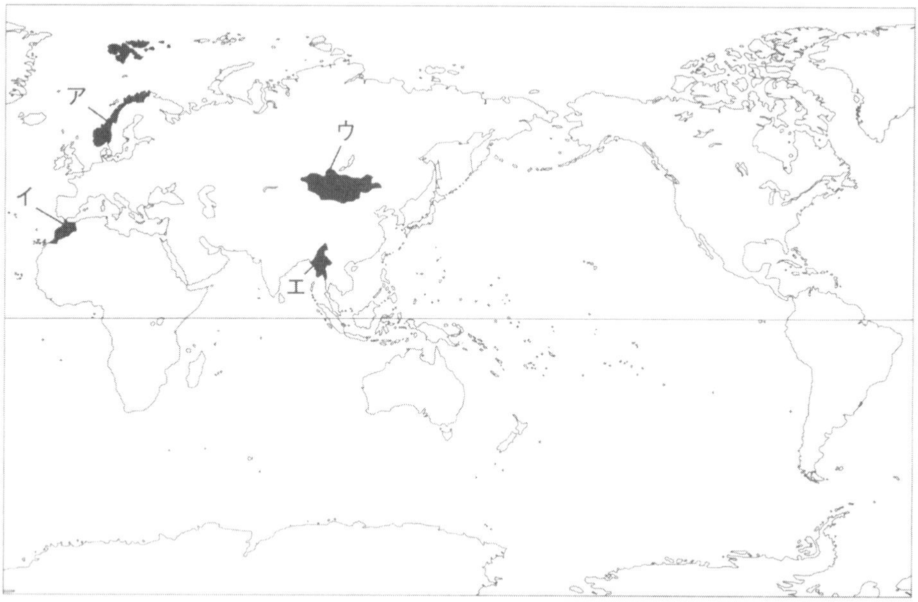

	A	B
①	ア	ウ
②	ア	エ
③	イ	ウ
④	イ	エ

問 2　サツキさんたちは，世界の学校に興味をもち，**資料 3** と**資料 4** を得た。サツキさんたちの**会話文**中の空欄 X ， Y に当てはまる国名と文の組合せとして最も適切なものを，あとの①～④のうちから一つ選べ。解答番号は 6 。

資料 3　サウジアラビアまたはドイツの小学校の時間割

A

	日	月	火	水	木
6:30~6:45	朝礼				
1 6:45~7:25	数学	宗教	ア	宗教	宗教
2 7:25~8:05	宗教	ア	数学	宗教	数学
3 8:05~8:45	宗教	宗教	外国語	数学	ア
8:45~9:15	休憩（軽食）				
4 9:15~9:55	宗教	外国語	ア	ア	外国語
5 9:55~10:35	理科	ア	外国語	体育	ア
6 10:35~11:15	外国語	外国語	体育	社会	外国語
7 11:15~11:55	社会	数学	宗教	外国語	美術
11:55~12:05	お祈り				
8 12:05~12:45	ア	宗教	コンピューター	理科	美術

B

	月	火	水	木	金
7:25~8:10		宗教		算数補習	ア
1 8:15~9:00	ア	算数	体育	理科	外国語
2 9:05~9:50	算数	外国語	算数	理科	算数
9:50~10:10	校庭休み				
3 10:10~10:55	音楽	理科	宗教	外国語	理科
4 11:00~11:45	外国語	ア	ア	ア	ア
11:45~12:05	校庭休み				
5 12:05~12:50	地理／歴史	美術	外国語	算数	地理／歴史
6 12:55~13:40	地理／歴史	美術	選択授業	音楽	体育
7 13:40~14:25		吹奏楽クラス	選択授業	吹奏楽クラス	体育

注）図中の**ア**は，公用語または国語を示している。

（https://www.gakken.jp/liliane/tanya/04.html などにより作成）

資料 4　サウジアラビアとドイツで見られる学校の外観

サウジアラビア

ドイツ

（外務省ホームページ「世界の学校を見てみよう」などによる）

会話文

サツキ：国や地域によって，学校で学ぶことが違うと聞いて，サウジアラビアとドイツの時間割について調べてみたよ。

メ　イ：国によってどのような特徴があるのかな。

サツキ：**資料3**にあるように，サウジアラビアとドイツとでは，どちらの時間割にも宗教があることは共通しているけど，Aは日曜日から学校が始まっていて，Bとは異なっているね。Aは［ X ］の時間割ということが推測できそうだね。

メ　イ：Aは男子クラスの時間割で，この国では多くの学校で男女別のクラスが作られているようだよ。私は校舎について調べてみたよ。

サツキ：校舎って世界共通のような気がするけれども違いはあるのかな。

メ　イ：**資料4**のように，サウジアラビアとドイツの校舎に違いがあることが分かったよ。

サツキ：校舎の窓の大きさが違うけれど，サウジアラビアで窓が小さいのは［ Y ］ようにするためなのかな。

メ　イ：そのとおり。自然環境の違いが校舎の違いにみられるのも面白いよね。他の違いについても調べてみようよ。

	X	Y
①	サウジアラビア	強い日差しを避け，少しでも涼しく感じられる
②	サウジアラビア	校舎の中に湿気が入り，蒸し暑くなるのを防ぐ
③	ドイツ	強い日差しを避け，少しでも涼しく感じられる
④	ドイツ	校舎の中に湿気が入り，蒸し暑くなるのを防ぐ

問 3　サツキさんは，世界各地で行われているカーニバルに興味をもち，世界三大カーニバルとよばれる三つの祭りの様子を比べて**資料 5** を作成した。**資料 5** 中の空欄 X ～ Z に当てはまる語句と記号の組合せとして最も適切なものを，あとの①～④のうちから一つ選べ。解答番号は 7 。

資料 5　カーニバルについてまとめたレポート

カーニバルとは？

肉食が禁止される四旬節とよばれる時期の前に行われる祭りのこと。日本では謝肉祭ともよばれています。2月の3日間～1週間程度で開催されることが多い祝祭です。

世界三大カーニバルの場所

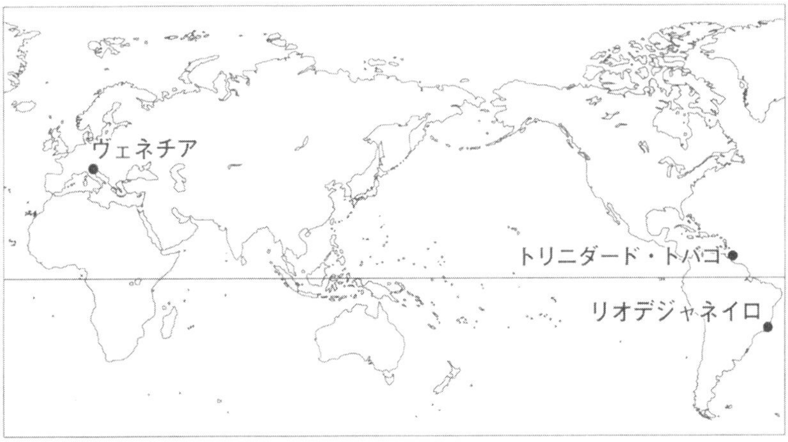

調べて分かったこと

カーニバルは世界各地で行われているため，地域によって違いが見られます。それぞれの国や地域の特色などによって，雰囲気が大きく違っているようです。また，**資料6**を参考にすると，世界三大カーニバルはいずれも X が主に信仰されている地域で見られることから X 文化との結びつきが強そうです。

開催される地域により人々の服装に違いが見られることが分かります。同じ名称の祭りでも国や地域によってその雰囲気が異なります。例えば，開催時期が2月であることを考えると，**資料7**中のカーニバルの様子の説明のうち，ヴェネチアのカーニバルのものは Y ，リオデジャネイロのカーニバルのものは Z です。各地の固有の祭りを調べても面白いですが，同じ名称の祭りでも地域によって祭りの様子が異なることが分かり，文化の多様性を感じることができました。

資料6　宗教の広がり

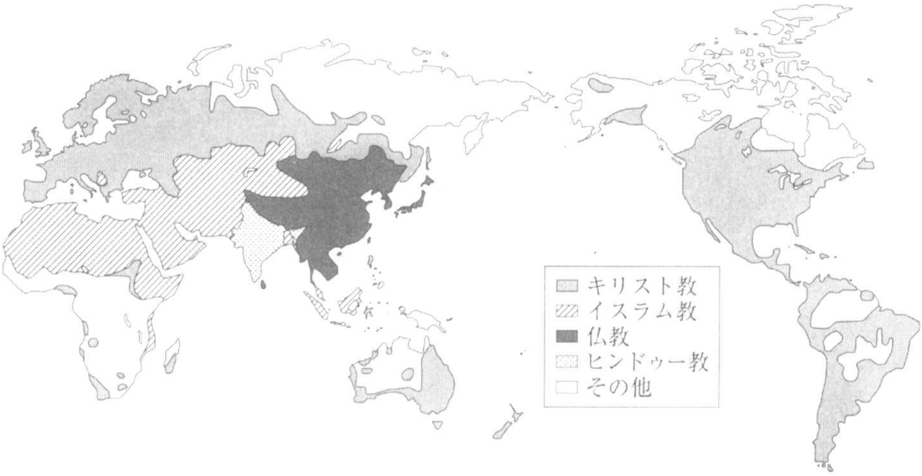

資料7　ヴェネチアまたはリオデジャネイロのカーニバルの様子とその説明

ア

祭りの期間中，人々が踊り続けるとされる。気温も高く，写真のように広く肌を露出する衣装が多い。

イ

様々な衣装に仮装する人々が街にあふれる。中世の頃からの衣装を身にまとった人が目立つ。

（https://tokuhain.arukikata.co.jp/venice/2020/02/2020_1.html などによる）

	X	Y	Z
①	キリスト教	ア	イ
②	キリスト教	イ	ア
③	イスラム教	ア	イ
④	イスラム教	イ	ア

問 4　サツキさんは，世界の言語に興味をもち，**資料 8** を得た。この資料から読み取った内容として**不適切なもの**を，あとの①～④のうちから一つ選べ。解答番号は [8]。

資料 8　母語とする言語人口上位 23 言語の話者の数と国・地域ごとの割合(2015 年)

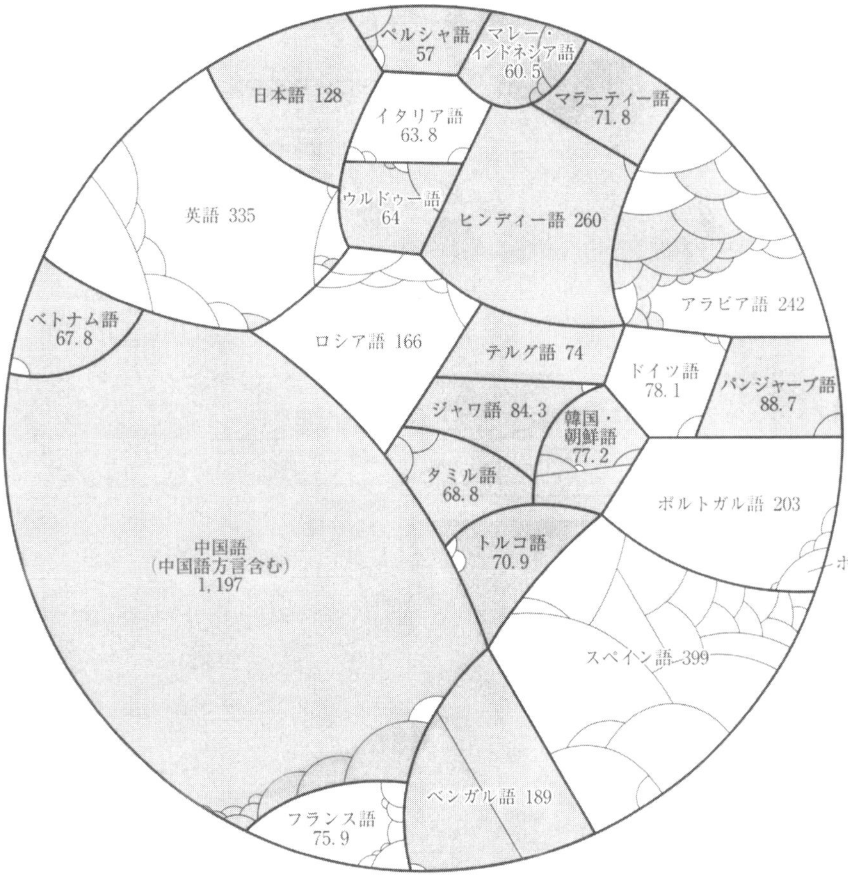

注)・世界で使用されている言語のうち，言語人口が多い 23 言語について，言語ごとの言語人口に占める国・地域ごとの割合を示した図である。
・数字の単位は 100 万人である。
・太い線は言語の違いを，細い線は国・地域を示している。
・グレーで示された国・地域はアジアの国・地域であることを示している。
(https://www.scmp.com/infographics/article/1810040/infographic-world-languages により作成)

① 23 言語のうち，半数以上の言語がアジアで使用されていることが分かる。

② スペイン語は 10 以上の国・地域で話されていることが分かる。

③ ポルトガル語の話者のうち，ポルトガルが 50 % 以上を占めることが分かる。

④ アラビア語は，アジア以外の国・地域でも使用されていることが分かる。

3 地球的課題の地理的考察に関して，**問1～問4**に答えよ。

問1 ノゾミさんは，**資料1**と**資料2**を見て，世界の地域ごとの自然災害発生件数と自然災害による死者数の割合が違うことに興味をもち，その要因を考察して**資料3**にまとめた。**資料2**中の**ア**と**イ**，**資料4**中の**ウ**と**エ**はそれぞれアフリカまたはヨーロッパのいずれかを示している。アフリカに該当する記号の組合せとして最も適切なものを，あとの①～④のうちから一つ選べ。解答番号は **9** 。

資料1 世界の地域ごとの自然災害発生件数とその割合(1970～2020年)

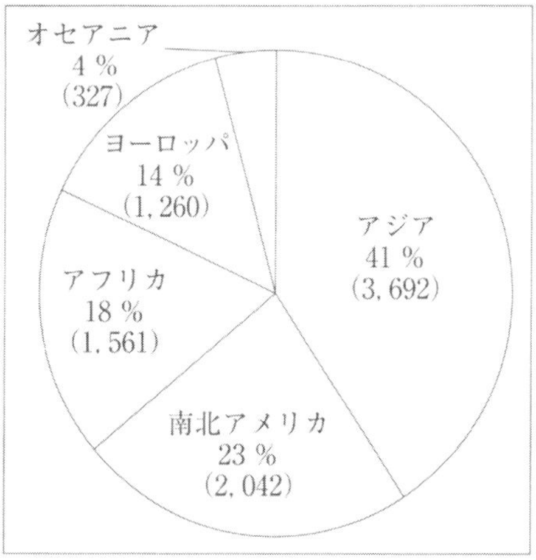

注）・自然災害は，火山，地震，異常気象，地すべり，洪水，山火事，干ばつ，氷河湖決壊により10人以上の死者もしくは100人以上の負傷者が発生したものを示している。
・図中の(　　)の数字は，自然災害の発生件数を示している。

資料2 世界の地域ごとの自然災害による死者数とその割合(1970～2020年)

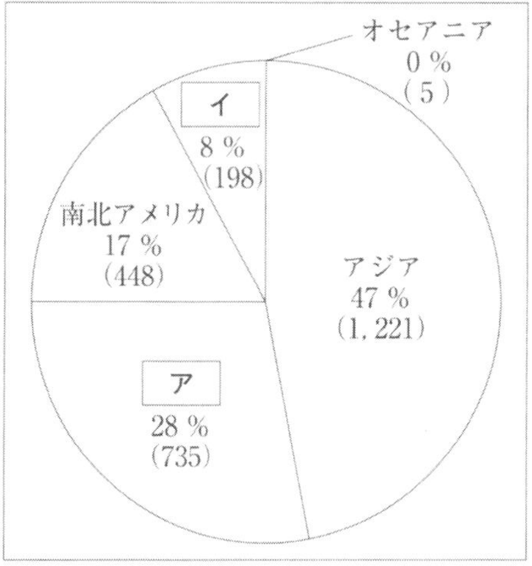

注）図中の(　　)の数字は，自然災害による死者数(単位は千人)を示している。

(EM-DATにより作成)

資料3　自然現象とその被害の関係性についてまとめたノート

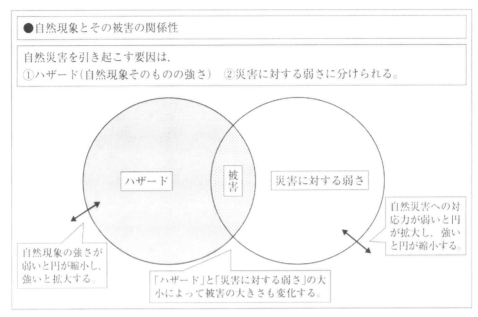

●自然現象とその被害の関係性

自然災害を引き起こす要因は,
①ハザード(自然現象そのものの強さ)　②災害に対する弱さに分けられる。

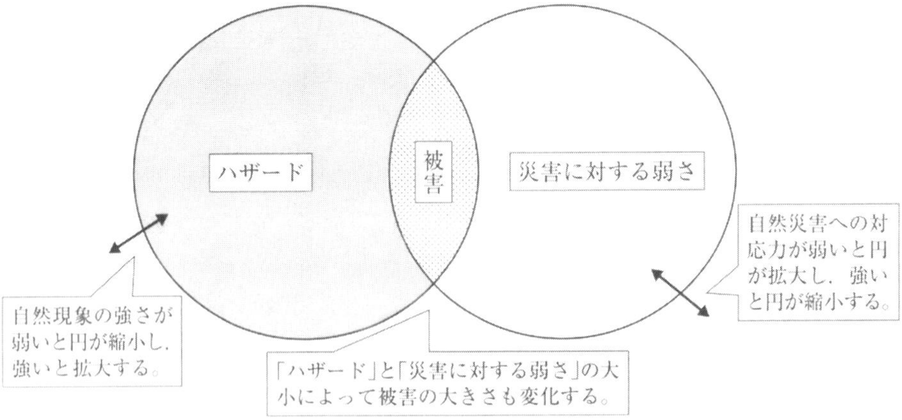
ハザード
被害
災害に対する弱さ
自然災害への対応力が弱いと円が拡大し，強いと円が縮小する。
自然現象の強さが弱いと円が縮小し，強いと拡大する。
「ハザード」と「災害に対する弱さ」の大小によって被害の大きさも変化する。

(平成17年版防災白書により作成)

資料4　アフリカまたはヨーロッパにおける自然現象とその被害の関係性の模式図

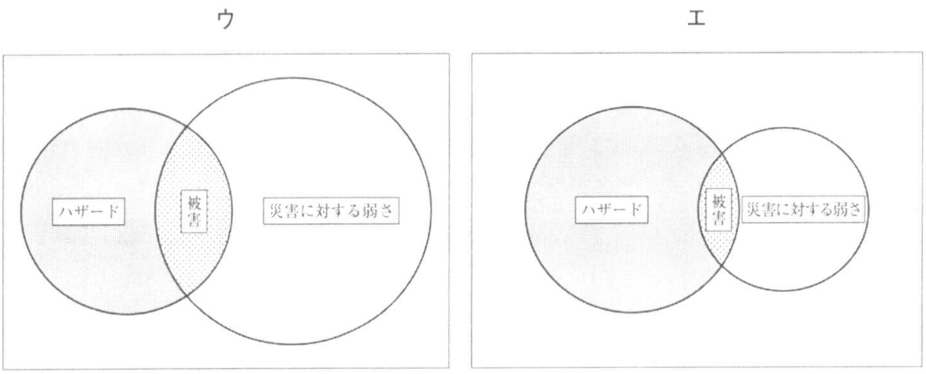
ウ
エ
ハザード
被害
災害に対する弱さ
ハザード
被害
災害に対する弱さ

注）ウとエの「ハザード」の大きさはどちらも同じで，「災害に対する弱さ」のみ大きさが違うものとする。

	資料2	資料4
①	ア	ウ
②	ア	エ
③	イ	ウ
④	イ	エ

問 2　ノゾミさんは，大都市内において，夏の暑い日の地表面温度が地区によって違うことに疑問をもち，**資料 5** ～ **資料 8** を得た。これらの資料から読み取った内容として**不適切なもの**を，あとの①～④のうちから一つ選べ。解答番号は 10 。

資料 5　ロサンゼルスにおける住宅地区分

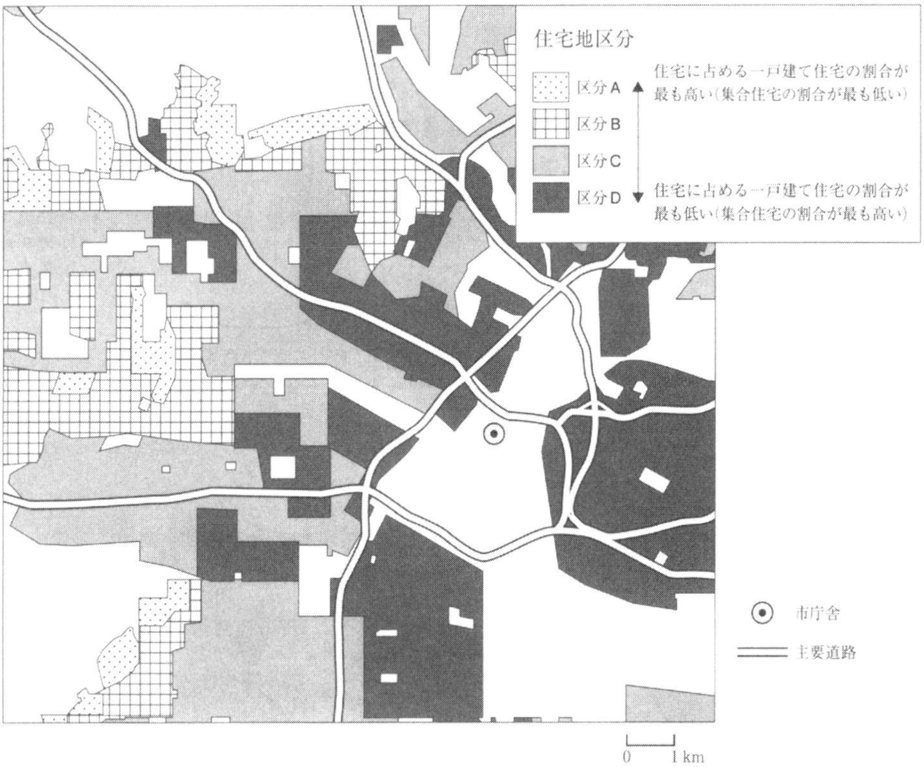

資料 6　**資料 5** の住宅地区分別の住民の世帯年収の平均（2019 年）

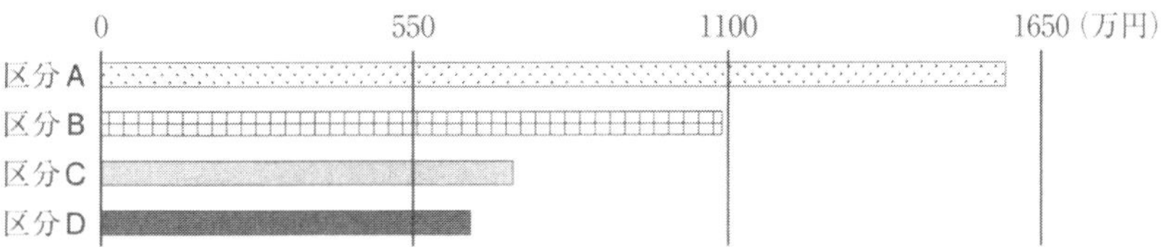

（『ナショナルジオグラフィック 2021 年 7 月号』により作成）

資料7　**資料5**の住宅地区分別の樹木と人工的な構造物が住宅地面積に占める割合(2019年)

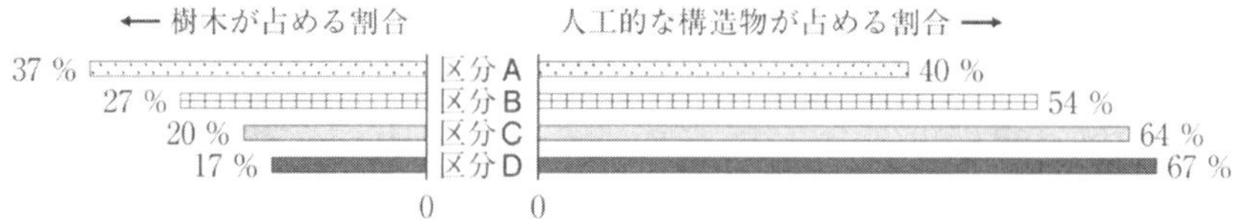

注）樹木と人工的な構造物以外の土地利用もあるために，両者の割合の合計は100 % にならない。

資料8　ロサンゼルスにおける7月のある暑い日の地表面温度

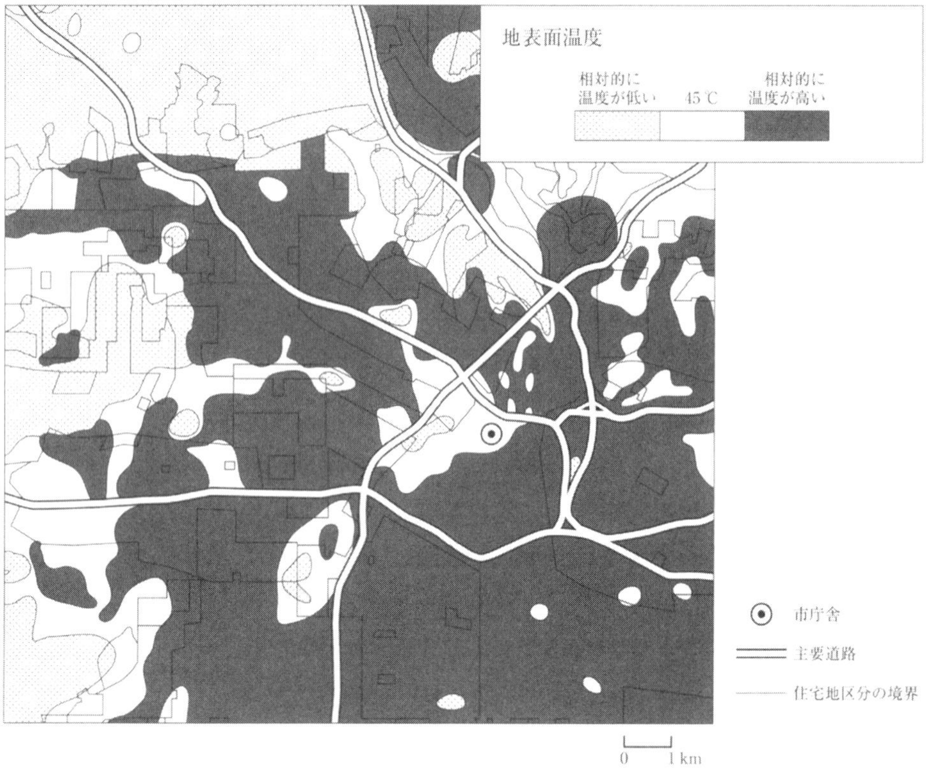

注）**資料5**と同じ範囲を示している。

（『ナショナルジオグラフィック 2021年7月号』により作成）

① **資料5**と**資料6**から，**資料5**中の区分Aは区分Dに比べて一戸建て住宅の割合が高く，また区分Aと区分Dの住民の世帯年収の平均には2倍以上の格差があることが分かる。

② **資料6**と**資料7**から，世帯年収の平均が高い区分の住宅地ほど，住宅地面積に占める樹木の割合が高く，人工的な構造物の占める割合が低い傾向があることが分かる。

③ **資料5**と**資料8**から，**資料5**中の区分Aや区分Bの住宅地に比べて，区分Cや区分Dの住宅地の地表面温度は高い傾向があることが分かる。

④ **資料5**と**資料7**と**資料8**から，**資料8**中で地表面温度が相対的に高い区分の住宅地では低い区分の住宅地に比べて，住宅地面積に占める樹木の割合が高い傾向があることが分かる。

問 3　ノゾミさんは，世界の人口問題の地域性に興味をもち，**資料 9** を得た。**資料 10** は**資料 9** を読み取った内容を基に作成したメモであり，**資料 11** は**資料 10** の内容の根拠を得るために作成したものである。**資料 10** 中のア，イと**資料 11** 中のウ，エはそれぞれ**資料 9** 中のX，Yのいずれかの国についてのものである。Y国に当てはまる記号の組合せとして最も適切なものを，あとの①～④のうちから一つ選べ。解答番号は 11 。

資料 9　人口により国土面積を変形して作成した主題図(カルトグラム)

2018 年

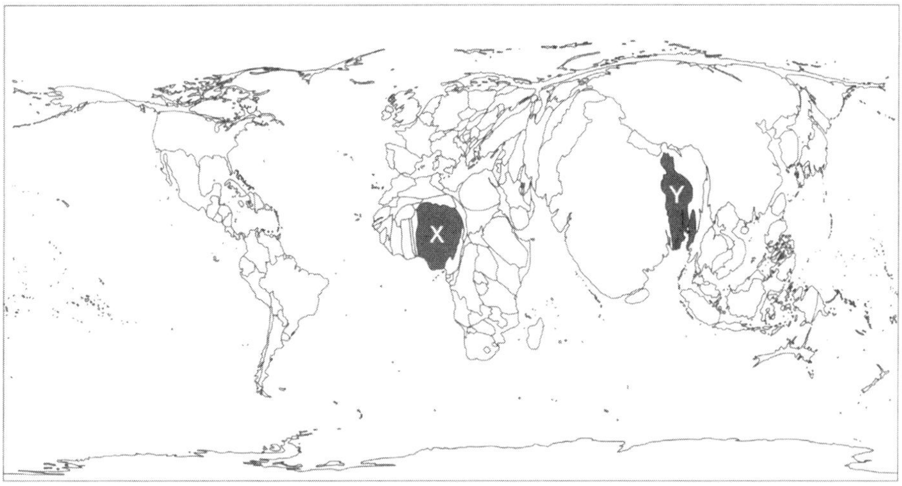

2050 年(予測)

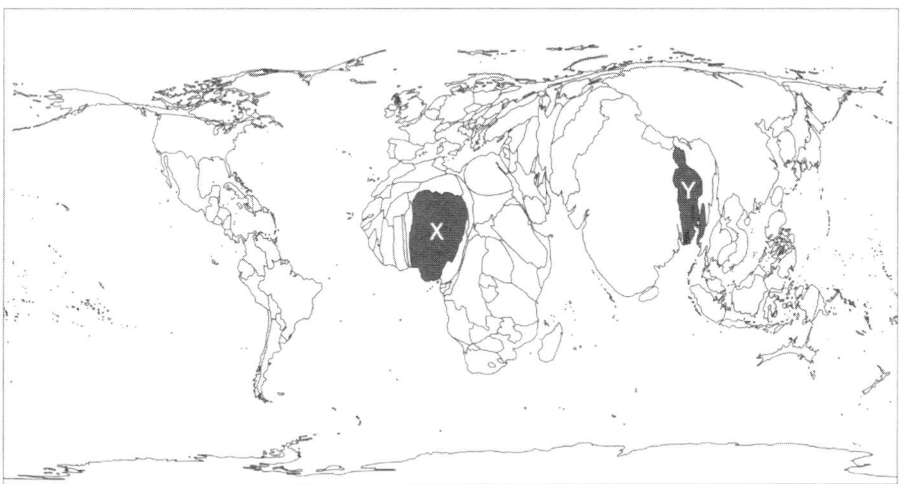

注）人口が多い国ほど面積が広く表現されている。

(https://worldmapper.org/ により作成)

資料10　X国，Y国いずれかの人口問題を展望したメモ

ア

この国では，人口が急増することが予測されている。その背景として，死亡率が低下して出生率との差が大きくなっていることが考えられる。
食料不足の懸念もあるが，生産年齢人口の割合が上昇することにより，経済が発展する可能性もある。

イ

この国では，人口に大きな変化はないことが予測されている。その背景として，出生率が低下して死亡率との差が小さくなっていることが考えられる。
将来的な高齢化率の上昇に備えて，福祉政策の充実等を検討しておく必要がある。

資料11　X国，Y国いずれかの出生率と死亡率の推移（1968～2018年）

ウ　　　　　　　　　　　　　エ

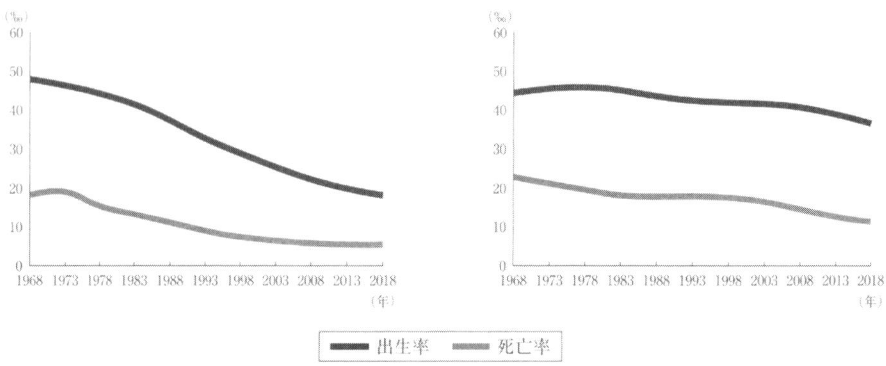

注）「‰」とは千分率であり，この場合は各年次における人口1,000人当たりの出生数と死亡数を表している。

（世界銀行の資料により作成）

	資料10	資料11
①	ア	ウ
②	ア	エ
③	イ	ウ
④	イ	エ

問 4　ノゾミさんは，シンガポールの言語政策に興味をもち，**資料 12** と**資料 13** を得てポスターを作成した。**資料 13** 中のＡ，Ｂはそれぞれ英語または中国語のいずれかを示している。ポスター中の空欄 [X] と**資料 13** 中のＡ，Ｂに当てはまる語句の組合せとして最も適切なものを，あとの①～④のうちから一つ選べ。解答番号は [12] 。

ポスター

Q．なぜシンガポールでは，四つの言語で注意書きが示されているのだろうか？

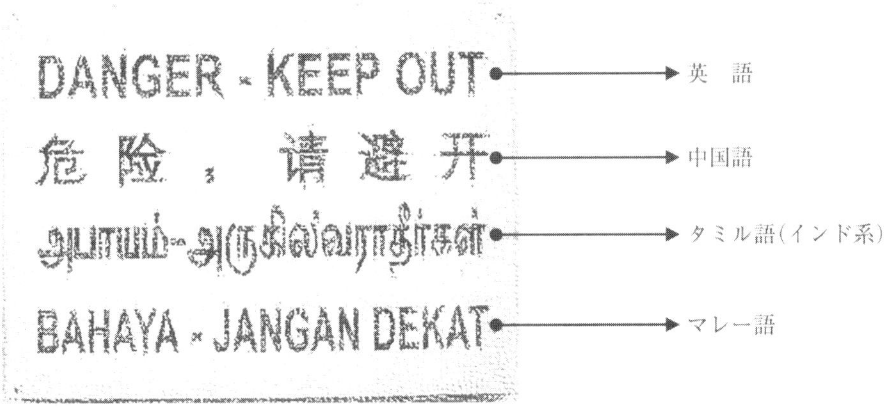

(https://www.singaporenavi.com/special/5032770 により作成)

資料12　シンガポールの民族構成(2020 年)

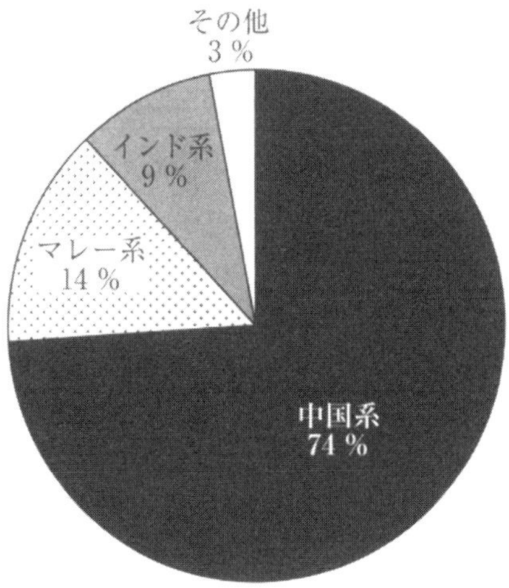

(「シンガポールセンサス」により作成)

資料13 シンガポールにおける年齢階層別家庭内使用言語の割合(2020年)

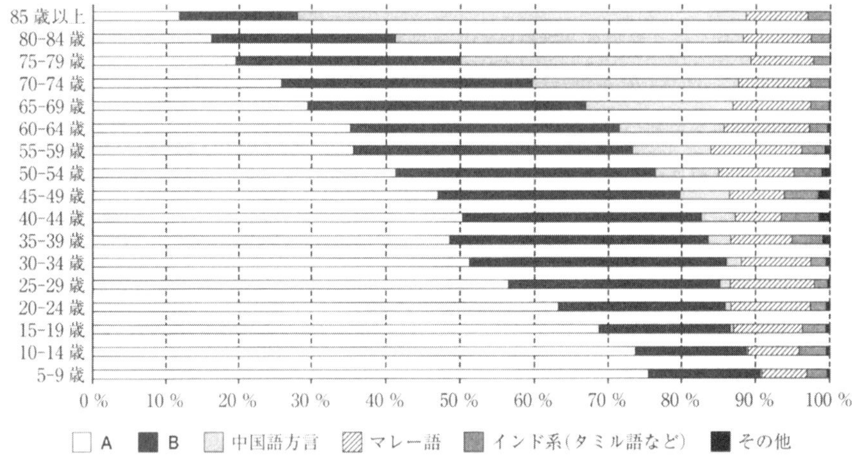

注)「中国語方言」とは，福建語，広東語，潮州語などである。

(「シンガポールセンサス」により作成)

考　察

シンガポールでは，英語，中国語，タミル語，マレー語の四言語を公用語としているため，これらの言語で注意書きが示されている。四言語のうち，英語が最上部に示されるなど「第一言語」となっているのは，英語が国際語であることによる実用的な理由以外に，**資料12**から推察すると，［X］という理由もあるのではないか。

一方，**資料13**からは，グローバル化に対応する中で長期的にはシンガポールの文化的多様性が失われていく可能性も考えられる。

	X	A	B
①	英語を母語とする人々の経済的に不利な状況を克服するため	英　語	中国語
②	英語を母語とする人々の経済的に不利な状況を克服するため	中国語	英　語
③	複数の民族から構成される国民にとっての共通語	英　語	中国語
④	複数の民族から構成される国民にとっての共通語	中国語	英　語

4　自然環境と防災，日常生活を結びつけた地図に関して，**問1**～**問4**に答えよ。

問 1　ツバサさんは，**資料1**と**資料2**から，地震による高架橋の倒壊と地形との関係性に気付き，「なぜ，同じ地震でも被害が大きい場所と小さい場所があるのだろうか」と疑問に思い，その要因を**資料3**を用いて考察した。次ページの**【土地の成り立ち】**と**【自然災害リスク】**を示した**カード**は**資料2**中のＡ，Ｂのいずれかの地形のものである。Ｂの地形に該当する**カード**の組合せとして最も適切なものを，あとの①～④のうちから一つ選べ。解答番号は　13　。

資料1　地震によって倒壊した新幹線高架橋

（https://xtech.nikkei.com/atcl/nxt/mag/ncr/18/00051/040200001/ による）

資料2　地形分類図と新幹線高架橋倒壊地点

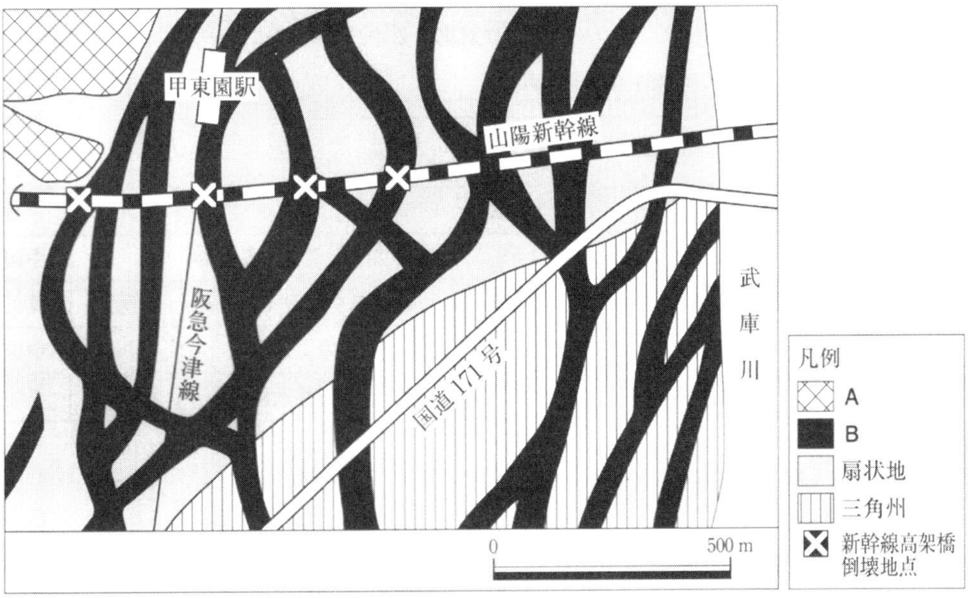

（「土地の履歴と阪神・淡路大震災」により作成）

資料3　資料2中の地域における陰影起伏図

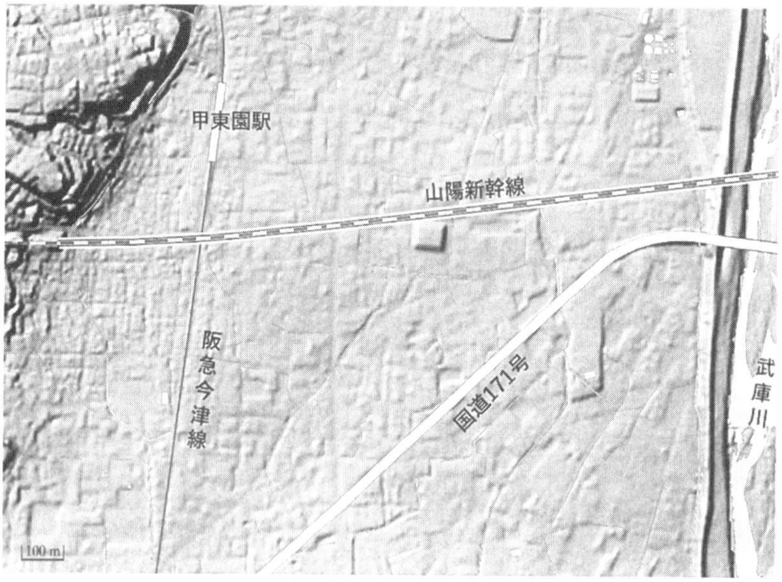

（地理院地図により作成）

【土地の成り立ち】を示したカード

ア

周囲が侵食されて，階段状になった地形。

イ

流路の移動によって河川から切り離されて，その後に砂や泥などで埋められてできた地形。

【自然災害リスク】を示したカード

ウ

河川氾濫のリスクはほとんどない。辺縁部は崖崩れに注意が必要である。地盤は固く，地震の揺れや液状化現象のリスクは小さい。

エ

河川氾濫によって周囲よりも長期間浸水し，水はけが悪い。地盤が軟弱で，地震の際の揺れが大きくなりやすい。液状化現象のリスクは大きい。

	土地の成り立ち	自然災害リスク
①	ア	ウ
②	ア	エ
③	イ	ウ
④	イ	エ

問 2　ツバサさんとミドリさんは，**資料 4** に示した島根県出雲(いずも)市の洪水ハザードマップに興味をもち，現地調査を行って**資料 5** を得た。ツバサさんとミドリさんとの**会話文**中の空欄 X ，Y に当てはまる語句と記号の組合せとして最も適切なものを，あとの①～④のうちから一つ選べ。解答番号は 14 。

資料 4

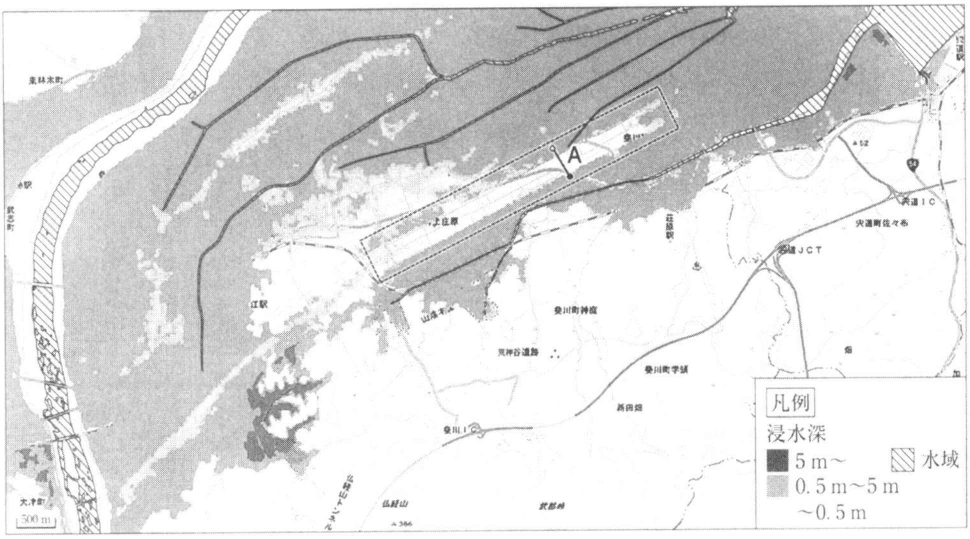

（国土交通省「重ねるハザードマップ」により作成）

資料 5

昔行われていた「かんな流し」について

●いつ？

戦国時代から江戸時代にかけて

●どこで？

資料 4 の ［点線枠］ で囲まれた範囲を流れていた河川の上流部分で

●何をしていたのか？

砂鉄を取るために山の土砂を切り崩して，水で土砂から砂鉄を分離させていた。ここで出た砂は河川に流していた。

（https://www.tatara-navi.com/ などにより作成）

会話文

ツバサ：**資料4**は洪水ハザードマップなのですが，［　　　］で囲まれた範囲には，色が塗られていない場所が多くありますね。どうして色が塗られていない場所ができるのでしょうか。

ミドリ：現地調査で聞いた話では，この範囲は，昔は川だった場所で，南西から北東方向に向かって流れていたそうです。そして，現在ではこの範囲に集落が見られます。

ツバサ：**資料5**は，昔流れていたこの川の上流部で「かんな流し」をしていたことを示す資料です。「かんな流し」をすると川にどのような影響を与えるのでしょうか。

ミドリ：**資料5**に記載されていることから考えると，**資料4**の［　　　］で囲まれた範囲では，［　X　］と思います。

ツバサ：そうして天井川化することで洪水の危険性が高まったため，新たな流路を作って，川の流れを変更したのですね。

ミドリ：そうですね。そうすると，**資料4**のAで示した**断面図**は，［　Y　］になりますね。それで不自然に色が塗られていない場所ができたのですね。

断面図

ア

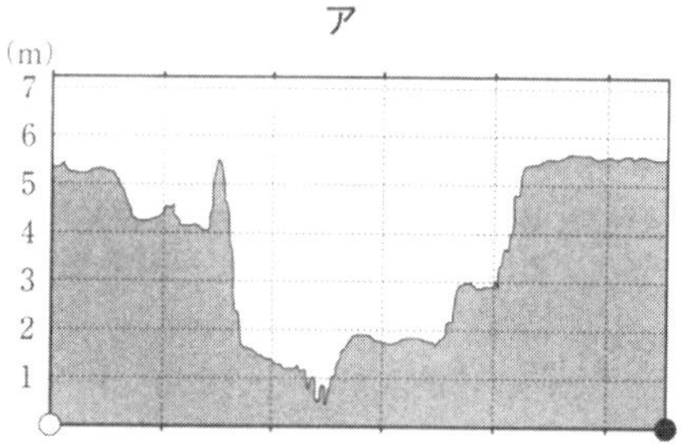

イ

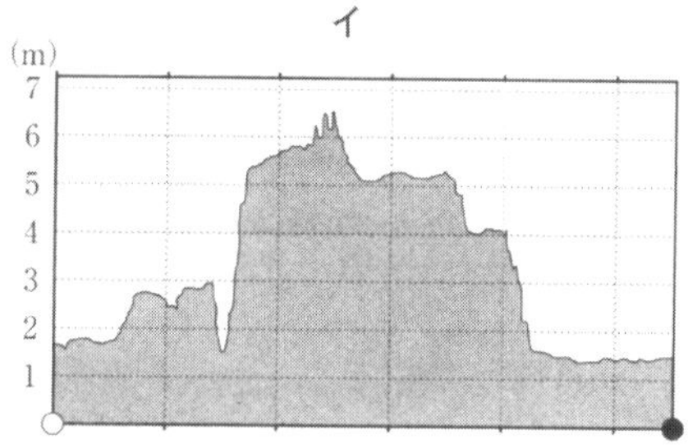

	X	Y
①	川底が掘り下げられる	ア
②	川底が掘り下げられる	イ
③	川底が上昇する	ア
④	川底が上昇する	イ

問 3　ツバサさんは，現代の生活を支える位置情報に興味をもち，**資料 6** と **資料 7** を得た。これらの資料を基にしたツバサさんと先生との**会話文**中の空欄 X ， Y に当てはまる語句の組合せとして最も適切なものを，あとの①～④のうちから一つ選べ。
解答番号は 15 。

資料 6

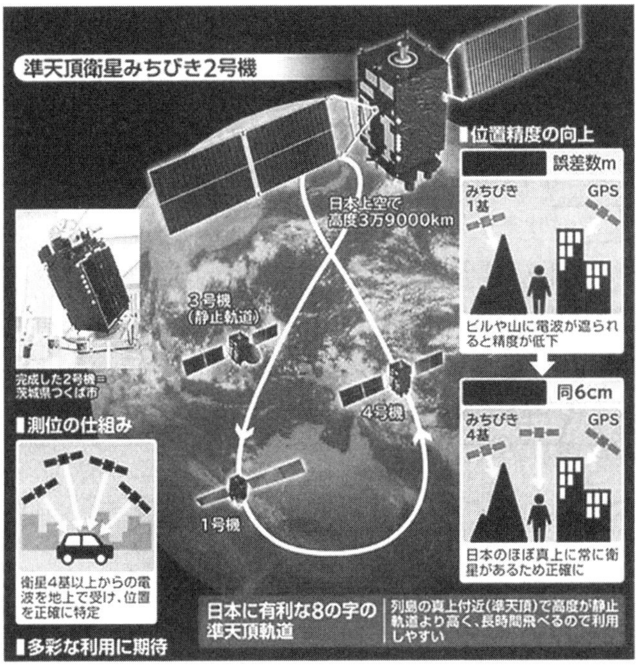

(https://www.sankei.com/article/20170521-6G3LINATCFKX3ORKO5PWN4ZERY/ により作成)

資料 7

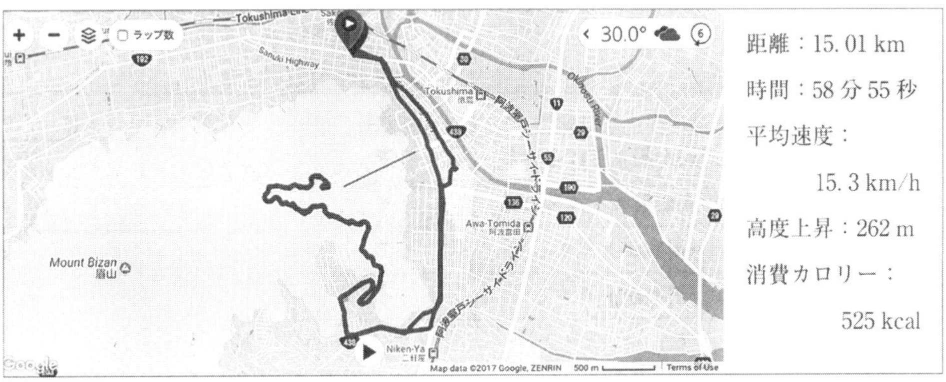

(https://ooshimaclin.com/column/html/img/1499606069.png により作成)

会話文

先　生：**資料6**は，2017年に打ち上げられたみちびき2号機についてのものです。みちびきはアメリカのＧＰＳを補完し，日本での車のカーナビやスマートフォンなどの位置情報をより高い精度で得られるようにするための衛星です。

ツバサ：**資料6**を見ると，みちびきでは［ X ］ことで誤差が数ｍから6cm程度となったのですね。私は日課のランニングで走ったルートや速度を記録しているのですが，**資料7**のように，自分の通った道に関する情報など詳しく知ることができます。さらにその精度が高くなるのであれば，地図や人工衛星を用いた測位の技術は，新たな分野で活用することができそうですね。

先　生：そのとおりです。それでは高精度な位置情報は，他にどのようなことに活用できると考えられますか。

ツバサ：より高い精度で位置情報を得られるようになれば，［ Y ］といったこともできるようになると考えられます。

先　生：そうですね。技術によって私たちの生活がより便利なものになっていくことが期待できるのは，とても楽しみですね。

	X	Y
①	日本列島のほぼ真上に常に衛星がある	鉄道で移動する際の空席情報の検索
②	日本列島のほぼ真上に常に衛星がある	農業機械の自動運転による農作業の効率化
③	高度約20,000km以下の低い位置に衛星がある	鉄道で移動する際の空席情報の検索
④	高度約20,000km以下の低い位置に衛星がある	農業機械の自動運転による農作業の効率化

問 4　ツバサさんは，気象情報を調べることができるアプリに興味をもち，**資料 8** をまとめた。ツバサさんと先生との**会話文**中の空欄 X に当てはまる記号として最も適切なものを，あとの①～④のうちから一つ選べ。解答番号は 16 。

資料 8

ア

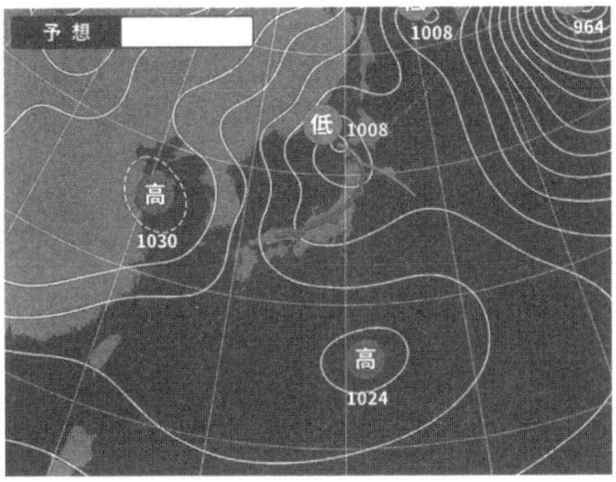

等しい気圧値の地点を等値線で結んだ天気図である。線の間隔が狭い地域では，気圧の差が大きく，線の間隔が広い地域では，気圧の差が小さい。

イ

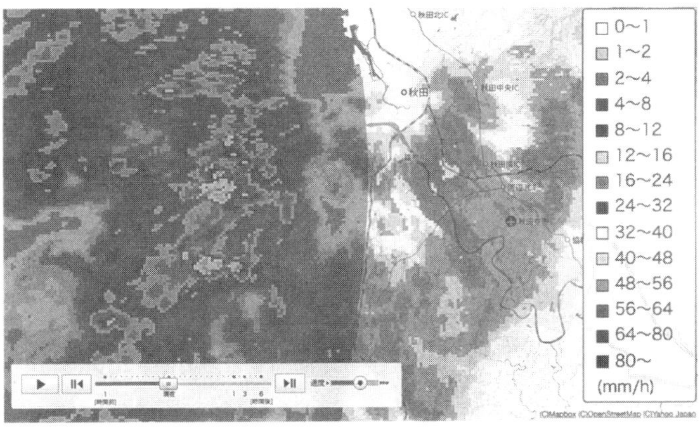

地図上に一定の大きさの方眼をかけて得られたメッシュ単位ごとに降水量を表した雨雲レーダー図である。過去の記録と今後の予測降水量を表現することができる。

ウ

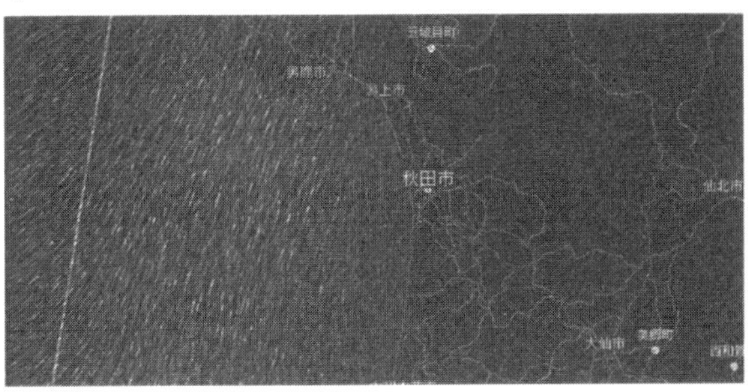

現在の風向と風の強さをアニメーションで表現した地図アプリである。
アニメーションの速さや線の長さで風の強さが表現されており，自分が住んでいる地域の風の様子を知ることができる。

（https://weather.yahoo.co.jp/weather/chart/?f=3 などにより作成）

会話文

ツバサ：最近は，雪が多く降っているため，今後の天気を知るために，スマートフォンで自分の住んでいる地域の天気の様子を調べました。

先　生：どんなアプリを使い，どんなことが分かりましたか。

ツバサ：**資料8**のア～ウを使ってみました。どのアプリもそれぞれの特徴があることが分かったので，**資料8**の説明のようにまとめてみました。「今日の夕方から夜9時までに，1時間ごとにどれぐらいの降水があるのか」を特に知りたかったので，［ X ］のアプリが役に立ちました。

先　生：なるほど。様々な地理情報が地図で表現され，活用されているのですね。

① ア　② イ　③ ウ　④ アとウ

5 生活圏の地理的諸課題と地域調査に関して，**問1**～**問4**に答えよ。

問1 ユウヤさんは，**資料1**中の静岡県伊東（いとう）市の大室山（おおむろやま）周辺の地形を調べるために，地理院地図を活用して**資料2**と**資料3**を作成した。大室山周辺の地形を斜め上空から眺めた場合，**資料2**のように見ることができる視点と方向として最も適切なものを，**資料3**中の①～④のうちから一つ選べ。解答番号は **17** 。

資料1

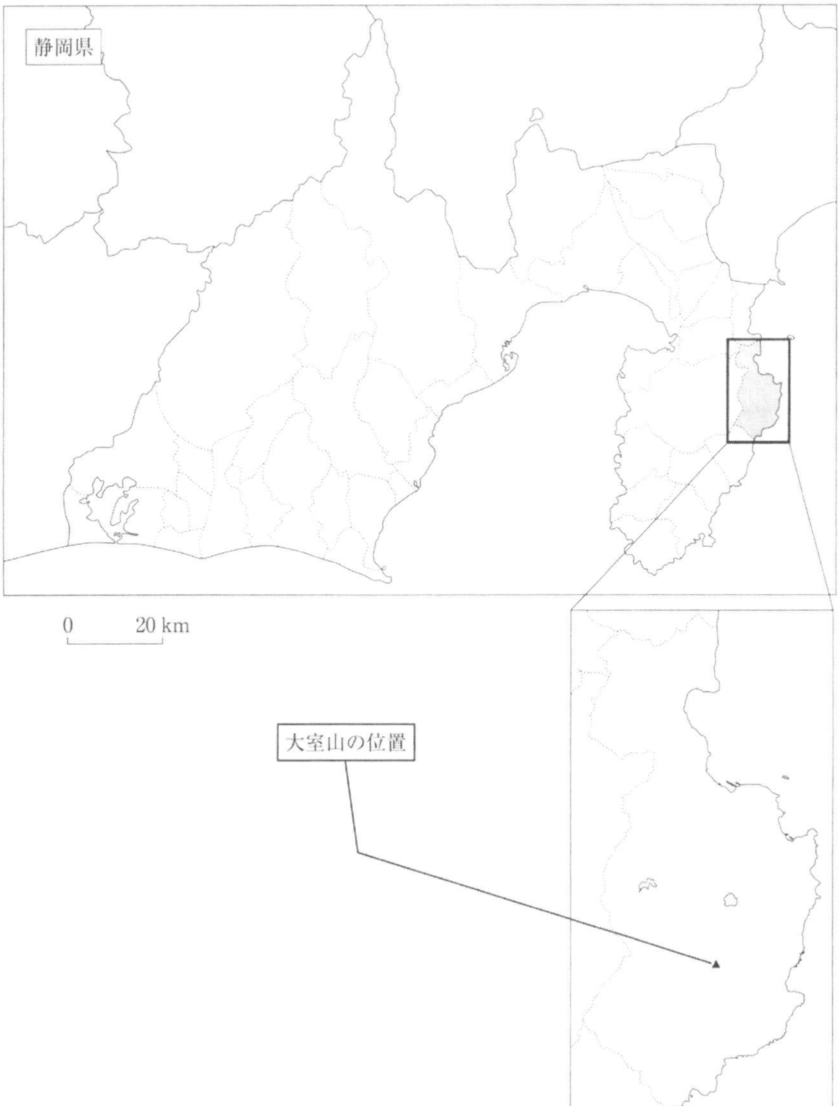

資料2　大室山周辺の地形を斜め上空から眺めた立体地図

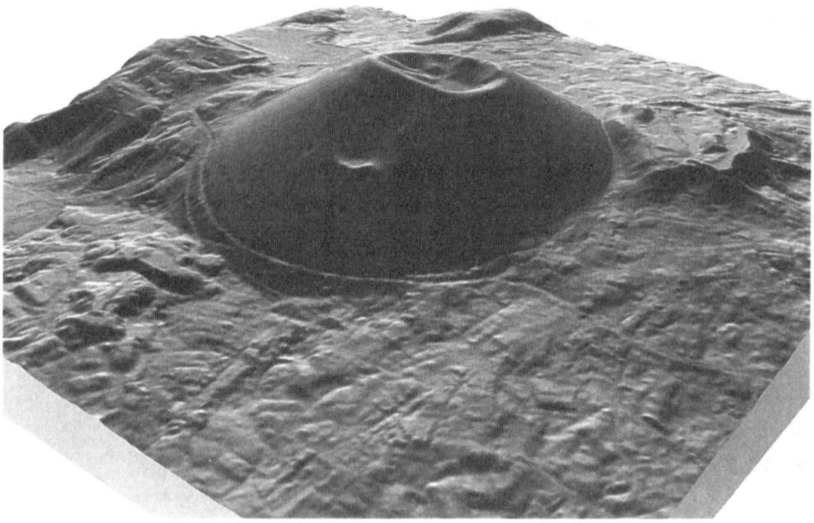

資料3　大室山周辺の地形図

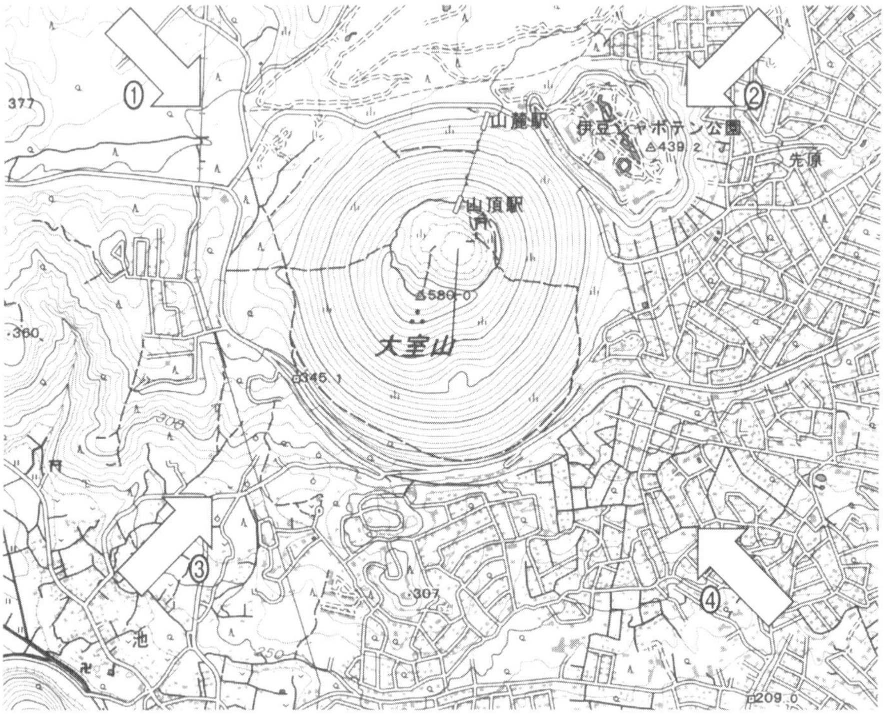

（地理院地図により作成）

問 2　ユウヤさんは，静岡県伊東市の土地利用を調べるために**資料 4** を用意し，**レポート**を作成した。ユウヤさんの**レポート**について，下線部A～Cの内容の正誤の組合せとして最も適切なものを，あとの①～④のうちから一つ選べ。解答番号は **18** 。

資料 4

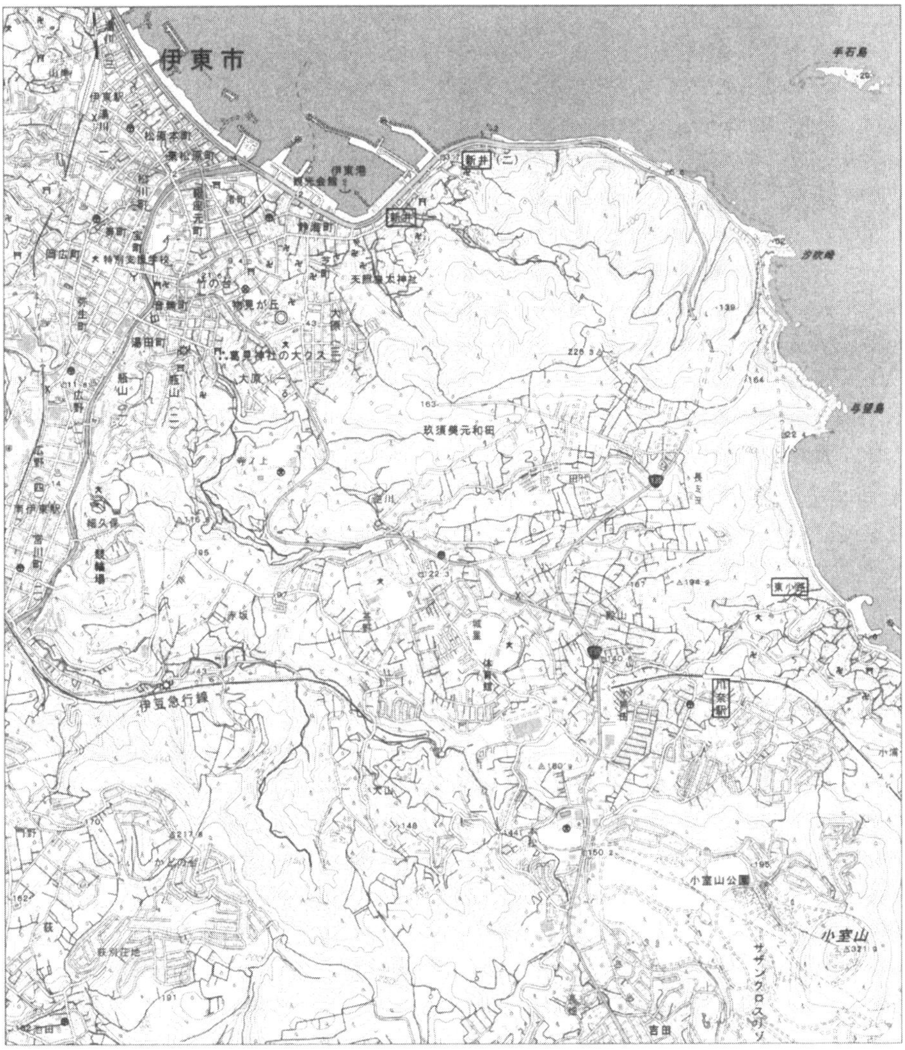

1 km

（地理院地図により作成）

レポート

資料4から，Ａ温泉の地図記号があるほか，湯川や湯田町という湯にちなんだ地名があることからも，伊東市は温泉を活用した観光が町の産業になっていると考えられます。北部の海岸に面したところに伊東市の中心街が位置しており，図に示されている範囲は平野部分が少なく，山がちな地形が多いようです。Ｂ新井から東小路付近の海岸に至る海沿いの道路は，標高が100ｍほどのところを通り，自動車で移動すると常に左側に海が見えます。山がちな地形を縫うように通る鉄道の一部はトンネル化されており，鉄道駅から離れた場所にも萩別荘地やかどの台のような整然と並んだ土地区画の別荘地が見られます。「川奈駅」の北東側は寺社が立地している集落が見られ，Ｃ川奈駅の南側の集落は，北東側の集落よりも新しい時代に開発されたと考えられます。

	A	B	C
①	正	正	正
②	正	正	誤
③	正	誤	正
④	誤	正	正

問 3 ユウヤさんは，伊東市の観光について興味をもち，**資料5～資料7**を得た。これらの資料を基にしたユウヤさんたちの**会話文**中の空欄 X ， Y に当てはまる語句の組合せとして最も適切なものを，あとの①～④のうちから一つ選べ。解答番号は 19 。

資料5 伊東市を訪れた観光客の居住地上位6都県(2020年度)

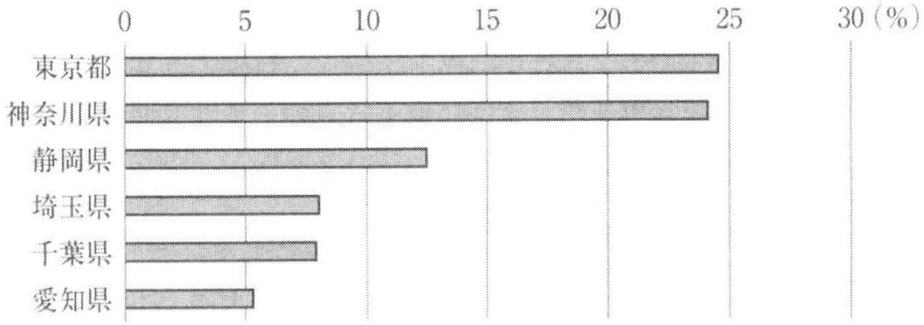

資料6 伊東市の月別観光客数(2018～2020年の平均)

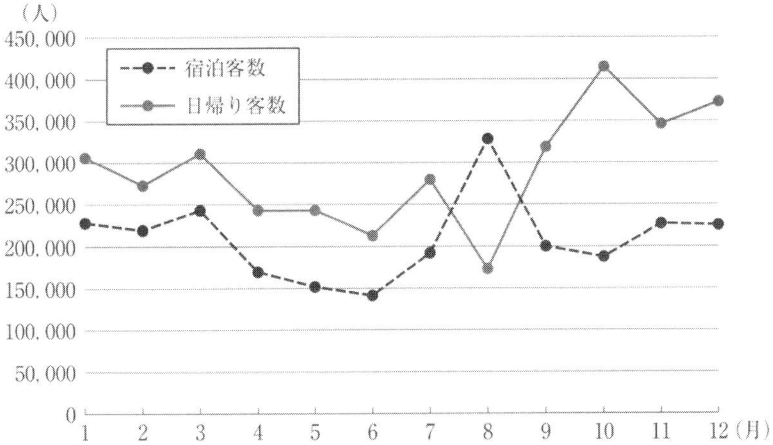

資料7 伊東市を観光先に選んだ理由(2020年度)(複数回答)

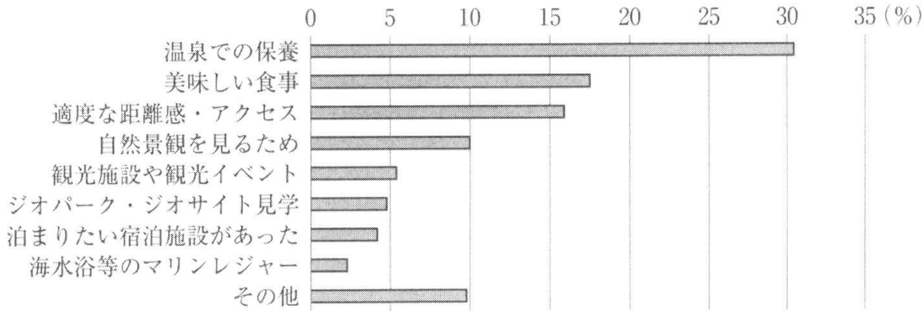

(「伊東温泉観光客実態調査報告書」により作成)

会話文

ユウヤ：伊東市における観光の特徴について調べてみたのですが，伊東市を訪れる観光客の居住地に傾向があるようです。これはなぜですか。

ミツル：**資料5**によると，伊東市を訪れる観光客の居住地は県内よりも県外の方が多く，県外からの観光客は，［X］地方から来る人々が多いようです。**資料7**から分かるように適度な距離感やアクセスの良さを魅力と考える人々が多いことと関連していると思います。

ユウヤ：なるほど，観光客の滞在状況についてはどのような特徴が読み取れますか。

ミツル：**資料6**によると，伊東市を訪れる観光客数は秋から冬にかけて多くなっているようです。**資料7**にあるように，伊東市を観光先に選んだ理由が温泉での保養とあるのは，寒くなるにつれて温泉で保養したいと考える人が多くなっているのではないでしょうか。

ユウヤ：**資料6**によると，８月だけは宿泊客数と日帰り客数が逆転していますね。８月は夏休みになる人が多いことと関係があると仮定した上で，理由を調べるために，資料をどのように分析したらよいでしょうか。

ミツル：夏休みには旅行が増えることや，特に夏に行う活動と関係があるのかもしれませんね。**資料7**から，伊東市を観光先に選んだ理由を［Y］で分析してみると８月に宿泊客数と日帰り客数が逆転している要因がより詳しく分かると思います。

ユウヤ：このように分析して伊東市の魅力を浮き彫りにしてみると，伊東市の観光の活性化につなげられるアイデアが出てきそうですね。

	X	Y
①	関東	居住地別
②	関東	月別
③	近畿	居住地別
④	近畿	月別

問 4　ユウヤさんは，伊東市の移住促進のための取組に興味をもち，静岡県全体に対する伊東市の人口動態の特徴を捉えるため，**資料 8** と**資料 9** を得た。これらの資料について読み取ったり推察したりした文**ア**～**エ**のうち，その内容が正しいものの組合せとして最も適切なものを，あとの①～④のうちから一つ選べ。解答番号は 20 。

資料 8　伊東市における年齢構成別の 2010～2014 年までの 5 年間の社会増加数

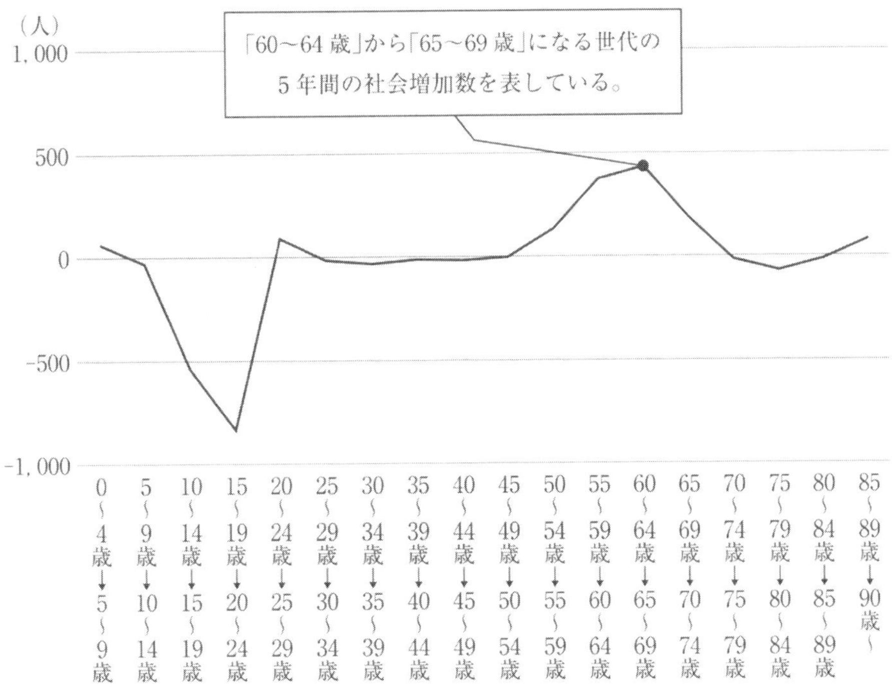

（総務省「住民基本台帳に基づく人口，人口動態及び世帯数調査」などにより作成）

ア　**資料 8** から，「15～19 歳」から「20～24 歳」になる世代で最も転出超過がおきており，進学・就職等で市外に転出している状況が考えられる。

イ　**資料 8** から，「55～59 歳」から「60～64 歳」になる世代の社会増加が最も多く，定年退職後の移住者によって転入超過になっていることが考えられる。

資料9　静岡県と伊東市の人口増加数の年度別推移

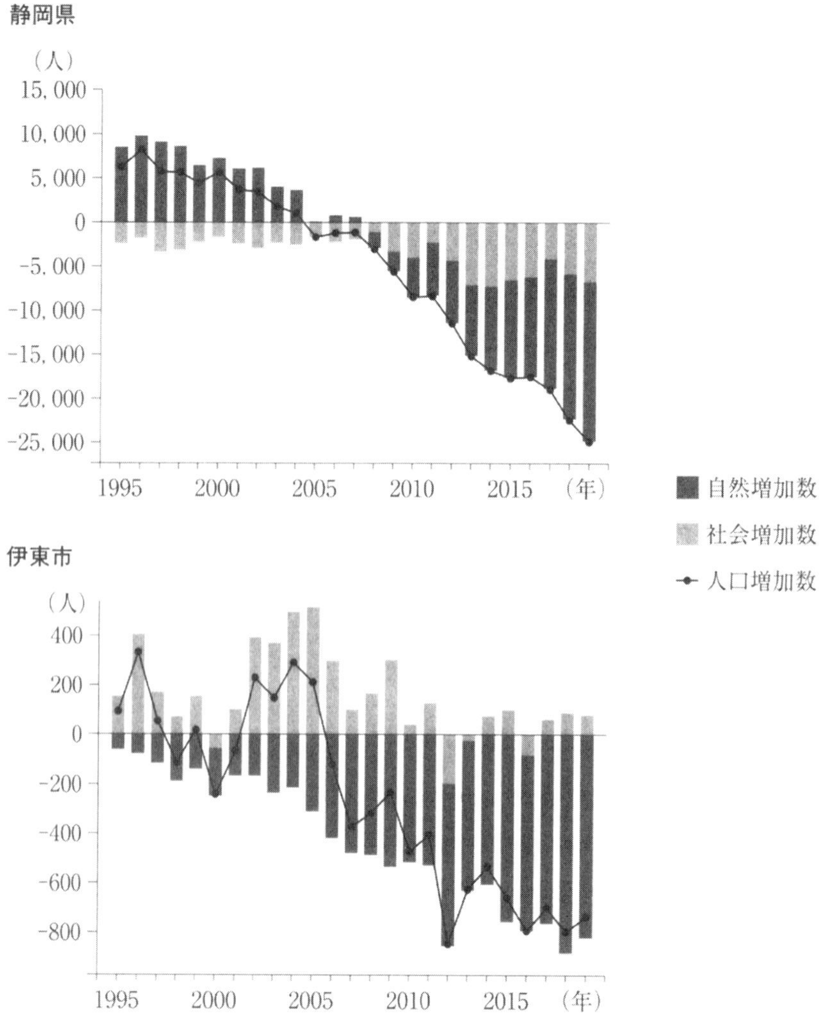

（総務省「住民基本台帳に基づく人口，人口動態及び世帯数調査」などにより作成）

ウ　資料9から，静岡県の社会増加は1995年以降一貫して負の値が続いており，2005年以降，静岡県の人口が減少に転じたことが分かる。

エ　資料9から，1995年以降伊東市の自然増加は一貫して負の値となっているが，社会増加は正の値になっている年が多く，伊東市全体の人口も増加傾向にあることが分かる。

①　アとウ　　②　アとエ　　③　イとウ　　④　イとエ

（これで地理Aの問題は終わりです。）

令和４年度　第１回

解答・解説

【重要度の表記】

Ａ：重要度が高く確実に正答したい設問。しっかり復習する必要のある問題です。

Ｂ：重要度はＡレベルよりすこし下で、やや難易度が高い設問または内容を読み取る設問。高得点を狙う人は復習しましょう！

Ｃ：重要度が低い、または難解な設問。軽く復習する程度でよいでしょう！

令和４年度 第１回　高卒認定試験

【　Ａ解答　】

1	解答番号	正答	配点	2	解答番号	正答	配点	3	解答番号	正答	配点	4	解答番号	正答	配点
問１	1	②	5	問１	5	④	5	問１	9	①	5	問１	13	④	5
問２	2	②	5	問２	6	①	5	問２	10	④	5	問２	14	④	5
問３	3	②	5	問３	7	②	5	問３	11	③	5	問３	15	②	5
問４	4	①	5	問４	8	③	5	問４	12	③	5	問４	16	②	5

5	解答番号	正答	配点
問１	17	④	5
問２	18	③	5
問３	19	②	5
問４	20	①	5

【　Ａ解説　】

1

問１　不適切なものを選びます。①資料１の地図中の白部は、「太陽光が当たる範囲」を示しています。この地図を見ると、南極側を含む南半球のほうが広く太陽が当たっていますから、太陽は南半球の真上近くにあることがわかります。よって、この地図では南半球が夏、北半球が冬ということになりますから、これは正しいといえます。②資料１の大きな矢印に示されているように、白部は右から左に移動します。この資料１が示している時点においては、地点Ａはグレーなので夜ですが、やがて白部に入ると考えられますから、「日の入り」ではなく「夜明け」を迎えることがわかります。よって、これが誤りです。③地点Ｂは白部とグレー部の境界線の最上部よりも上側（北側）にありますから、ここまで白部が進行する前においても、また白部が左に進行していく後においても、地点Ｂはグレー部にあると考えられます。よって、この地点Ｂはこの日は１日中太陽が昇らないと考えられますから、これは正しいといえます。④先に言及したように、白部は南側のほうが広くなっています。そのため、ほぼ同緯度にある地点Ｃと地点Ｄでは、南側に位置する地点Ｄのほうが先に白部に入る、つまり日の出を迎えます。地点Ｄに続いて地点Ｃでも日の出を迎えた後、時が経過し、白部がさらに左に行くと、北側に位置する地点Ｃのほうが先にグレー部に入る、つまり日の入りを迎え、地点Ｄではその後に日の入りを迎えます。よって、地点Ｄのほうが先に日の出を迎えて、後に日の入りを迎えることになりますから、これは正しいです。したがって、正解は②となります。

解答番号【１】：②　　⇒ **重要度Ｂ**

問２　不適切なものを選びます。①資料２のメルカトル図法の地図は、どこでも２点間をつないだ場合、経線との角度が一定になるように描かれており、その線を等角航路と呼びます。また、資料３は地図の中心からの距離と方位が正しく描かれた正距方位図法の地図で、中心から目的地への線を大圏航路と呼びます。よって、これは正しいです。②東京からの方位が正しいのは資料３です。資料３を見ると、リマは地図上で東京の右上つまり北東方向にあることがわかりますから、これが誤りです。③資料３の地図の下の注を見ると、「東京から外側の円までは約 20,000km である」とあります。資料３では、東京からリマまでの距離は、東京から外側の円までの半分より長いので、これは正しいです。④資料３を見ると、東京からロングイールビュエンまでの距離は、東京からリマまでの距離の約半分であることがわかりますから、これも正しいです。したがって、正解は②となります。

解答番号【2】:②　⇒重要度A

問３　資料４は、レポートにあるように、「鉄道交通と水上交通による各地点間の時間距離の変化を示した地図」です。そして、「例えば 1975 年と 1995 年を比較すると、東北新幹線の開通により、東京と東北地方の都市との間隔が狭くなっている」とありますから、この地図では、東京から東北地方へ行くのにかかる時間の変化を、地図上の距離を短くすることによって表していることがわかります。このように、「カルトグラム」を知らなくても、レポート内の文章をよく読めば解ける問題となっています。(X)「大阪～福岡間の時間距離が最も短縮された」期間は、この２点間の距離が地図上で大きく縮まったときです。1965 年の地図はおおよそ実際の日本地図のように見えますが、1975 年の地図では 1965 年の地図と比較して西日本はかなり小さく描かれていますから、先述の期間は「1965 年～ 1975 年」だと考えられます。(Y)地図右下にあるスケールを参考に、「福岡～鹿児島間」と「札幌～根室間」のそれぞれの変化を見てみましょう。「福岡～鹿児島間」は、1965 年の地図では４時間ほどの時間距離がありましたが、2016 年の地図では鹿児島の位置は大きく動き、２時間ほどの時間距離になったことがわかります。一方、「札幌～根室間」は、1965 年の地図では８時間ほどの時間距離がありましたが、2016 年の地図では６時間ほどの時間距離になったことがわかります。つまり「福岡～鹿児島間」は約半分に、「札幌～根室間」は約３分の２になっていますから、時間距離の変化が小さいのは「札幌～根室間」のほうです。したがって、正解は②となります。

解答番号【3】:②　⇒重要度C

問４　それぞれのメモの正誤を考えます。(P) レイヤAは「公共施設の分布」、レイヤCは「浸水想定区域」を示しています。この２つのレイヤを重ね合わせると、どの公共施設が浸水想定区域に含まれるかを知ることができますから、これは正しいといえます。(Q) ベースマップには鉄道駅が描きこまれていますから、それにレイヤAを重ね合わせると、鉄道駅と公共施設の位置関係がわかりますから、これも正しいといえます。したがって、正解は①となります。

解答番号【4】:①　⇒重要度A

2

問１　(A) レモンは温暖な地域で多く生産されていますから、寒冷な北欧の「ア」(ノルウェー) ではなく、地中海に面している「イ」(モロッコ) だと考えられます。(B) 資料１の説明文に「高温多湿の環境」とありますから、乾燥した「ウ」(モンゴル) ではなく東南アジアの「エ」（ミャンマー）だと考えられます。したがって、正解は④となります。

解答番号【5】：④　　　⇒ **重要度B**

問２　会話文をよく読んで考えましょう。（X）サツキさんは「Aは日曜日から学校が始まっていて」と言っています。一方、資料３を見ると、Bは月曜日から学校が始まっています。日曜日を休日とするのはキリスト教の習慣で、サウジアラビアで広く信仰されているイスラム教では金曜日が休日です。よって、金曜と土曜を休日としているAが「サウジアラビア」だと考えられます。（Y）サウジアラビアは国土の３分の１に砂漠が広がる乾燥した国ですから、建物の窓が小さいのは「強い日差しを避け、少しでも涼しく感じられる」ようにするためだと考えられます。したがって、正解は①となります。

解答番号【6】：①　　　⇒ **重要度B**

問３　（X）資料５の「世界三大カーニバルの場所」の地図と資料６の地図を重ね合わせて考えると、ヴェネチアもトリニダード･トバゴもリオデジャネイロもグレーの「キリスト教」の範囲に入っていることがわかります。（Y・Z）同じ２月でも、北半球にあるヴェネチアは冬であるのに対し、南半球にあるリオデジャネイロは夏です。資料７を見ると、「気温も高く、写真のように広く肌を露出する」とある「ア」が夏のリオデジャネイロのカーニバルだとわかります。よって、「イ」はヴェネチアのカーニバルということになります。したがって、正解は②となります。

解答番号【7】：②　　　⇒ **重要度A**

問４　不適切なものを選びます。①グレーで示されている、アジアの国・地域の言語は 15 程度あります。よって、23 言語のうち、半数以上の言語がアジアで使用されているといえますから、これは正しいです。②スペイン語の枠内を見ると、スペイン語を話す国・地域は 20 以上あることがわかりますから、これも正しいです。③ポルトガル語の枠内に 203 とありますから、ポルトガル語話者は計２億 300 万人いることがわかります。しかし、ポルトガルは 10 とあり、ポルトガルにポルトガル話者は 1000 万人しかいないことがわかりますから、「ポルトガルが 50％以上を占める」とはいえません。よって、これが誤りです。④アラビア語の枠内を見ると、アラビア語は 23 の国・地域のうち 14 がアジアの国･地域を示すグレーになっています。逆に言えば、残る９の国･地域はアジア以外の国･地域であるといえますから、これも正しいです。したがって、正解は③となります。

解答番号【8】：③　　　⇒ **重要度A**

3

問１　資料１から、ヨーロッパとアフリカの自然災害発生件数とその割合はそれほど大きな違いがないことがわかります。しかし、資料２を見ると、その２つの地域のいずれかを示す「ア」と「イ」の自然災害による死者数とその割合は大きく違います。これらのことをふまえてまとめられた資料３には、「『ハザード』と『災害に対する弱さ』の大小によって被害の大きさも変化する」とあります。資料４は、「ハザード」つまり自然現象そのものの強さは同一の場合、被害の大きさを決めるのは「災害に対する弱さ」であることを示しています。この「災害に対する弱さ」については、資料３に「自然災害への対応力が弱いと円が拡大し、強いと円が縮小する」とあります。自然災害への対応力はヨーロッパのほうが高いと推測できますから、資料４の「ウ」がアフリカで、「エ」がヨーロッパだと考えられます。そうすると、資料２において、被害が大きい「ア」がアフリカで、被害が小さい「イ」がヨーロッパということになります。したがって、正解は①となります。

解答番号【9】：①　　　⇒ 重要度C

問２　不適切なものを選びます。①資料５の住宅地区分を見ると、区分Ａに「住宅に占める一戸建て住宅の割合が最も高い」とあり、区分Ｄに「住宅に占める一戸建て住宅の割合が最も低い」とあります。また、資料６の住宅地区分別の住民の世帯年収の平均を見ると、区分Ｄは 550 万円を超える程度ですが、区分Ａは 1650 万円にはあと一歩で達しない程度であり、「２倍以上の格差がある」といえます。よって、これは正しいです。②資料６を見ると、区分Ｄ→Ｃ→Ｂ→Ａと世帯年収の平均が高くなっていくことがわかります。資料７を見ると、同様に区分Ｄ→Ｃ→Ｂ→Ａと樹木が占める割合が高くなっていくことがわかります。よって、これも正しいです。③資料５においてグレーや濃いグレーで示されている区分Ｃや区分Ｄの住宅地の部分は、資料８ではおおよそ濃いグレーとなっています。濃いグレーで示される範囲の地表温度は「相対的に温度が高い」とありますから、これも正しいといえます。④資料８において、地表面温度が相対的に高い区分の住宅地は濃いグレーの部分です。この部分は、③で見たように、資料５の区分Ｃや区分Ｄの住宅地です。また、②で見たように、区分Ｃや区分Ｄは住宅地面積に占める樹木の割合が低いです。よって、これが誤りです。したがって、正解は④となります。

解答番号【10】：④　　　⇒ 重要度B

問３　資料 10 を見ると、「ア」の国は「人口が急増する」ことが、また「イ」の国は「人口に大きな変化はない」ことが予測されています。資料９を見ると、Ｘ国は 2050 年の地図では大きな面積で表されているため、人口が大きく増えると考えられますが、Ｙ国は 2018 年の地図と 2050 年の地図で大きな差がないため、人口はあまり変化しないと考えられます。これらのことから、資料 10 の「ア」はＸ国のメモで、「イ」はＹ国のメモであることがわかります。また、資料 10 を見ると、「ア」の国は、「死亡率が低下して出生率との差が大きくなっている」とあり、「イ」の国は「出生率が低下して死亡率との差が小さくなっている」とあります。資料 11 のグラフを見ると、「ウ」は出生率が低下していき、出生率と死亡率の差がだんだんと小さくなっていますから、「ウ」が「イ」の国つまりＹ国のグラフだとわかります。したがって、正解は③となります。

解答番号【11】：③　　　⇒ 重要度B

問４　（Ｘ）資料 12 を見ると、シンガポールの国民は中国系、マレー系、インド系、その他と、複数の民族から構成されていることがわかります。また、資料 12 の上に掲載されている注意書きからわかるように、それぞれの民族が用いる言語も文字も異なりますから、シンガポールにおいて、英語は「複数の民族から構成される国民にとっての共通語」としての性格が強いと考えられます。（Ａ・Ｂ）上で述べたように、シンガポールでは、複数の民族の共通語として英語が使用されてきました。また、それは、資料 13 に対する考察に「グローバル化に対応する」とあるように、外資を導入するのに役に立つと、国家的に進められてきたことでもあります。よって、Ａは「英語」、Ｂは「中国語」だと考えられます。したがって、正解は③となります。

解答番号【12】：③　　　⇒ 重要度C

4

問１　資料２から、新幹線高架橋が倒壊した地点はＢの地形と重なっていることがわかります。このＢの地形は資料３の陰影起伏図の線とも重なる部分が多いですが、あまりはっきりした起伏は見られません。よって、Ｂの地形に該当する【土地の成り立ち】を示したカードは、「階段状になった地形」とある「ア」ではなく、「砂や泥などで埋められてできた地形」とある「イ」だと考えられます。また、【自然災害リスク】を示したカードについて、「ウ」は「地震の揺れや液状化現象のリスクは小さい」とありますが、「エ」は「地震の際の揺れが大きくなりやすい。液状化現象のリスクは大きい」とあります。新幹線高架橋は地震によって倒壊していますから、Ｂの地形に該当するカードはリスクの大きい「エ」だと考えられます。したがって、正解は④となります。

解答番号【13】：④　　⇒**重要度C**

問２　（X）「かんな流し」について、資料５を見ると、「囲まれた範囲を流れていた河川の上流部分で」「山の土砂を切り崩して」「ここで出た砂は河川に流していた」とあります。よって、資料４において破線で囲まれた部分には、上流で山の土砂が切り崩されて出た砂が流れてきて溜まってくると予想されますから、「川底が上昇する」と考えられます。（Y）会話文の中でツバサさんが「天井川化することで洪水の危険性が高まった」と言っていますから、断面図が山になっている「イ」だと考えられます。したがって、正解は④となります。

解答番号【14】：④　　⇒**重要度C**

問３　（X）資料６の「位置精度の向上」の項目を見てみましょう。みちびきが１基では「ビルや山に電波が遮られると精度が低下」するため数mの誤差がありましたが、みちびきが４基あることにより、「日本のほぼ真上に常に衛星があるため正確に」位置情報が得られるようになり、誤差は６cm 程度まで縮まりました。よって、「日本列島のほぼ真上に常に衛星がある」ので誤差が数mから６cm 程度になったといえます。（Y）会話文では、ツバサさんはランニングで自分の通った道に関する情報などを詳しく知ることができると言っています。このように精度の高い位置情報は、「農業機械の自動運転による農作業の効率化」に役立つと考えられます。したがって、正解は②となります。

解答番号【15】：②　　⇒**重要度B**

問４　会話文では、ツバサさんは「今日の夕方から夜９時までに、１時間ごとにどれぐらいの降水があるのか」を知りたかったと言っています。資料８の「イ」には、「過去の記録と今後の予測降水量を表現することができる」とありますから、「イ」のアプリを用いることによって今後の予想降水量を知ることができます。したがって、正解は②となります。

解答番号【16】：②　　⇒**重要度A**

5

問１　資料３を見ると、大室山のふもとにある伊豆シャボテン公園は特徴的な形をしていることがわかります。伊豆シャボテン公園の形に加えて、この公園と大室山の山頂の位置関係を頭に入れて、資料２を見てみましょう。資料２では、伊豆シャボテン公園が右に、山頂を表す三角点が左にありますので、そのような位置関係で見られるのは資料３の④の矢印の方向から眺めた場合だと考えられます。したがって、正解は④となります。

解答番号【17】：④　　⇒**重要度A**

問２　下線部Ａ・Ｂ・Ｃそれぞれの正誤を考えます。（Ａ）資料４の北西部（左上）を見ると、温泉の地図記号だけでなく、「湯川」や「湯田町」という湯にちなんだ地名を確認できますので、これは正しいです。（Ｂ）資料４の北部（上部）にある「新井」から東部（右側）にある「東小路」に向かって海岸沿いの道路を進むと、「常に左側に海が見えます」が、標高 100m を表す等高線はこの道路より内側にあるので、「標高が 100m ほどのところを通り」という部分が誤りであることがわかります。（Ｃ）レポートの下線部Ｂと下線部Ｃの間に「荻別荘地やかどの台のような整然と並んだ土地区画の別荘地が見られます」とあるとおり、資料４の南西部（左下）には整備された区画があります。一方、「『川奈駅』の北東側は寺社が立地している集落が見られ」とありますが、その地域は整然としていないので、自然の地形に合わせた古い集落だと考えられます。これらのことをふまえると、資料４の東部（右側）にある「川奈駅」の南側の集落は整備されているため新しい集落だと考えられますから、これは正しいといえます。したがって、正解は③となります。

解答番号【18】：③　　⇒**重要度C**

問３　（Ｘ）資料５を見ると、上位６都県のうち東京都・神奈川県・埼玉県・千葉県の４都県が占めていますので、伊東市には「関東」地方から来る人が多いことがわかります。（Ｙ）会話文で、ユウヤさんは「８月だけは宿泊者数と日帰り客数が逆転して」いる理由を調べるにあたって、資料をどう分析すべきかとたずねています。それに対して、ミツルさんは「夏休みに旅行が増えることや、特に夏に行う活動と関係があるのかもしれませんね」というようにまず時期に言及していますから、理由を「居住地別」ではなく「月別」で分析してみることを勧めるであろうと推測できます。したがって、正解は②となります。

解答番号【19】：②　　⇒**重要度A**

問４　（ア）資料８のグラフを見ると、「15 ～ 19 歳→ 20 ～ 24 歳」のところがマイナスに最も大きくなっていますから、この世代が最も人が減っていることがわかります。これはこの世代において「最も転出超過がおきて」いるといえますので、「ア」は正しいです。（イ）「『55 ～ 59 歳』から『60 ～ 64 歳』になる世代の社会増加が最も多く」とありますが、資料８のグラフを見ると、「60 ～ 64 歳→ 65 ～ 69 歳」のところがプラスに最も大きくなっています。これは「60 ～ 64 歳→ 65 ～ 69 歳」の世代が最も人が増えているということですから、「イ」は誤りであることがわかります。（ウ）資料９の静岡県のグラフを見ると、「社会増加数」を表す薄いグレーの帯は 1995 年以降一貫して０より下にあります。また、2005 年の時点で「人口増加数」を表す折れ線グラフはマイナスに転じ、それ以降もずっとマイナスの値を推移していますので、「2005 年以降、静岡県の人口が減少に転じた」ことがわかります。よって、「ウ」は正しいです。（エ）資料９の伊東市のグラフを見ると、「自然増加数」を表す濃いグレーの帯は 1995 年以降一貫して０より下にあります。「社会増加数」を表す薄いグレーは「正の値になっている年が多く」なっていますが、「人口増加数」を表す折れ線グラフは、2006 年にマイナスに転じて以降、一貫してマイナスになっているので、伊東市全体の人口は減少傾向にあるといえます。よって、「エ」は誤りです。したがって、正解は①となります。

解答番号【20】：①　　⇒**重要度A**

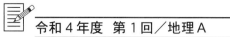

令和３年度 第２回
高卒認定試験

地理Ａ

解答時間　50分

注　意　事　項（抜粋）

＊　試験開始の合図前に，監督者の指示に従って，解答用紙の該当欄に以下の内容をそれぞれ正しく記入し，マークすること。

①**氏名欄**

氏名を記入すること。

②**受験番号**，③**生年月日**，④**受験地欄**

受験番号，生年月日を記入し，さらにマーク欄に**受験番号**（数字），**生年月日**（年号・数字），**受験地をマーク**すること。

＊　**受験番号，生年月日，受験地が正しくマークされていない場合は，採点できないことがある。**

＊　解答は，解答用紙の解答欄にマークすること。例えば，［10］と表示のある解答番号に対して②と解答する場合は，次の（例）のように**解答番号 10 の解答欄**の②に**マーク**すること。

（例）

解答番号	解　答　欄
10	①　●　③　④　⑤　⑥　⑦　⑧　⑨　⓪

地　　　理　A

（解答番号 1 ～ 20 ）

1 地図からとらえる現代世界に関して，問1～問4に答えよ。

問1　ウベアさんは，千葉県鎌ケ谷市の市役所付近に「東経140度線」と記された道路標示があることを知り，**資料1**～**資料3**を得た。**資料2**で示されている経線を，**資料3**中の①～④のうちから一つ選べ。解答番号は 1 。

資料1　千葉県鎌ケ谷市の位置

資料2　東経140度線の位置を伝える道路標示

（http://www.city.kamagaya.chiba.jp/sesakumidashi/shigaiyou_menu/h240208toukei140.html による）

資料3　南極点を中心として赤道までの範囲が描かれた正距方位図法の地図

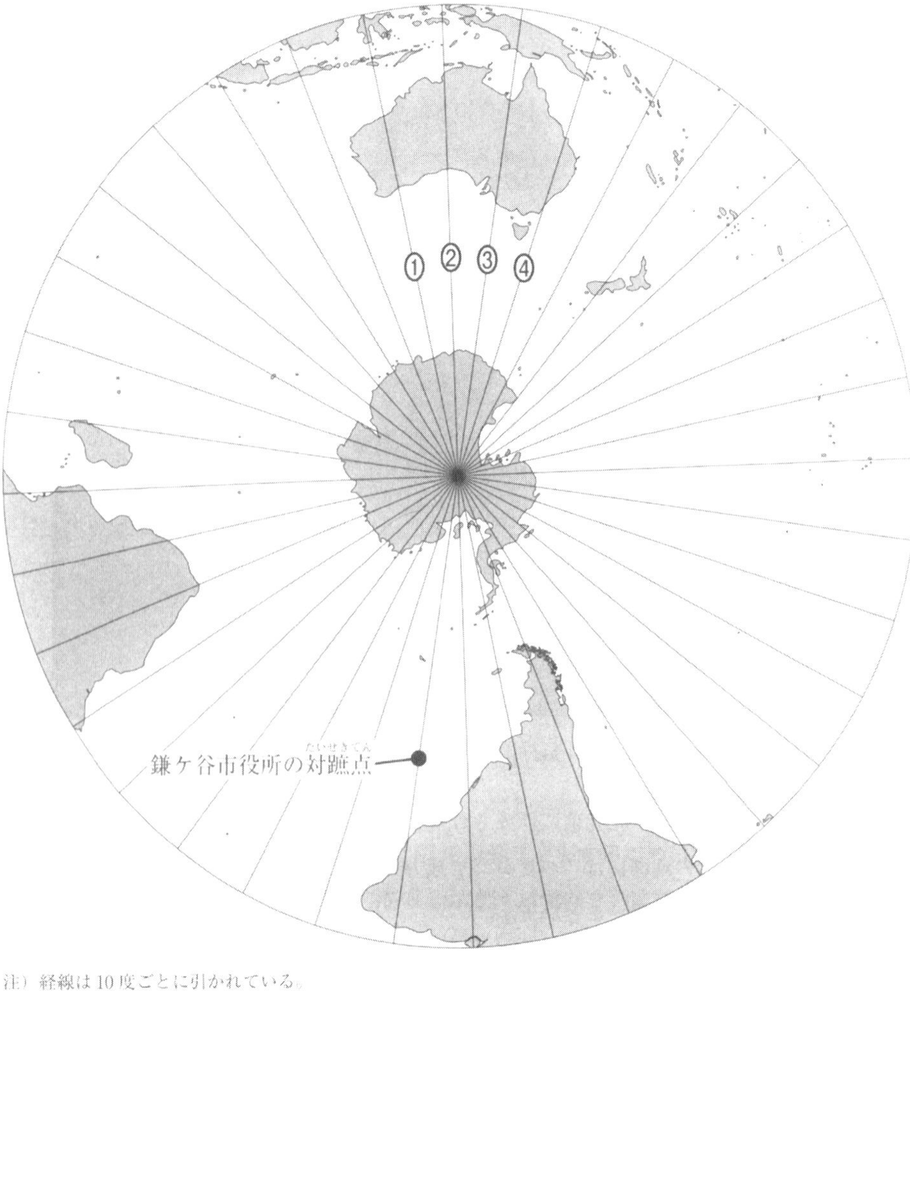

注）経線は10度ごとに引かれている。

問２　ウベアさんは，切手に描かれた地図に興味をもち，**資料４**のポスターを作成した。**資料４**を読み取ったり，推察したりした文として**不適切なもの**を，あとの①～④のうちから一つ選べ。解答番号は［２］。

資料４　ウベアさんが作成したポスター

［発行国：アルメニア，発行年：2016年］

この切手には，紀元前に作成されたといわれる粘土板に描かれた地図(左)が載っている。粘土板の地図には，バビロニア地方(現在のイラク南部地域)の人々がもっていた世界観が表現されているという。

粘土板に描かれた地図の再現

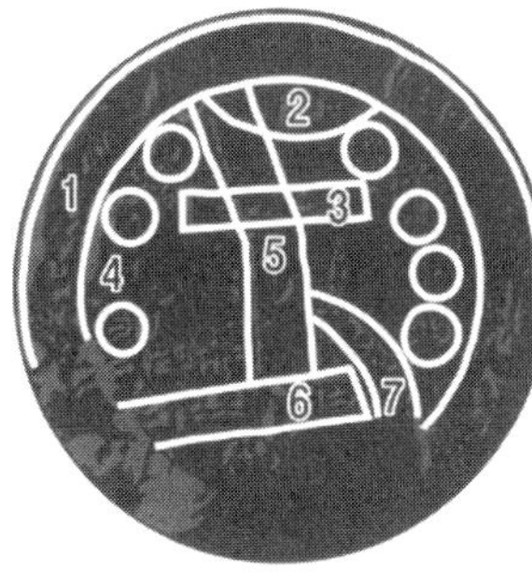

(地図に描かれているもの)

1. 海
2. 山
3. 都市バビロン
4. 小都市(海に沿って七つ示されている)
5. ユーフラテス川
6. 湿地帯
7. ペルシア湾

注）切手の大きさは，原寸大ではない。

(https://mapstampfan.at.webry.info/200604/index.html などにより作成)

① 周囲に海が描かれていることから，バビロニア地方の人々は，周囲を海に囲まれているという世界観をもっていたと考えられる。

② 河川だけではなく山や湿地帯といった自然物も描かれていることから，人々の生活はこれら自然物から影響を受けていたと考えられる。

③ 都市バビロンの周囲に小都市が描かれていることから，バビロンは中心的な機能を有する都市であったと考えられる。

④ 方位を示す記号と縮尺が示されていることから，図の中心からの距離と方位が正確に描かれる図法が用いられていると考えられる。

問3　ウベアさんは，日付変更線が描かれた地図に興味をもち，**資料5**と**資料6**を得た。これらの資料に関して，ウベアさんと先生の**会話文**中の空欄 X ， Y に当てはまる語句の組合せとして最も適切なものを，あとの①～④のうちから一つ選べ。解答番号は 3 。

資料5　日付変更線(2015年)

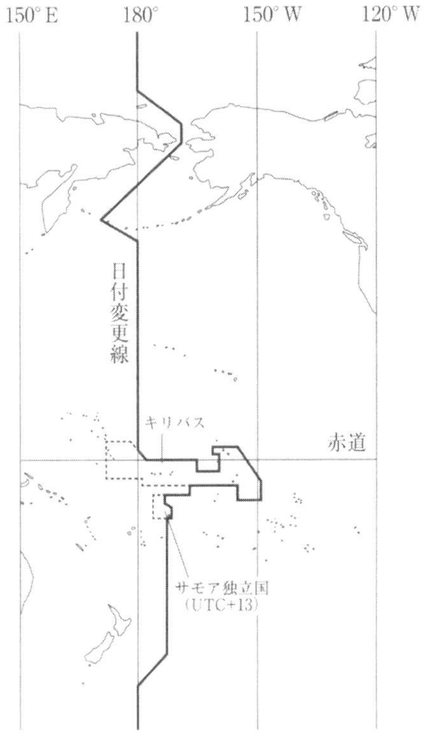

資料6　日付変更線(1993年)

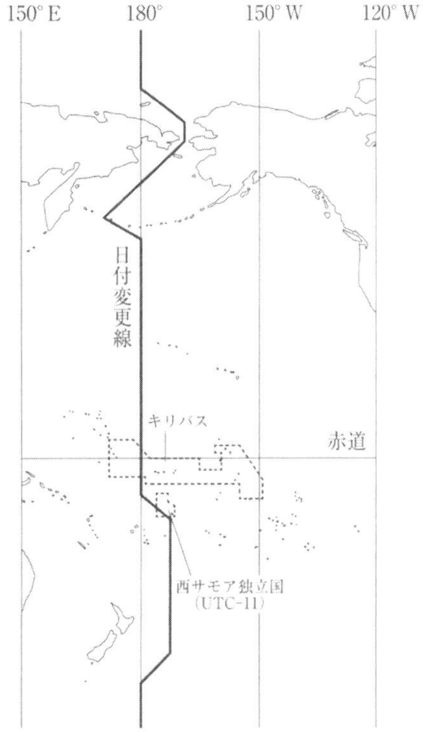

注)・キリバスとサモア独立国の領域は，それぞれ点線で囲んで示している。
・UTC+13，UTC-11は，協定世界時(UTC)との時差を示している。
・UTCとは，グリニッジ標準時(GMT)を基に調整して定められた，世界時間の基準となる時間のこと。
・1997年に西サモア独立国からサモア独立国へ国名が変更された。

(World Time Zone資料などにより作成)

会話文

ウベア：**資料5**を見ると，日付変更線は経度180度と一致していないのですね。なぜでしょうか。

先　生：日付変更線は，国家の領域とも関係しています。**資料6**も見てください。例えば，キリバスはもともと国家の領域を日付変更線がまたぎ，国内に二つの日付がありました。

ウベア：なるほど。その不便を解消するために**資料5**のように標準時を変更して国内の日付を統一し，結果として「世界一 [X] 新年を迎える国」になったのですね。

先　生：そのとおりです。また，サモア独立国は2011年に標準時を変更し，日付変更線の西側になりました。理由を推察できますか。

ウベア：とくに経済的なつながりが深い [Y] と日付を合わせるほうが便利だからだと思います。

先　生：適切に推察することができましたね。では，実際に貿易統計データを見てみましょう。

	X	Y
①	遅く	カナダ
②	遅く	オーストラリア
③	早く	カナダ
④	早く	オーストラリア

問 4　ウベアさんは，オランダを旅行して，**資料7**～**資料10**を得た。これらの資料を基にしてまとめた**旅行メモ**に関して，**資料9**の写真を撮影した地点として最も適切なものを，街歩きに使った**資料10**中の①～④のうちから一つ選べ。解答番号は [4] 。

資料7　バールレの位置

資料8　バールレの航空写真

注）航空写真中の枠は，**資料10**の範囲を示している。

（Google Earth により作成）

資料9　オランダ(NL)とベルギー(B)の国境

III

旅行メモ

地理の授業で聞いた，国境線が複雑に入り組んだ「バールレ」へ，ついに到着。**資料 8** のとおり，オランダの中に，ベルギーの飛び地が不規則に点在しているのがとても不思議だ。

資料 10 中のオランダ側にある「観光案内所」を出発し，その南側にあるクレープ店でクレープを購入。道路を西の方面へ向かって歩くと，書店を見つけた。この地に関する本を購入して，店を出発。書店の北側に面した道路を北西へ進み，最初の丁字路を曲がって周囲の家々を眺めながらゆっくりとスタションス通りを南下した。200 m ほど歩くと，丁字路があった。そこから東へ 50～60 m ほど歩くと，オランダとベルギーの国境があった。そこで，兄と一緒に国境をまたいだ記念写真(**資料 9**)を撮った。

資料10　街歩きに使った地図

(Google Maps により作成)

2 世界の生活文化の多様性に関して，**問1～問4**に答えよ。

問1 ヒロムさんたちは，特徴的な衣装を用いる世界の風習に興味をもち，**資料1**を得た。**資料1**中のA，Bは，**資料2**中のア～エのいずれかの地点で撮影された写真と，その説明文である。A，Bとア～エとの組合せとして最も適切なものを，あとの①～④のうちから一つ選べ。解答番号は 5 。

資料1

A

チェゲッテ

木を彫って作った仮面と羊などの毛皮をかぶり，家々を訪ね歩く。伝統的な宗教や悪霊払いの風習と，カトリックのカーニバルの風習が結びついたものと考えられている。

B

マッドメン

白い泥でできた仮面やバナナの葉を使った衣装を身に付け，体も泥で真っ白に塗った，文字どおりの泥人間である。仮面は亡霊を模しており，多くの部族が闘争した時代に由来するとされている。

（当該国の政府環境局ホームページなどにより作成）

資料2　羊の分布

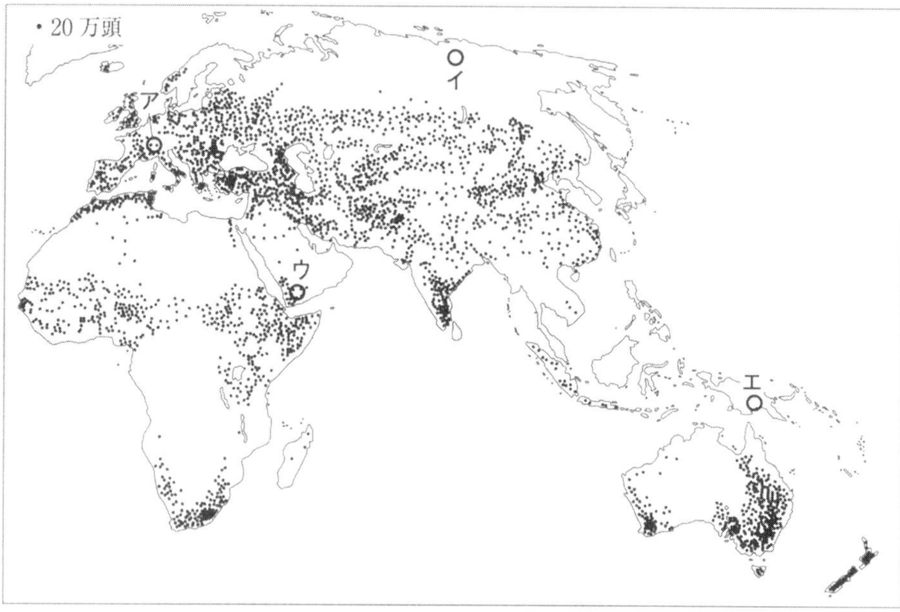

注）北アメリカ大陸については省略している。

（GOODE'S WORLD ATLASなどにより作成）

	A	B
①	ア	ウ
②	ア	エ
③	イ	ウ
④	イ	エ

問2 ヒロムさんたちは，インドの食文化に興味をもち，**資料3～資料5**を得た。これらの資料に関するヒロムさんたちの**会話文**中の空欄 A ～ C に当てはまる語や記号の組合せとして最も適切なものを，あとの①～④のうちから一つ選べ。解答番号は 6 。

資料3 インドにおける主な州の菜食主義者の割合

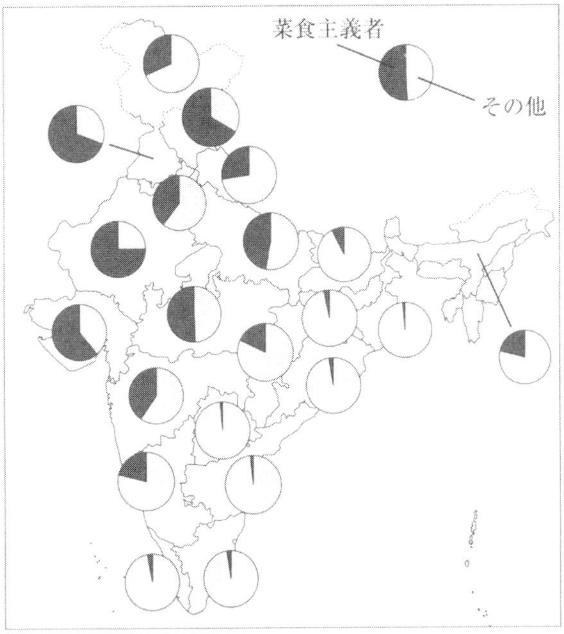

注）人口の多い21の州・連邦直轄地を対象として2011年1月に行われたサンプル調査の結果である。
（"SAMPLE REGISTRATION SYSTEM BASELINE SURVEY 2014" により作成）

資料4 カレーの材料や特徴

ア

牛乳や生クリーム，バターなどが使われる。とろみがあるカレーとともに，小麦でできたナンやチャパティを食べる。

イ

ココナッツミルクなどが使われる。油分は少なくサラッとしたカレーとともに，米を食べる。

（https://www.meiji.co.jp/meiji-shokuiku/worldculture/india/ などにより作成）

資料5　インド周辺の年降水量

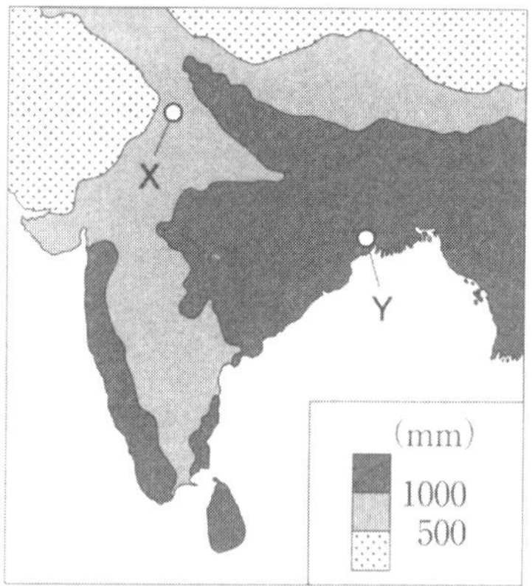

(CRU資料などにより作成)

会話文

ヒロム：インドには菜食主義者が多いって聞いたことがあるけれど，実際にはどうなのだろう。

テツヤ：国民の約3割が菜食主義者だと聞いたことがあるよ。

ヒロム：**資料3**を見ると，菜食主義者の割合が高い州はインドの［A］に多いのだね。

テツヤ：同じ国の中でも地域によっていろいろと異なる食文化がありそうだね。

ヒロム：この前，インド料理店にカレーを食べに行ったのだけど，**資料4**のようにとろみのあるカレーとサラッとしたカレーがあったよ。何か違う理由があるのかな。

テツヤ：インドでは地域によってカレーの特徴が異なると聞いたことがあるよ。**資料4**を見ると，材料などによって特徴に違いがあるみたいだね。

ヒロム：なるほど。**資料5**を基に，その地域で栽培される主な穀物を考えると，X地点付近では**資料4**中の［B］，Y地点付近では**資料4**中の［C］のカレーが一般的だと考えられるね。

テツヤ：地域によっていろんなカレーが楽しめそうだね。

	A	B	C
①	北西部	ア	イ
②	北西部	イ	ア
③	北東部	ア	イ
④	北東部	イ	ア

問3　ヒロムさんたちは，世界の特徴的な住居についての班別発表会に向けて準備を進めている。**資料6**中のさまざまな資料とメモは，ヒロムさんたちが発表しようとしている，ある地域にみられる住居に関するものである。**資料6**中の資料をすべて用いたヒロムさんたちの班の発表タイトルとして最も適切なものを，**資料7**中の①～④のうちから一つ選べ。
解答番号は［7］。

資料6

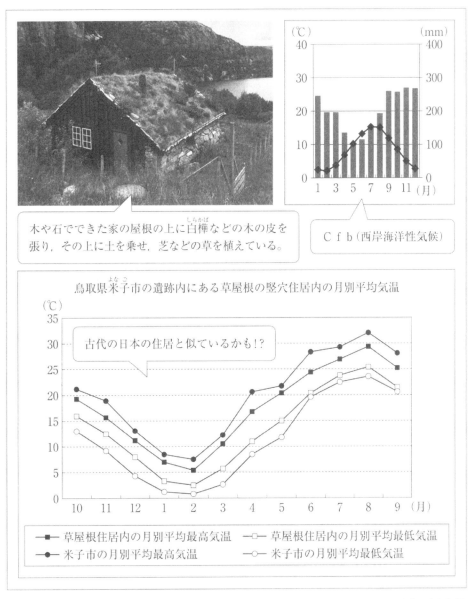

木や石でできた家の屋根の上に白樺（しらかば）などの木の皮を張り，その上に土を乗せ，芝などの草を植えている。

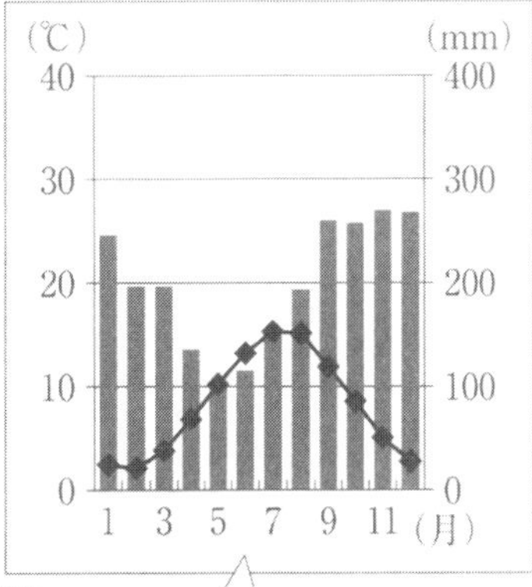

Ｃｆｂ（西岸海洋性気候）

鳥取県米子（よなご）市の遺跡内にある草屋根の竪穴住居内の月別平均気温

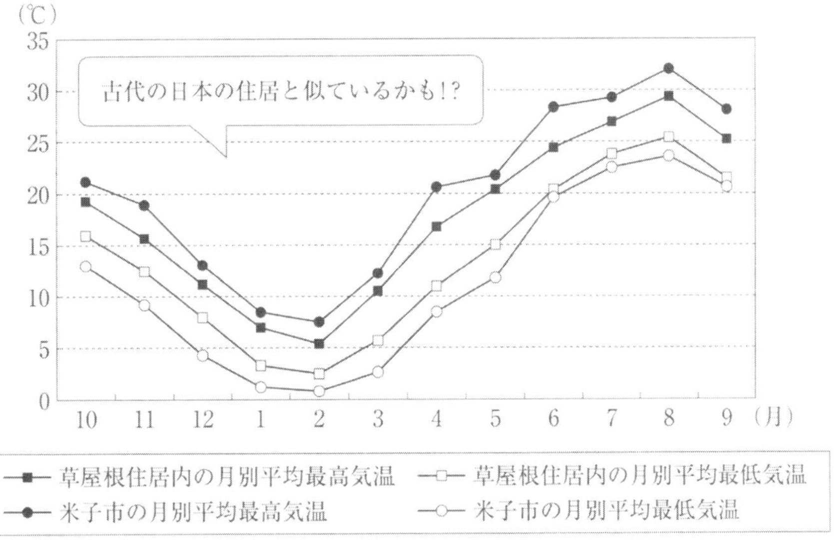

(https://www.daikin.co.jp/air/technology/pre-airconditioning/vol11/index.html などにより作成)

資料7

3年2組発表会

テーマ「なぜ世界各地で特徴的な住居がみられるのだろう」

タイムテーブル

11:30～11:40　1班

①「大きな寒暖差に負けない！厚い日干しレンガに囲まれた家」

11:40～11:50　2班

②「屋根に注目！雪下ろしを減らすために豪雪地帯の家にみられる工夫」

11:50～12:00　3班

③「いつでも室温を快適に。屋根は天然の空調設備!?」

12:00～12:10　4班

④「洪水多発地域なのに床上浸水ゼロの木造建築!?」

12:10～12:20

意見交換

各班が調べた住居の位置

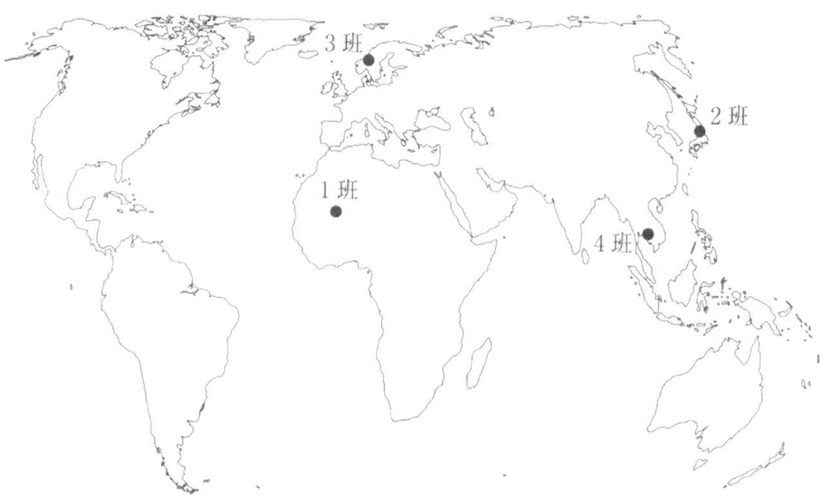

問 4　ヒロムさんたちは，宗教と日常生活との関係に興味をもち，**資料8**と**資料9**を得た。これらの資料に関するヒロムさんたちの**会話文**中の内容を基に，**資料10**中の下線部①～④のうち，その内容が**不適切なもの**を一つ選べ。解答番号は 8 。

資料8

(https://soh-ten.com/data/jp/2/index.html により作成)

資料9

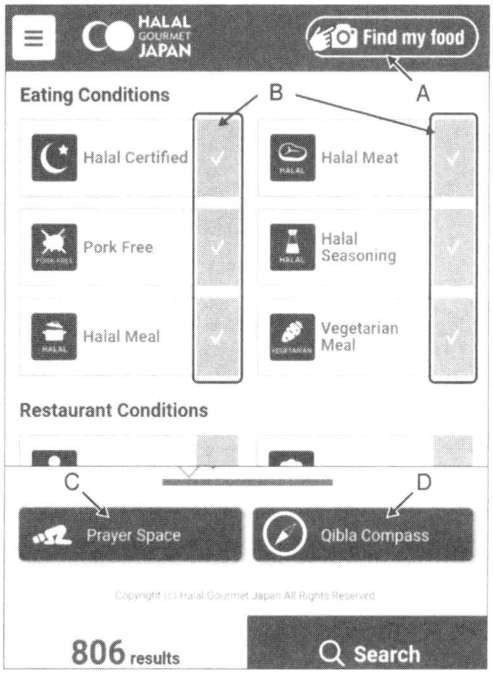

(Halal Gourmet Japan により作成)

会話文

ヒロム：この前，**資料8**のようにイスラム教の戒律に則(のっと)った飲食物などであることを示す，ハラルの認証マークがあるミネラルウォーターを見かけたよ。ただの水なのに，なんでハラルの認証マークがあるのだろう。

ユリナ：製品だけではなくて，その製造過程も適切な手続きに則って基準をクリアしているということを示すためだと聞いたことがあるよ。

ヒロム：なるほど。日本を訪れるムスリムの人たちも増えているし，いろんな取り組みが行われているのだね。

ユリナ：やっぱり飲食物や礼拝には気を遣うみたい。だから，**資料9**のようなアプリもあるんだよ。

ヒロム：そうなんだ。これを使えば，ムスリムの人たちの生活の一部をサポートすることができるかもしれないね。どうやって使うのか教えてよ。

ユリナ：このアプリには，**資料10**のような機能があるんだよ。

資料10

資料9中のAをタップして写真を撮ると，商品の原材料が表示される。これにより，①その商品が宗教上，食べて良い食品であるかどうかを判断できる。

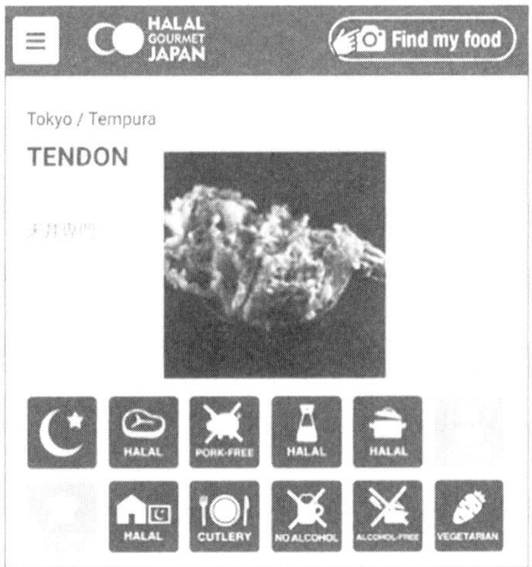

資料9中のBの中から項目を選択して検索することで，②ムスリムの人々にとって神聖な動物とされる牛の肉を使用した飲食物を提供しない店舗を探すことができる。

資料9中のCをタップすると，各地域のさまざまな施設の中から，③ムスリムの人々が礼拝をするための場所が設けられた施設を探すことができる。

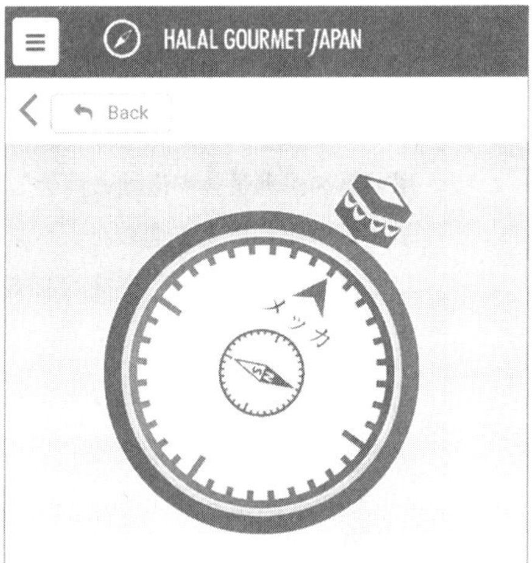

資料9中のDをタップすると，画面上に方位磁針が示される。これにより，④ムスリムの人々が礼拝をするための方位を確認することができる。

（Halal Gourmet Japanにより作成）

3 地球的課題の地理的考察に関して，**問1～問4**に答えよ。

問1 アスカさんは，森林にやさしい「アースバーガー(Earth Burger)」の取組に興味をもち，**資料1～資料3**を基にして，**レポート**を作成した。**レポート**中の空欄 X ～ Z に当てはまる記号と語の組合せとして最も適切なものを，あとの①～④のうちから一つ選べ。解答番号は 9 。

レポート

WWFジャパンによるアースバーガーの取組

報告者：アスカ

1．「アースバーガープロジェクト」とは

森林にやさしいハンバーガーを広めるこのプロジェクトは，従来のハンバーガーの原料調達に森林破壊が大きく関連していることに着目し，森林破壊を伴わない持続可能な原料調達を目指した「アースバーガー」を考案し，WWFジャパン(公益財団法人世界自然保護基金ジャパン)が呼びかけ，賛同した全国の対象店舗で販売する取組である。

2．アースバーガーの原料調達

これまでの原料調達で，ビーフパティ(牛肉)の生産を目的とした牧場の造成のために，**資料1**中の X の地域などの熱帯林の伐採が行われていたことが問題視された(**資料2**より)。現在では，森林破壊を伴う牧場で生産された牛肉を使わないようにしている。また，バンズ(パン)の製造に用いる油や，ポテトなどをフライヤーで揚げる際に用いる油が熱帯林の破壊と関連していることから**資料3**中の Y のマークがついた製品への切り替えを進めた。ハンバーガーを包む紙は，木から作られたパルプを原料としており，森林伐採と直接的な関係がある。そこで， Z のマークがついた紙のみを使用することとした。

資料1　森林破壊が進む主な地域

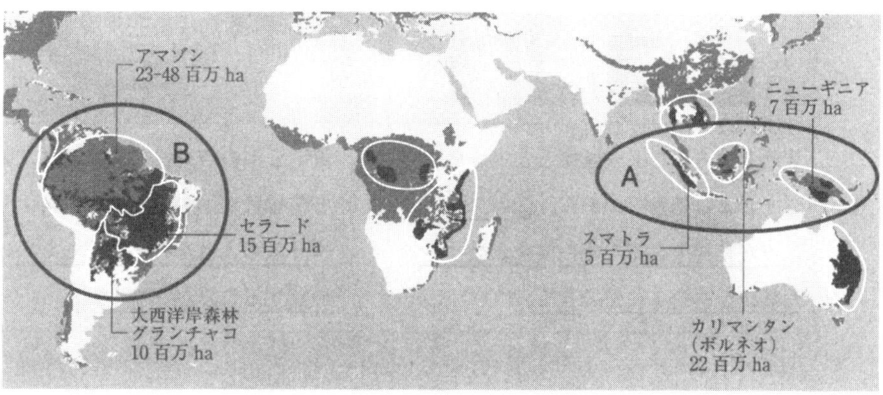

■ 森林　■ 森林破壊の最前線と2010年～2030年に予測される森林破壊地域

(https://www.wwf.or.jp/campaign/earthburger/detail/ により作成)

資料2　地域別の森林破壊の原因(抜粋)

	家畜	大規模農業	小規模農業 開拓	持続可能 でない伐採	薪 木質燃料
アマゾン	●	●	●	△	
大西洋岸森林 グランチャコ	●	●		△	△
セラード	●	●		△	△
カリマンタン (ボルネオ)		●	△	△	
ニューギニア		●	△	△	
スマトラ		△	●	△	

●：主な原因　　△：二次的な原因，小さな原因

3．森林にやさしい原料調達

資料3

「持続可能なパーム油のための円卓会議(RSPO)」が認証した製品に掲載される。

責任ある森林管理のもとで生産された木材や製品だけに認められる「FSCマーク」。

(https://www.wwf.or.jp/campaign/earthburger/detail/ などにより作成)

	X	Y	Z
①	A	RSPO	FSC
②	A	FSC	RSPO
③	B	RSPO	FSC
④	B	FSC	RSPO

問2 アスカさんは，主な国の漁獲高の推移を示した**資料4**を見て，ペルーの変動が他国と比べて大きいことに気付き，レポートにまとめた。レポート中の空欄 X ， Y に当てはまる語の組合せとして最も適切なものを，あとの①～④のうちから一つ選べ。
解答番号は 10 。

資料4　主な国の漁獲高の推移

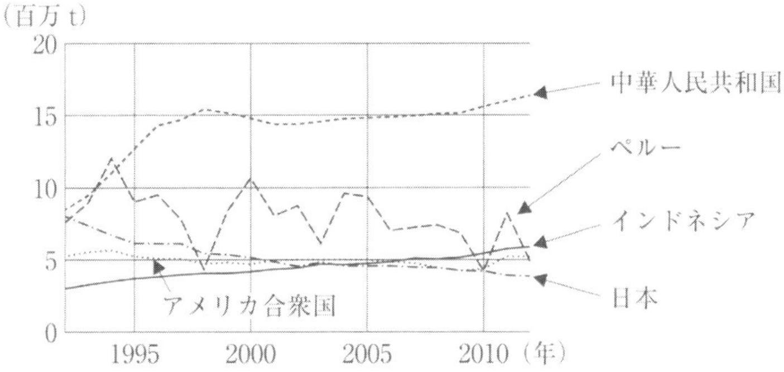

注）中華人民共和国の数値には，香港，マカオ，台湾を含まない。

（水産庁資料により作成）

レポート

ペルーの漁獲高が年によって大きく変動する理由の考察

報告者：アスカ

1．きっかけ

図書館で見ていた水産業の雑誌で，主な国の漁獲高の推移のグラフが掲載されていたが，ペルーだけ他国と比べて年による変動が激しく，その理由を探したくなった。

2．調べて得られた結果と考察

資料5　ペルーの漁獲高の推移

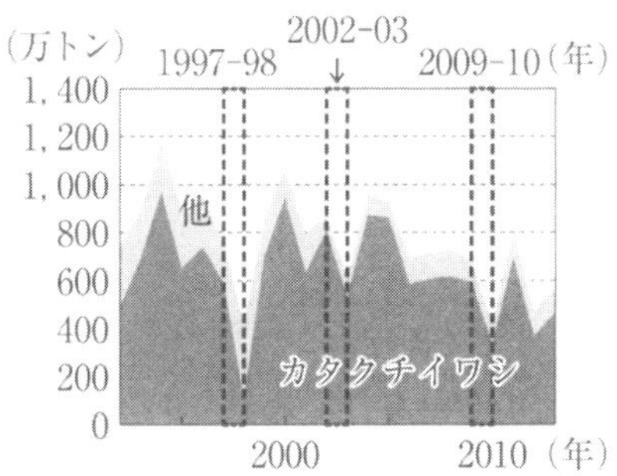

資料6　ペルー沖の海水温の平年比

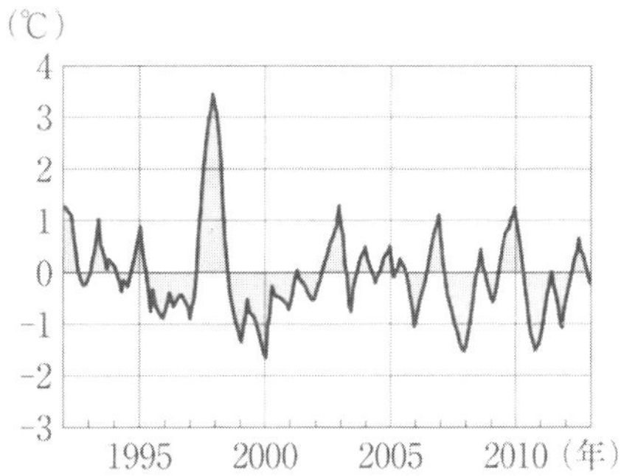

資料5から，ペルーでは，カタクチイワシ(アンチョビー)が漁獲高の大半を占めることが分かる。カタクチイワシについて詳しく調べると，海底から湧き上がる冷水に含まれるリンなどを含む栄養塩類を栄養源にするプランクトンを捕食して生育する魚であることが分かった。また，**資料6**から，ペルー沖の海水温は年によって変動が大きいことが分かった。

さらに，**資料5**と**資料6**を関連付けて考察すると，ペルーの漁獲高が特に少ない不漁の年は，ペルー沖の海水温が例年と比べて［ X ］傾向があることが分かった。

資料7　ペルー沖の海水温の変化と要因

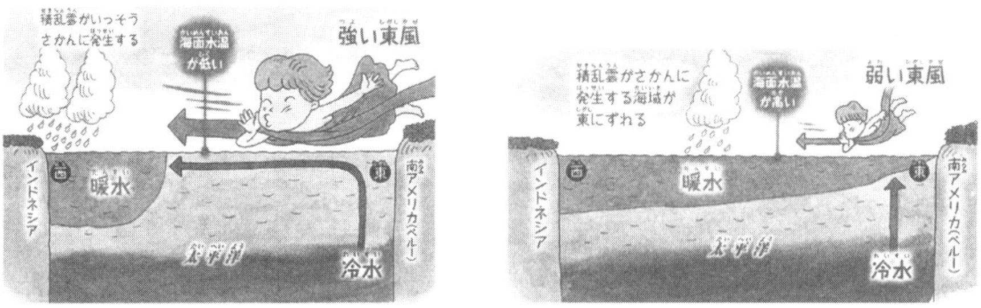

海水温が比較的低いとき(ラニーニャ現象)　　海水温が比較的高いとき(エルニーニョ現象)

(水産庁資料などにより作成)

資料7から，ペルー沖の海水温が比較的低いときよりも，高いときのほうが，冷水が上昇しにくいことが分かる。

3．まとめ

今回の考察から，ペルーの漁獲高の大半を占めるカタクチイワシは，海底から冷水とともに湧き上がる栄養塩類を基にするプランクトンを栄養源としているが，海水温が例年よりも［ X ］年は，冷水の湧き上がりが［ Y ］ため，プランクトンが海域に少なくなり，不漁となってしまうと考えられる。

	X	Y
①	高い	強くなる
②	高い	弱くなる
③	低い	強くなる
④	低い	弱くなる

問 3　アスカさんは，アラブ首長国連邦で短期間に急激に人口が増加していることに興味をもち，**資料 8**～**資料 11** を得て，ノートにまとめた。**資料 11** の空欄 Ⅰ ， Ⅱ は「自国民」または「移民」， A ， B は「男性」または「女性」のいずれかが当てはまる。このうち，「移民」と「男性」に当てはまる記号の組合せとして最も適切なものを，あとの①～④のうちから一つ選べ。解答番号は 11 。

ノート

アラブ首長国連邦に見られる人口急増の背景

報告者：アスカ

資料 8　アラブ首長国連邦の人口の推移

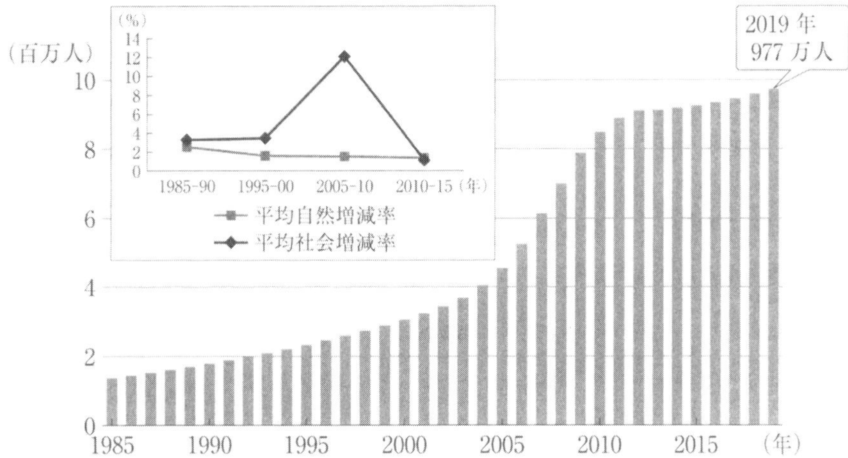

資料 8 から，アラブ首長国連邦では，2005 年頃から 2011 年頃にかけて，人口が急激に増加していることが分かる。この時期は，特に社会増減率(「国外からの流入率」－「国外への流出率」)の上昇が大きく影響していると考えられる。

資料 9　アラブ首長国連邦における出身国別人口構成(2015 年)

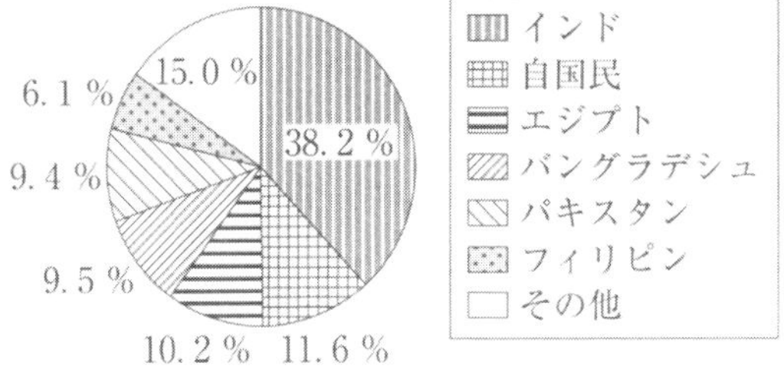

資料 9 から，アラブ首長国連邦の人口を出身国別の構成でみると，最大多数の集団は「インド」系で全体の 3 分の 1 を超えている。一方の「自国民」(アラブ首長国連邦の国籍をもつ人)は 2 番目だが，全体の 1 割程度に過ぎず，外国人に対して少数派ともいえる。

(UNICEF 資料などにより作成)

資料10　アラブ首長国連邦における建設工事現場と移民労働者

石油関連産業等の大規模なインフラや施設の建設工事等では多数の労働力が求められるが，この国では，労働者の大部分を移民に依存している。移民の大半は男性で，本国に家族を残して，期限付き契約労働者として単身で働きに来ている場合が多いとされる。

資料11　アラブ首長国連邦における人口ピラミッド(2013年)

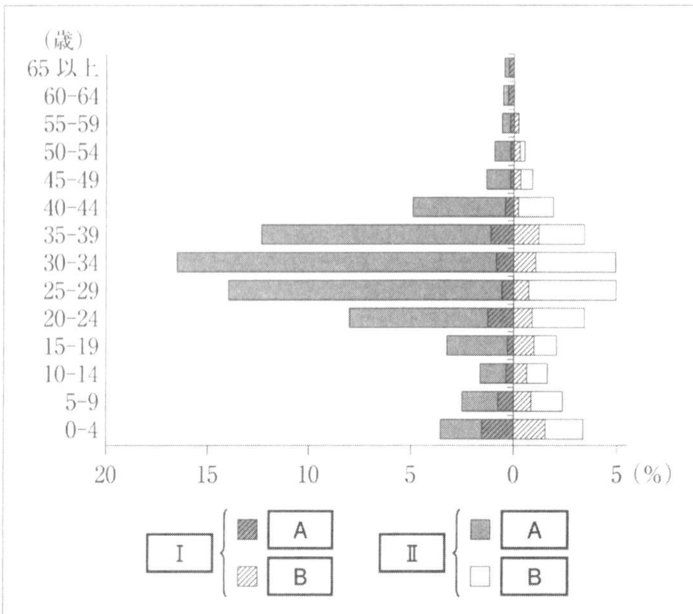

注）本問での「移民」とは，アラブ首長国連邦の国籍をもっていない人を指す。
(UNICEF資料などにより作成)

	「移民」	「男性」
①	Ⅰ	A
②	Ⅰ	B
③	Ⅱ	A
④	Ⅱ	B

問４　アスカさんは，富山市が公共交通機関を活かしたまちづくりを行っていることに興味をもち，**資料12**と**資料13**を得て，**資料12**中のア，イのいずれかの路線についてメモにまとめた。メモ中の空欄 X ， Y に当てはまる記号と文の組合せとして最も適切なものを，あとの①～④のうちから一つ選べ。解答番号は 12 。

資料12　主要鉄道２路線と「市街地中心部」及び「公共交通沿線居住推進補助対象地区」

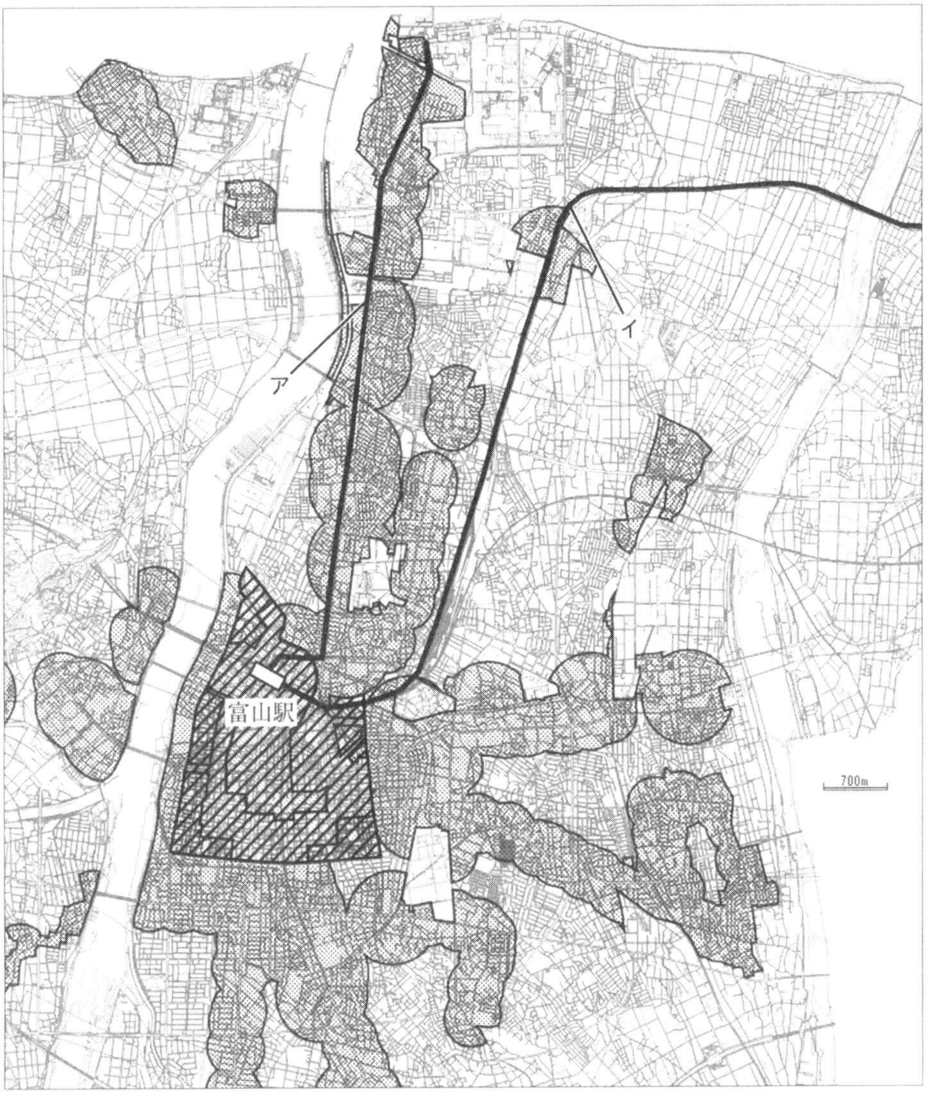

注）・「公共交通沿線居住推進補助対象地区」とは，鉄軌道の駅から半径500 m以内の範囲等を指す。
・富山市内で営業している路線のうち，出題に関わる「ア」・「イ」のみを強調して表現している。

（富山市情報統計課「インフォマップとやま」により作成）

資料13　鉄道システム移行前後での営業風景

ＪＲ路線時代の様子(2005年まで)

新たな鉄道路線の様子(2005年以降)

(「Trains Pavilion 21」などにより作成)

メモ

この路線は，元々はＪＲ路線として営業していた。1988年には一日あたり利用者数は6,494人だったが，2004年には3,115人と半分以下に減少した。沿線の人口は大きく変わっていないが，自動車保有台数が約1.5倍に増加している。郊外に延びているこの路線の周辺地域では，次第に自動車利用による移動が増え，鉄道利用者が減少したと考えられる。

この路線は，2005年にＪＲ路線としては廃止されたが，地元自治体や企業が出資して路線を引き継ぎ，まちづくりの視点を踏まえた鉄道サービスを開始した。例えば，**資料12**を見ると［ X ］の路線では，沿線のほぼ全域が「公共交通沿線居住推進補助対象地区」に指定されていることが分かるが，これは，新たに駅を設置して，駅と駅の間隔を500m以下になるように整備し直したことによる。また，**資料13**から，ＪＲ当時と現在の車両を比較すると，［ Y ］ようにしていることが分かる。他にも，運行間隔を10〜15分に1本の頻度まで増便させるなど，利便性の向上に努めた。その結果，ほぼ全世代において利用客数が増加している。

2020年には別の主要路線と接続されてそれぞれの鉄道の相互乗り入れが可能となり，乗り換えることなく利用できる範囲が以前より広くなった。

	X	Y
①	ア	車両を低床化させ，高齢者や障害者など誰でも乗りやすい
②	ア	車両を大型化させ，通勤・通学時間帯でも混み合うことなく乗れる
③	イ	車両を低床化させ，高齢者や障害者など誰でも乗りやすい
④	イ	車両を大型化させ，通勤・通学時間帯でも混み合うことなく乗れる

4 自然環境，防災，身近な地図に関して，**問1**～**問4**に答えよ。

問1 タクミさんは，国際線の飛行機が往路と復路(行きと帰り)で飛行時間が異なることに興味をもち，**資料1**～**資料3**を得た。これらの資料を基にした，タクミさんと先生の**会話文**中の空欄 X ～ Z に当てはまる語の組合せとして最も適切なものを，あとの①～④のうちから一つ選べ。解答番号は 13 。

資料1

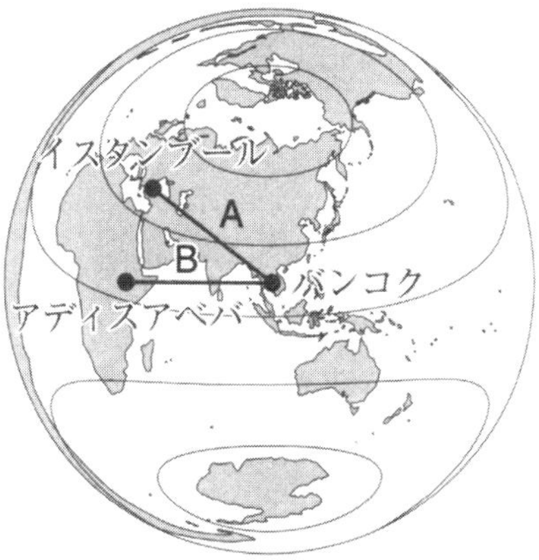

注）バンコクを中心とする正距方位図法であり，緯度は30度間隔で示されている。

資料2 バンコクとイスタンブール及びアディスアベバ間の航空時刻表

A

バンコク発 イスタンブール行き			
便名	出発時刻	到着時刻	飛行時間
TK69	23:30	6:10	約10時間40分

イスタンブール発 バンコク行き			
便名	出発時刻	到着時刻	飛行時間
TK68	1:50	14:55	約9時間5分

B

バンコク発 アディスアベバ行き			
便名	出発時刻	到着時刻	飛行時間
ET645	0:15	4:55	約8時間40分

アディスアベバ発 バンコク行き			
便名	出発時刻	到着時刻	飛行時間
ET618	0:10	13:25	約9時間15分

注）2021年1月分のダイヤを基に作成している。

（https://flyteam.jp/ により作成）

資料3　大気大循環の模式図

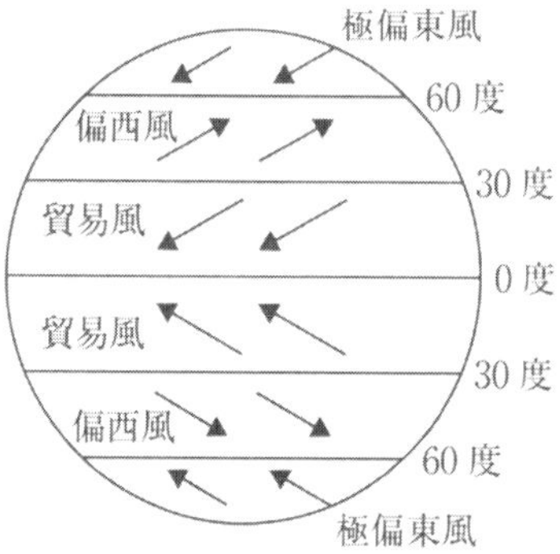

会話文

タクミ：国際線の飛行機は往路と復路で飛行時間がずいぶんと違いますね。
先　生：そうですね。バンコクからそれぞれ西の方向に向かうAとBのルートでは，状況が違っていますね。それぞれどのような理由が考えられますか。
タクミ：バンコクとイスタンブール間のAのルートは，**資料3**によると［X］の影響を受けやすい緯度帯を通るため，バンコクからイスタンブールに向かう往路よりも，イスタンブールからバンコクに向かう復路の方が飛行時間が短くなります。
先　生：日本発着の国際線も同様の影響を受けますね。では，同じく西の方向に向かうバンコクからアディスアベバの場合はいかがでしょうか。
タクミ：バンコクとアディスアベバ間のBのルートは，**資料3**によると［Y］の影響を受けやすい緯度帯を通るため，バンコクからアディスアベバに向かう往路よりも，アディスアベバからバンコクに向かう復路の方が飛行時間が［Z］なります。
先　生：よく分析できましたね。新型コロナウイルス感染症の拡大が落ち着いたら，ぜひとも海外旅行に行きたいものですね！

	X	Y	Z
①	貿易風	偏西風	短く
②	貿易風	偏西風	長く
③	偏西風	貿易風	短く
④	偏西風	貿易風	長く

問2　タクミさんは，防災に活用される地図に興味をもち，**資料4**と**資料5**を得た。**資料4**は，**資料5**中の**ア**または**イ**のいずれかの地域における被害予想の分布を示した図である。また，**資料5**中の**ア**と**イ**は，それぞれ土地の様子を示したものである。**資料4**と**資料5**を読み取ったタクミさんたちの分析結果のうち，最も適切なものを，あとの①～④のうちから一つ選べ。解答番号は［14］。

資料4　**資料5**中の**ア**または**イ**のいずれかの地域における被害予想の分布

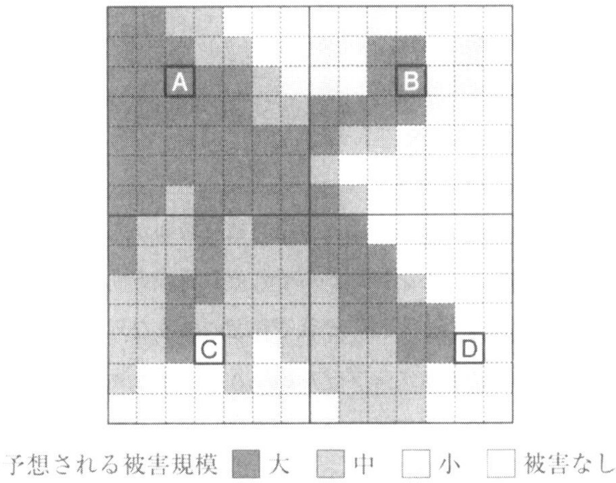

資料5

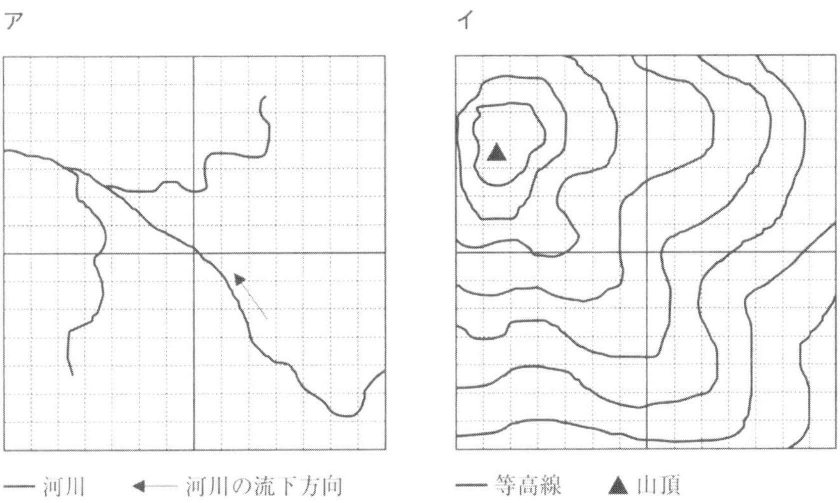

① タクミさん

資料4は，**資料5**中のアの地域における洪水の被害予想図だと思います。A地点は河川の合流点付近に位置するため，洪水による大きな被害が予想されると思います。

② アイミさん

資料4は，**資料5**中のイの地域における火山噴火の被害予想図だと思います。B地点は火山の斜面にできた谷に位置するため，火砕流による大きな被害が予想されると思います。

③ ワタルさん

資料4は，**資料5**中のイの地域における火山噴火の被害予想図だと思います。C地点は火山の斜面に伸びる尾根に位置するため，火砕流による大きな被害が予想されると思います。

④ ユリナさん

資料4は，**資料5**中のアの地域における洪水の被害予想図だと思います。D地点は河川のカーブの外側に位置するため越水しやすく，洪水による大きな被害が予想されると思います。

問3　タクミさんは，医療機関の分布に興味をもち，眼科に関する**資料6**～**資料8**を得た。これらの資料を読み取った文として**不適切なもの**を，あとの①～④のうちから一つ選べ。
解答番号は　15　。

資料6　眼科一般診療所数(2017年)

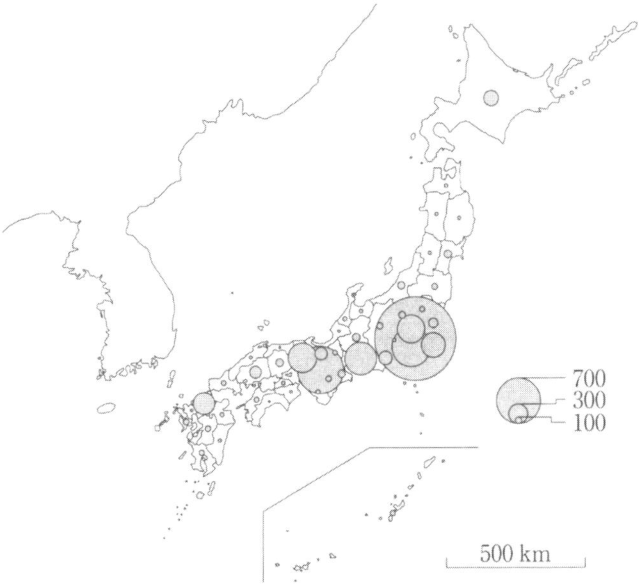

資料7　人口10万人あたりの眼科一般診療所数(2017年)

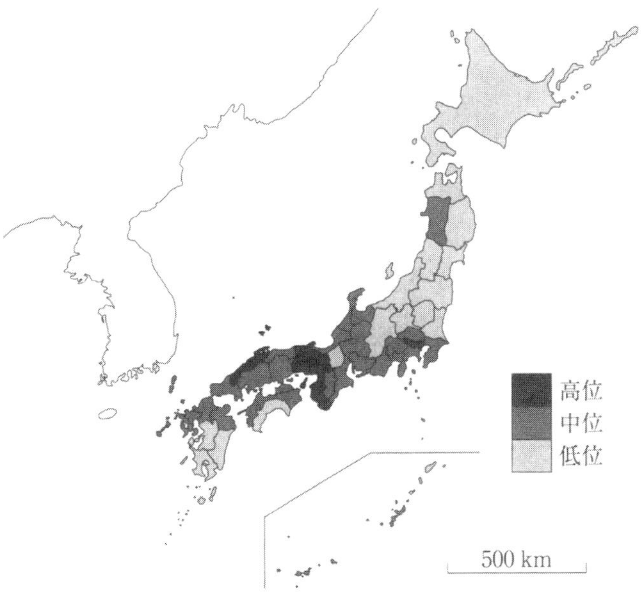

(RESASにより作成)

資料8　人口10万人あたりの眼科を受診した推計外来患者数(2017年)

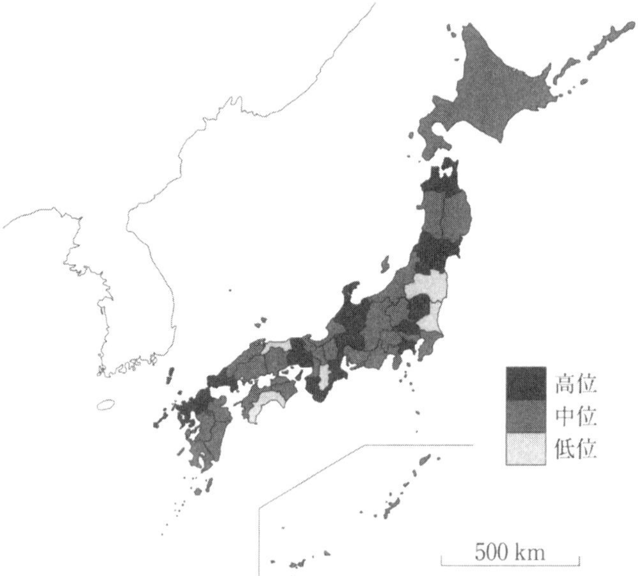

注）眼科を受診した推計外来患者数は，目及び付属器の疾患についてのもの。

（RESASにより作成）

① **資料6**から，眼科一般診療所数は，東北地方と九州地方のいずれにも，100未満の県がある。

② **資料7**から，人口10万人あたりの眼科一般診療所数は，関東地方と近畿地方のいずれにも高位の都府県がある。

③ **資料6**と**資料7**から，島根県の眼科一般診療所数は100未満であるが，島根県の人口10万人あたりの眼科一般診療所数は高位である。

④ **資料7**と**資料8**から，人口10万人あたりの眼科一般診療所数が高位の都道府県は，すべて，人口10万人あたりの眼科を受診した推計外来患者数も高位である。

問 4　タクミさんは，海洋の汚染について興味をもち，**資料 9** と**資料 10** を作成した。これらの資料に関して，タクミさんと先生の**会話文**中の空欄 X ～ Z に当てはまる国の組合せとして最も適切なものを，あとの①～④のうちから一つ選べ。解答番号は 16 。

資料 9　ペットボトル漂着ゴミの言語表記からみた国別割合(2017 年度)

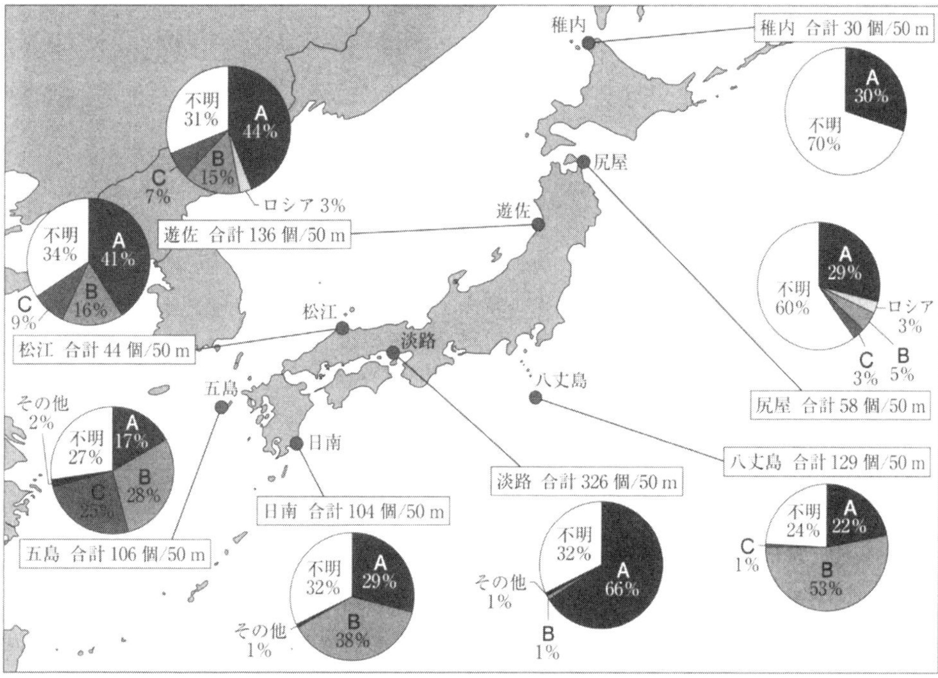

資料10　日本近海の海流

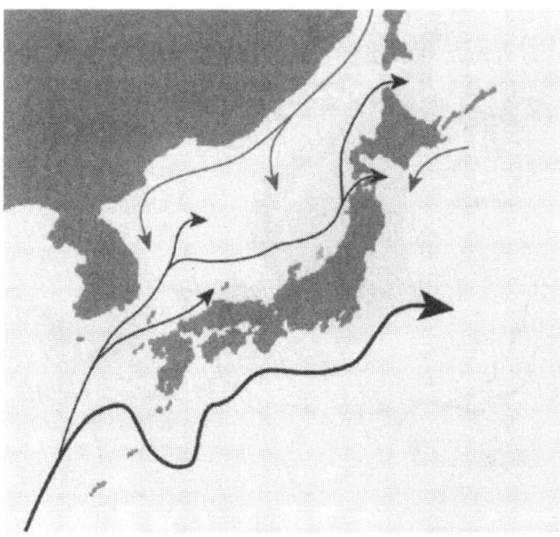

(環境省「平成 29 年度海洋ごみ調査の結果について」などにより作成)

会話文

タクミ：自由研究でペットボトルの漂着ゴミについて調べて，**資料9**を作成しました。
先　生：とても興味深い地図を作りましたね。どのような資料を用いて地図を作ったのですか。
タクミ：ペットボトルに印刷されている言語表記を基に，どこから日本へ流れ着いたのかを集計した統計データを用いました。漂着ゴミの傾向を考える上で，何か良い着眼点はありませんか。
先　生：では，**資料9**と**資料10**を見比べてみましょう。
タクミ：なるほど，海流の影響がありそうですね。
先　生：ええ。では，**資料9**中のA～Cはそれぞれどこの国だと思いますか。
タクミ：Aは［X］，Bは［Y］，Cは［Z］でしょうか。
先　生：正解です。
タクミ：このように現象を地図化したり，他の情報と重ね合わせてみたりして考えると，理解が深まりますね。

	X	Y	Z
①	大韓民国	中華人民共和国	日本
②	大韓民国	日本	中華人民共和国
③	日本	大韓民国	中華人民共和国
④	日本	中華人民共和国	大韓民国

5 生活圏の地理的諸課題と地域調査に関して，**問1**～**問4**に答えよ。

問1 フミヤさんは，京都府舞鶴市の地域調査を行うために，**資料1**と**資料2**を得た。これらの資料から読み取った文として**不適切なもの**を，あとの①～④のうちから一つ選べ。
解答番号は 17 。

資料1 西舞鶴地区

資料2　東舞鶴地区

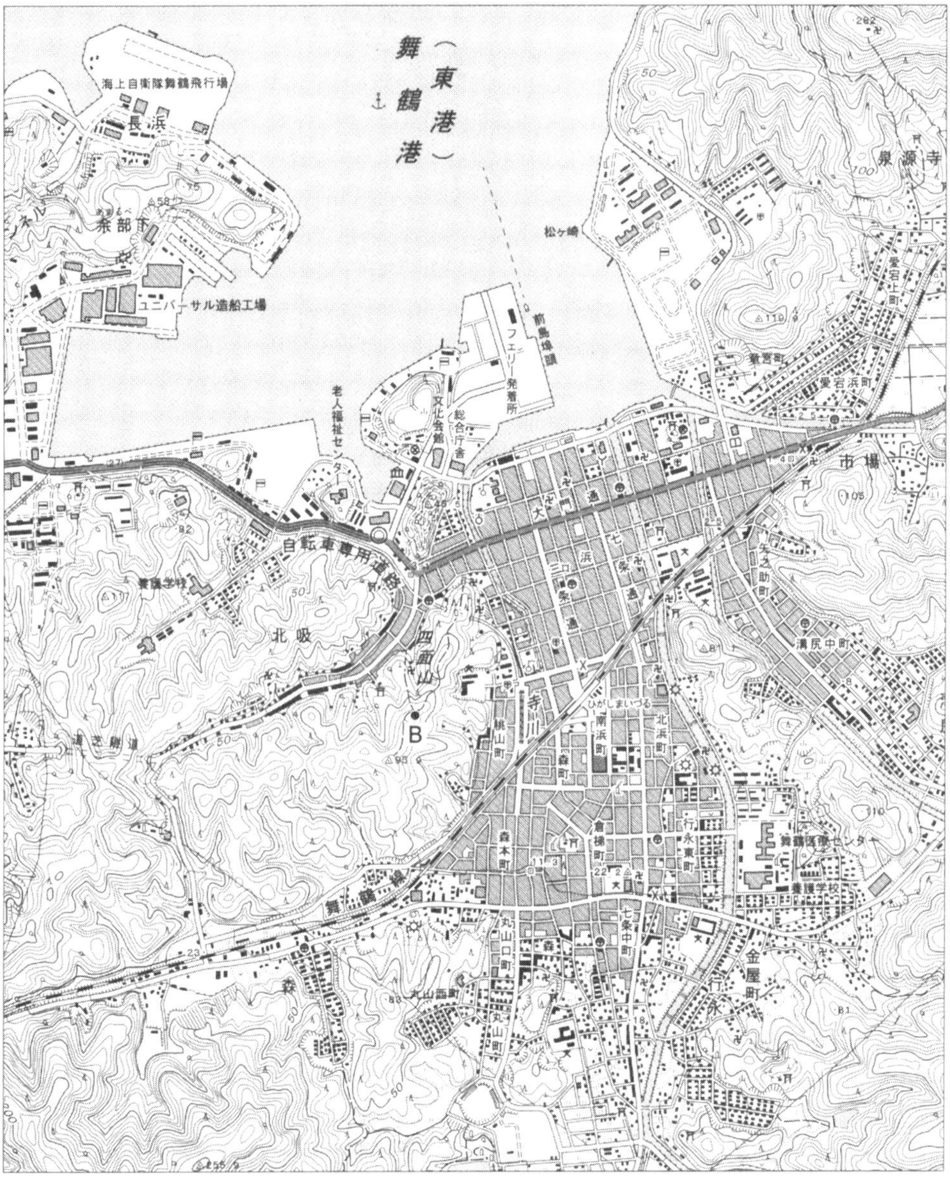

（国土地理院発行 25,000 分の 1 地形図「西舞鶴」,「東舞鶴」原寸により作成）

① **資料**1から，西舞鶴駅の北側に城跡があり，かつては城下町であったことが分かる。

② **資料**2から，市役所は東舞鶴地区の海岸線から500メートル以内の場所に位置していることが分かる。

③ **資料**1と**資料**2から，両地区はともに鉄道路線が複数走っていることが分かる。

④ **資料**1と**資料**2から，西舞鶴地区のA地点と東舞鶴地区のB地点の標高を比較すると，西舞鶴地区のA地点の方が標高が高いことが分かる。

問 2 フミヤさんは，京都府の人口変化について興味をもち，**資料 3** と**資料 4** を得て，これらの資料について，**メモ**を作成した。**メモ**中の空欄 W ～ Z に当てはまる語の組合せとして最も適切なものを，あとの①～④のうちから一つ選べ。解答番号は 18 。

資料 3 京都府の行政区域

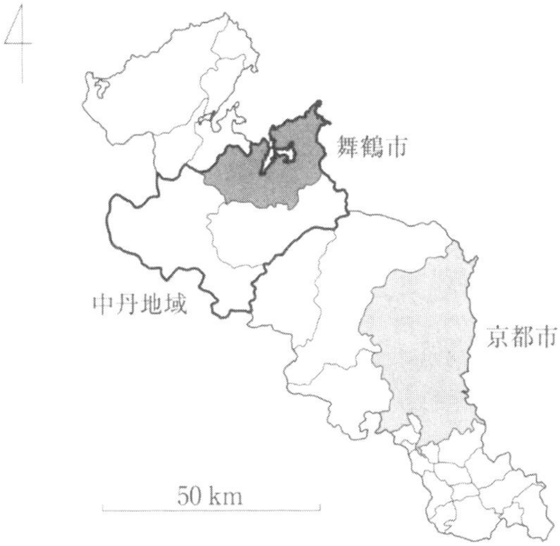

（https://uub.jp/map/kyoto/map0.html により作成）

資料 4 中丹地域と京都市における年齢階層別の人口動態(2005～2010 年)

中丹地域

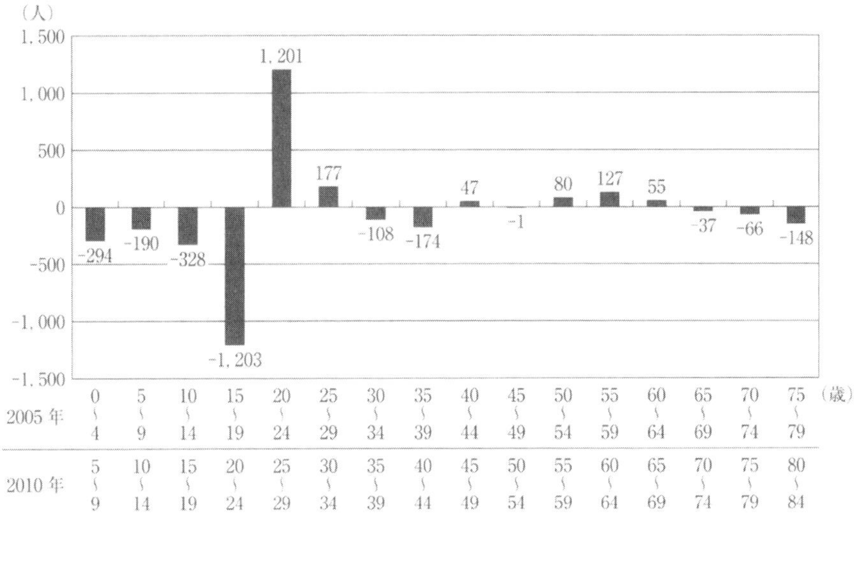

京都市

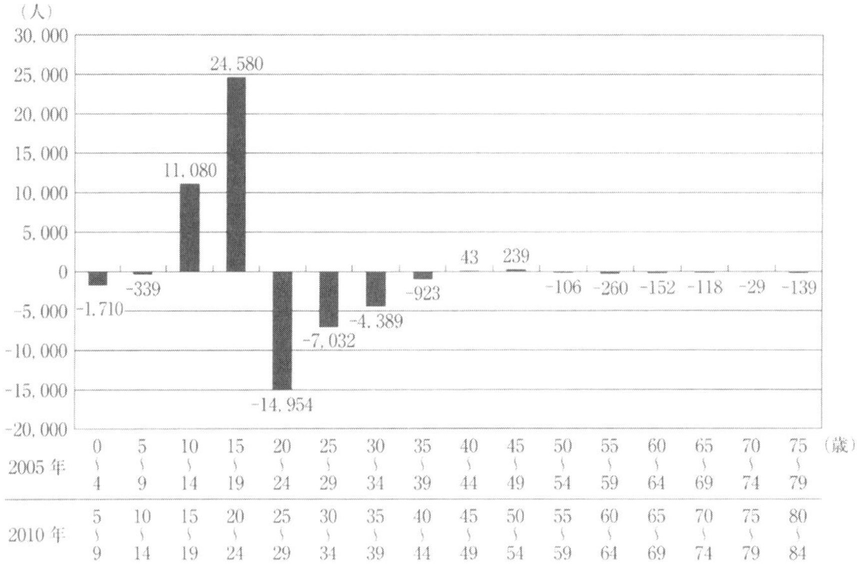

(https://www.city.kyoto.lg.jp/sogo/cmsfiles/contents/0000195/195637/270729-sanko3-1-jinkosoan.pdf により作成)

メモ

資料4は，中丹地域と京都市の2005年から2010年にかけての人口の変化を，5歳ごとの年齢別の増減で示したものである。例えば，中丹地域の2010年の「5～9歳」の「-294」という値は，2010年の「5～9歳」の人口が2005年の「0～4歳」の人口と比較して294人少なく，その年齢階層の人口が減少したことを示している。

人口増減は自然増減の影響と社会増減の影響を受ける。大幅なプラスになっている地域は，就業機会や教育機関が多いため社会増加の影響が大きい。2010年の15～19歳の年齢階層の人口は，中丹地域では [W] し，京都市では [X] したことが分かる。

一方で，中丹地域では，2005年に [Y] 歳で2010年に [Z] 歳の年齢階層の人口が就業機会を求めて増加していることが分かる。

	W	X	Y	Z
①	増加	減少	15～19	20～24
②	増加	減少	20～24	25～29
③	減少	増加	15～19	20～24
④	減少	増加	20～24	25～29

問3　フミヤさんは，舞鶴市の産業構造について興味をもち，**資料5**と**資料6**を得た。これらの資料から読み取ったこととして**不適切なもの**を，あとの①～④のうちから一つ選べ。
解答番号は［19］。

資料5　京都府舞鶴市における産業部門別従業者数(2016年)

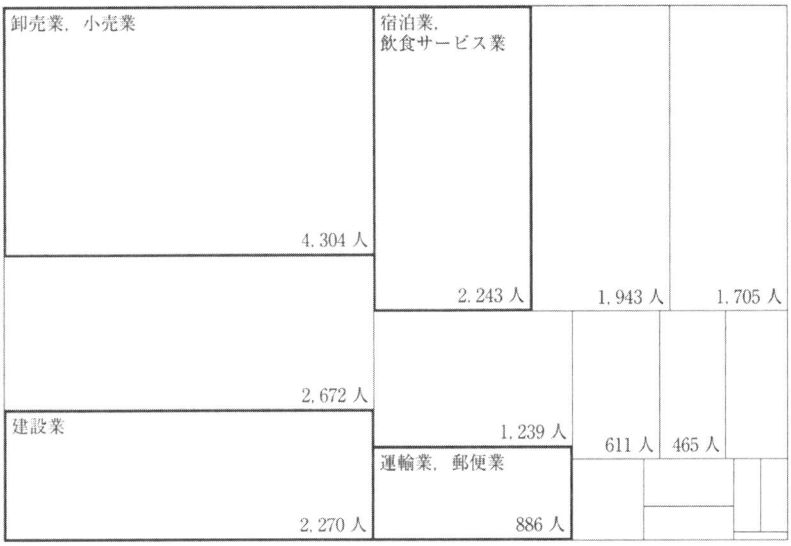

資料6　京都府舞鶴市における産業部門別売上高構成比(2016年)

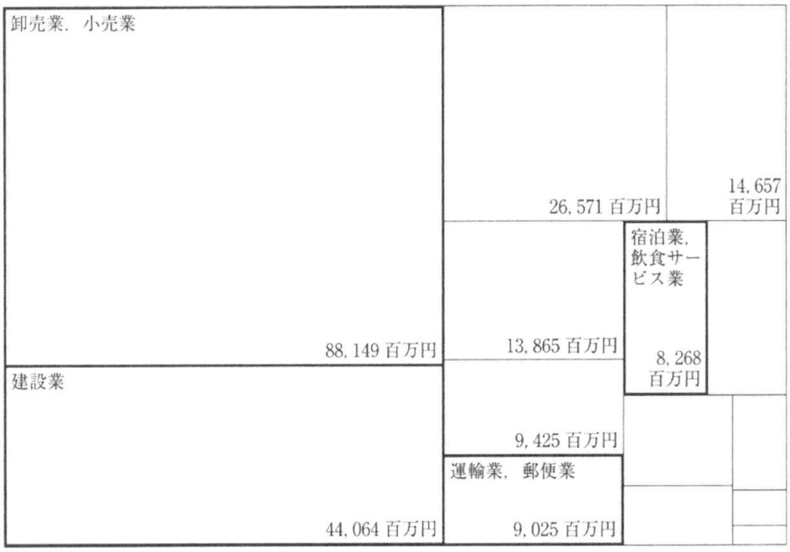

注)・各産業部門別の面積は，全体に占める割合を示す。
・各四角形は異なる産業部門であることを示す。

(RESASにより作成)

① **資料5**から，産業部門別に見た従業者数は，「運輸業，郵便業」と比べて「建設業」の方が多いことが分かる。

② **資料6**から，産業部門別に見た売上高は，「卸売業，小売業」と「建設業」を合わせると全業種の半分以上を占めていることが分かる。

③ **資料5**と**資料6**から，従業者数と売上高はともに「卸売業，小売業」が最も大きい割合を占めていることが分かる。

④ **資料5**と**資料6**から，「宿泊業，飲食サービス業」の従業者数の全産業に占める割合と，売上高の全産業に占める割合を比較すると，売上高の全産業に占める割合の方が大きいことが分かる。

問4　フミヤさんは，舞鶴市がＳＤＧｓ未来都市に選定されたことに興味をもち，**資料7**を作成した。この資料について，フミヤさんと先生の**会話文**中の空欄 X ， Y に当てはまるＳＤＧｓのゴールの番号と語句の組合せとして最も適切なものを，あとの①～④のうちから一つ選べ。解答番号は 20 。

資料7　フミヤさんが作成したレポート

テーマ：舞鶴市では，どのようにＳＤＧｓを推進しているのだろう。

2030年の目指すべき姿

(1)地域経済の維持・拡大

(2)誰もが豊かな生活を享受できる社会の実現

(3)舞鶴版「地域循環共生圏」の創造

舞鶴市のＳＤＧｓに関する取組

取組	取組を評価するための指標	取組の具体例
海・港を生かした産業振興と若者が働く場の確保	年間貨物取扱量	港湾を整備し，クルーズ船を誘致
人口構造の変化に対応した都市機能の整備	市内公共交通利用者数	公共交通の整備や自動車の乗り合いサービスなどの拡充
再生可能エネルギーの活用促進による脱炭素社会の実現	住宅用太陽光発電システムの設置数	再生可能エネルギーの普及率を高める

関連するＳＤＧｓのゴールの番号

取組を行うにあたって…

舞鶴市では，様々な指標の目標値を定めて，達成状況をはかろうとしており，企業や研究機関と連携しながら，様々な取組をしていることが分かった。ほかの自治体でも同じようなことをしているのか調べたい。

（舞鶴市ホームページなどにより作成）

会話文

フミヤ：舞鶴市は2019年にＳＤＧｓ未来都市に選ばれたと聞いたので，レポートにまとめました。
先　生：どのようなことが分かりましたか。
フミヤ：舞鶴市だけではなく，企業や研究機関などと一緒に取り組んでいることが分かりました。具体的な取組には，港湾を大きくし，クルーズ船を誘致して，若年層の就業機会の確保を目指していることなどがあります。
先　生：では，この取組はＳＤＧｓのゴールでいうとどれと最も関連があるでしょうか。
フミヤ：この取組は舞鶴市の産業発展と関連が深いので，最も関連するＳＤＧｓのゴールの番号は［X］だと思います。
先　生：そうですね。ところで，これらはいくつかの指標で達成状況をはかっていますね。港湾施設の整備では，何を指標として達成状況をはかろうとしているでしょうか。
フミヤ：はい。港湾整備により，貨物船が寄港しやすくなるため，［Y］がその指標としてふさわしいと思います。舞鶴市だけではなく，京都府の北部やさらにほかの地域にも影響を与えます。
先　生：よく調べられていますね。ほかの自治体も含めて，持続可能な地域が作られていくと良いですね。

	X	Y
①	7	年間貨物取扱量
②	7	市内公共交通利用者数
③	9	年間貨物取扱量
④	9	市内公共交通利用者数

（これで地理Ａの問題は終わりです。）

令和３年度　第２回

解答・解説

【重要度の表記】

Ａ：重要度が高く確実に正答したい設問。しっかり復習する必要のある問題です。

Ｂ：重要度はＡレベルよりすこし下で、やや難易度が高い設問または内容を読み取る設問。高得点を狙う人は復習しましょう！

Ｃ：重要度が低い、または難解な設問。軽く復習する程度でよいでしょう！

令和３年度 第２回　高卒認定試験

【　Ａ解答　】

1	解答番号	正答	配点	2	解答番号	正答	配点	3	解答番号	正答	配点	4	解答番号	正答	配点
問１	1	③	5	問１	5	②	5	問１	9	③	5	問１	13	④	5
問２	2	④	5	問２	6	①	5	問２	10	②	5	問２	14	①	5
問３	3	④	5	問３	7	③	5	問３	11	③	5	問３	15	④	5
問４	4	②	5	問４	8	②	5	問４	12	①	5	問４	16	④	5

5	解答番号	正答	配点
問１	17	③	5
問２	18	④	5
問３	19	④	5
問４	20	③	5

【　Ａ解説　】

1

問１　資料３を見ると、対蹠点という点が描かれています。対蹠点とは地球の中心を通って反対側に出た点です。つまり、対蹠点は千葉県鎌ケ谷市の「東経 140 度」の 180 度反対の経線上にあるので、対蹠点のある経線をたどれば、③だとわかります。したがって、正解は③です。

解答番号【1】：3　　⇒ 重要度Ａ

問２　不適切なものを選びます。資料４の粘土板に描かれた地図の再現と地図に描かれているものをよく見比べましょう。①１の海が周囲に描かれていますから、これは正しいです。②２の山や６の湿地帯も描かれており、これらの自然物の影響を考えていたとわかりますから、これも正しいです。③中央に近い位置に３の都市バビロンがあり、その周りに４の小都市が描かれていますから、バビロンは中心的なものだと考えられ、これも正しいと言えます。④この地図には「方位を表す記号と縮尺」は示されていません。よって、「中心からの距離と方位が正確に描かれる図法」が用いられているとは言えませんから、これが誤りです。したがって、正解は④です。

解答番号【2】：4　　⇒ 重要度Ａ

問３　（X）日付は日付変更線から西に順に変わっていきます。つまり、日付変更線の西側（左側）に比べ、東側（右側）は１日遅くなります。キリバスは日付変更線の西側に入ったことで、世界で最も「早く」新年を迎える国になりました。（Y）オセアニアの国々では「オーストラリア」が経済の中心となっていますから、経済的なつながりを考えると、日付が同じほうが便利です。したがって、正解は④です。

解答番号【3】: 4 ⇒**重要度A**

問4　旅行メモを読みながら、資料10を見て道をたどっていきましょう。資料10の右上部分にある「観光案内所」を出発します。その前の濃いグレーの太い道を少し左に行くと「クレープ店」があります。そこからグレーの道とは反対方向、地図上で左上の方向に進んでいくと「書店」があり、さらにその先、「衣料品店」のある丁字路で曲がります。そこから地図の下の方向へ向かう道が「スタションス通り」で、次の丁字路にあたるまでまっすぐ進みましょう。そこから東つまり地図上の右へ進むと国境があるのですから、②が答えになります。したがって、正解は②です。

解答番号【4】: 2 ⇒**重要度B**

2

問1　資料1の説明からキーワードを見つけて考えましょう。（A）「羊などの毛皮」とありますから、羊が分布しているアかウだと考えられます。しかし、「カトリック」とありますから、イスラム文化圏のウではなくアだとわかります。（B）「バナナの葉」とあります。バナナは熱帯の植物ですから、エだとわかります。したがって、正解は②です。

解答番号【5】: 2 ⇒**重要度B**

問2　（A）資料3を見ると、菜食主義者の割合が高いことを示すグラフはインドの「北西部」に多くあります。（B・C）資料4を見ると、アは小麦、イは米を食べるとあります。資料5を見ると、X地点よりY地点のほうが降水量が多く米作りに適していますから、Yが米を食べる地域だと考えられます。したがって、Bはア、Cはイとなり、正解は①となります。

解答番号【6】: 1 ⇒**重要度A**

問3　資料7の地図で位置を確認しながら考えましょう。①資料7を見ると、1班が調べた住居はアフリカの砂漠にあり、発表タイトルに「日干しレンガに囲まれた家」とありますから、木や石で作られている資料6の写真の家とは違います。②2班の発表タイトルには「豪雪地帯の家」とありますから、日本の北陸などの合掌造りの家だと考えられ、これも違います。③3班の発表タイトルから、屋根が天然の空調設備となっていることがわかります。資料6の下のグラフを見ると、草屋根住居の内部の温度は、最高気温は外よりも低く、最低気温は外よりも高くなっていて、室温が快適に保たれていることがわかりますから、これが答えだとわかります。④タイなど東南アジアでは、洪水が多いことから川辺の住居は高床式住居となっていますが、資料6の写真からこれは違うとわかります。したがって、正解は③です。

解答番号【7】: 3 ⇒**重要度B**

問4　不適切なものを選びます。イスラム教の戒律を考えながら、資料10を見ていきましょう。①このアプリには豚に関わる原材料を含まない商品を示す機能があることがわかります。

イスラム教では豚肉などを食べてはいけないとしていますから、これは正しいです。②「ムスリムの人々にとって神聖な動物とされる牛の肉」とありますが、そう考えているのはヒンドゥー教の人々で、イスラム教で食べてはいけないものは豚です。よって、これが誤りです。③ムスリムの人々は１日５回の礼拝を行わなければなりません。現在、日本でもそのような部屋が作られるようになってきていますが、このアプリではそれを調べることができるので正しいです。④礼拝の際には、みな聖地であるメッカの方向を向く必要があるので、その方角を知ることはとても重要ですから、これも正しいです。したがって、正解は②です。

解答番号【8】：2　⇒**重要度A**

3

問１　（X）資料２を見ると、「家畜」を原因とした森林破壊がアマゾンなどの地域で行われていることがわかります。これが牛肉の生産を目的とした牧場の造成のために行われた森林破壊だと考えられますから、アマゾンとほかの２つの地域を含むBが答えとなります。（Y・Z）森林にやさしい原料調達の証明となるマークは、資料３を見ると、「油」についてはRSPO、「紙」についてはFSCのマークだとわかります。したがって、正解は③です。

解答番号【9】：3　⇒**重要度B**

問２　（X）資料５において漁獲高が低い年の海水温を資料６で見てみると、そのときは平年に比べて「高い」ことがわかります。（Y）資料７を見ると、ペルー沖の海水温が「高いときのほうが、冷水が上昇しにくい」ことがわかります。また、まとめにあるように、カタクチイワシは「冷水とともに湧き上がる」「プランクトンを栄養源としている」ので、海水温が例年よりも「高い」年は、冷水の湧き上がりが「弱くなる」ため、プランクトンが少なくなって漁獲量が減ると考えられます。したがって、正解は②です。

解答番号【10】：2　⇒**重要度B**

問３　資料９から、アラブ首長国連邦の自国民は人口の１割程度であることがわかります。そして、資料10から移民の大半は男性であることもわかります。よって、この国では移民の男性が人口の大多数を占めると考えられます。それを踏まえて資料11を見ると、左にグラフが大きく出ていますから、左側のAが男性、右側のBが女性だと考えられます。さらに、自国民より移民のほうがずっと多いのですから、グラフにおいてⅠの斜線部分が自国民でⅡの斜線のない部分が移民だと考えられます。したがって、「移民」はⅡ、「男性」はAだとわかり、正解は③となります。

解答番号【11】：3　⇒**重要度B**

問４　（X）資料12を見ると、アの路線に沿ってずっと「公共交通沿線居住推進補助対象地区」が続いていますが、イにはほとんどありません。よって、答えはアです。（Y）資料13を見ると、右の新たな鉄道車両は車体の床が低くなっています。これは「車両を低床化させ、高齢者や障害者など誰でも乗りやすい」ようにしていると考えられます。したがって、正解は①です。

解答番号【12】：1　⇒**重要度B**

4

問１　（Ｘ）資料１の地図の緯線と資料３を比べて見てみましょう。すると、Ａのルートは「偏西風」の影響を受けることがわかります。（Ｙ）Ｂのルートは「貿易風」の影響を受けることがわかります。（Ｚ）貿易風は東から西へ吹く風ですから、西のアディスアベバから東のバンコクへ行く場合、風に逆らうことになり、飛行時間は「長く」なります。したがって、正解は④です。

解答番号【13】：４　⇒**重要度Ｂ**

問２　①資料５のアの川はこの図では右下から左上へと流れています。この図を資料４と重ねてみると、予想される被害規模が大きいところと河川の流域が重なっており、Ａ地点はとくに河川の合流点付近となるので、被害が大きくなると考えるタクミさんの分析は正しいと考えられます。②資料５のイの山頂付近で噴火したと考えると、等高線の間隔は狭いところが谷になっていますから、火砕流はそこを中心に流れていくと推測できます。しかし、Ｂ地点に重なるあたりは等高線の間隔は広く、尾根になっていると考えられますから、Ｂ地点を「谷」だと考えるアイミさんの分析は誤りです。③Ｃ地点は等高線の間隔が狭い谷になった部分で、火砕流による被害が大きいと考えられますが、ワタルさんはそこを「尾根」だと言っているため誤りです。④アの図と見比べると、Ｄ地点はカーブの内側にあるため、ユリナさんの分析は誤りです。したがって、正解は①です。

解答番号【14】：１　⇒**重要度Ａ**

問３　不適切なものを選びます。①資料６を見ると、東北地方と九州地方には100未満と考えられる円が描かれていますから、これは正しいです。②資料７を見ると、東京都と近畿地方のいくつかの府県が高位となっていますから、これも正しいです。③資料６を見ると、島根県の眼科一般診療所数は100未満と考えられます。また、資料７を見ると、人口10万人当たりの眼科一般診療所数は高位になっていますから、これも正しいです。④資料７と８を見比べると、人口10万人あたりの眼科一般診療所数が高位でも、人口10万人あたりの眼科を受信した推計外来患者数は中位のところもあるので、これが誤りです。したがって、正解は④です。

解答番号【15】：４　⇒**重要度Ｂ**

問４　グラフの特徴から考えていきましょう。資料９のグラフのＡはほとんどの地点で最も割合が高くなっていますし、とくに瀬戸内海にある淡路では６割以上を占めていることから、Ａは「日本」だと考えられます。次にＢとＣを比べると、Ｂが太平洋側でも日本海側でも見られるのに対して、Ｃは日本海側に集中しています。よって、Ｃが「大韓民国」で、Ｂが「中華人民共和国」だと考えられます。したがって、正解は④です。

解答番号【16】：４　⇒**重要度Ｂ**

5

問１　不適切なものを選びます。①資料１の中央下部に西舞鶴駅があり、その北部に「田辺城址」があるので、かつては城下町だったとわかりますから、これは正しいです。②資料２

の「自転車専用道路」のそばにある◎が市役所です。舞鶴港の海岸線のすぐ近くにあります。25,000 分の１の地図の場合、500m は２cm で表されますから、それよりずっと海岸線に近いことがわかり、これも正しいです。③資料１を見ると舞鶴線ともう一本路線が見られますが、資料２は舞鶴線のみとなっていますから、これが誤りです。④資料１のＡ地点の近くの愛宕山の頂上には 213.0 と書かれた三角点があります。資料２のＢ地点の近くにある三角点には 95.9 と書かれていますから、Ａ地点とＢ地点の正確な標高ではないものの、Ａ地点のほうが高いことがわかり、これも正しいと言えます。したがって、正解は③です。

解答番号【17】：3　　⇒ 重要度Ａ

問２　（W・X）資料４から、15 ～ 19 歳の人口について、中丹地域は「減少」していることが、京都市は「増加」していることがわかります。（Ｙ・Ｚ）中丹地域において大きく増加しているのは、2005 年に「20 ～ 24」歳で 2010 年に「25 ～ 29」歳の人口です。したがって、正解は④です。

解答番号【18】：4　　⇒ 重要度Ｂ

問３　不適切なものを選びます。このようなグラフは、長方形の面積で表すことで比較しやすいのが特徴です。①資料５を見ると、「運輸業、郵便業」の長方形より「建設業」の長方形のほうが大きいですから、これは正しいです。②資料６を見ると、「卸売業、小売業」と「建設業」を合わせた長方形は、全体の半分以上を占めていることがわかりますから、これも正しいです。③資料５でも資料６でも「卸売業、小売業」が最も大きくなっていますから、これも正しいです。④割合を比較するには、それぞれの長方形の大きさをそのまま比較すればよいです。「宿泊業、飲食サービス業」の長方形が大きいのは従業者数のほうですから、「売上高の全産業に占める割合の方が大きい」というのが誤りです。したがって、正解は④です。

解答番号【19】：4　　⇒ 重要度Ｂ

問４　（X）港湾やクルーズ船誘致の取り組みは、会話文中では産業発展と関連が深いとフミヤさんは言っていますし、資料７の表の中にも「産業振興」とあります。よって、最も関連する SDGs のゴールの番号は「９」だと考えられます。（Y）港湾施設の整備の達成状況を測る指標は、資料７の表から「年間貨物取扱量」だとわかります。したがって、正解は③です。

解答番号【20】：3　　⇒ 重要度Ｂ

令和３年度 第１回
高卒認定試験

地理Ａ

解答時間　50分

注　意　事　項（抜粋）

＊　試験開始の合図前に，監督者の指示に従って，解答用紙の該当欄に以下の内容をそれぞれ正しく記入し，マークすること。

①**氏名欄**

氏名を記入すること。

②**受験番号**，③**生年月日**，④**受験地欄**

受験番号，生年月日を記入し，さらにマーク欄に**受験番号**（数字），**生年月日**（年号・数字），**受験地をマーク**すること。

＊　**受験番号，生年月日，受験地が正しくマークされていない場合は，採点できないことがある。**

＊　解答は，解答用紙の解答欄にマークすること。例えば，［10］と表示のある解答番号に対して②と解答する場合は，次の（例）のように**解答番号 10 の解答欄**の②に**マーク**すること。

（例）

解答番号	解　答　欄
10	① ● ③ ④ ⑤ ⑥ ⑦ ⑧ ⑨ ⓪

地　　理　A

（解答番号 [1] ～ [20]）

1 地球儀や地図からとらえる現代世界に関して，問1～問4に答えよ。

問1 アヤカさんは，地球儀の使い方について調べ，**レポート**を作成した。アヤカさんの**レポート**中の下線部**ア**～**ウ**の正誤の組合せとして最も適切なものを，あとの①～④のうちから一つ選べ。解答番号は [1] 。

レポート

Ⅰ　地球儀で方位を調べる方法

「東京の真東」を調べるため，２本の紙テープを直角に交わるように貼り合わせ，交わったところを東京の上に置く。次に，**ア** 右図のように１本の紙テープを北極と南極を通るように置くと，もう１本の紙テープが東京から見た真東と真西を示す。結果として，東京の真東はハワイ諸島付近を通り，南アメリカ大陸を横断して大西洋まで続くことが分かる。

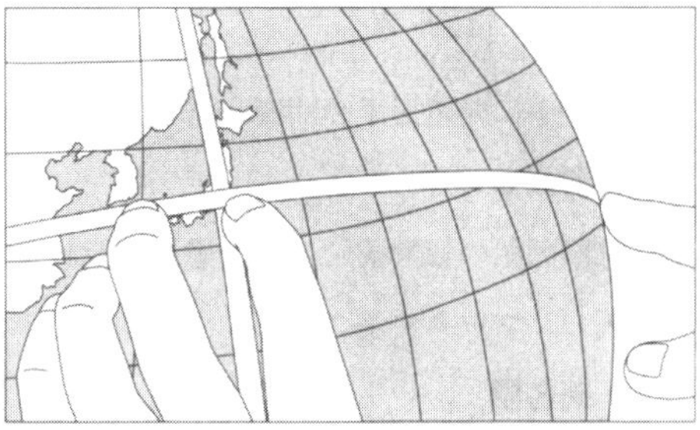

Ⅱ　地球儀で最短経路を調べる方法

ほぼ北緯40度に位置する「秋田－マドリード」の２点間の最短経路を調べるため，まず，ひもを１本用意する。**イ** 右図のように秋田の上でひもの端を押さえ，もう一方のひもの端をマドリードの上で押さえる。その際，ひもはなるべく北緯40度線に沿うようにする。結果として，最短経路は大圏航路を通ることが分かる。

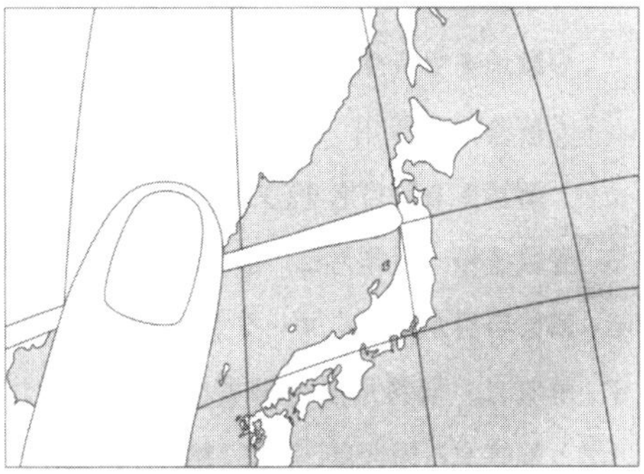

Ⅲ　地球儀で面積を比較する方法

「オーストラリア大陸とグリーンランド」の面積を比較するため，**ウ** 右図のように透明シートを地球儀にあてて，オーストラリア大陸の輪郭をペンでなぞり，オーストラリア大陸の輪郭を写し取った透明シートをグリーンランドに重ねる。結果として，オーストラリア大陸の面積の方が大きいことが分かる。

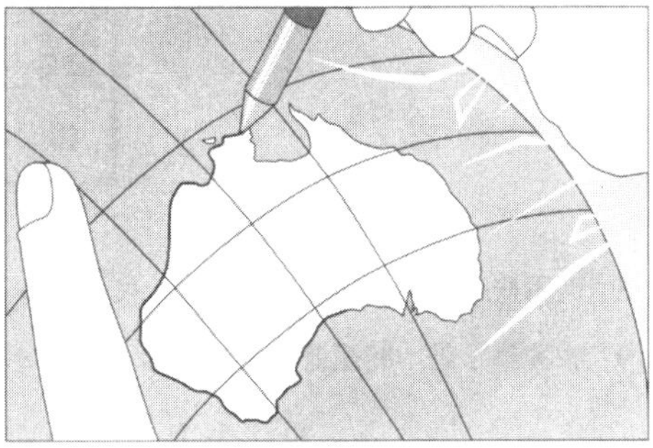

（『LOVE 地球儀』により作成）

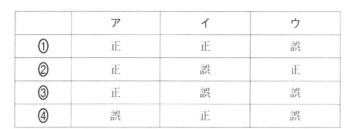

	ア	イ	ウ
①	正	正	誤
②	正	誤	正
③	正	誤	誤
④	誤	正	誤

問２　アヤカさんは，時差の仕組みについて興味をもち，**資料１**と**資料２**を得た。**資料１**と**資料２**中のＡ，Ｂは，本初子午線から東回りに180度の経線までの東半球，本初子午線から西回りに180度の経線までの西半球のいずれかを，ア～ウ，ア'～ウ'は都市を示している。これらの資料に関するアヤカさんと先生の**会話文**中の空欄 [X] ， [Y] に当てはまる語句の組合せとして最も適切なものを，あとの①～④のうちから一つ選べ。解答番号は [2] 。

資料１　北極点を中心とする正積方位図法

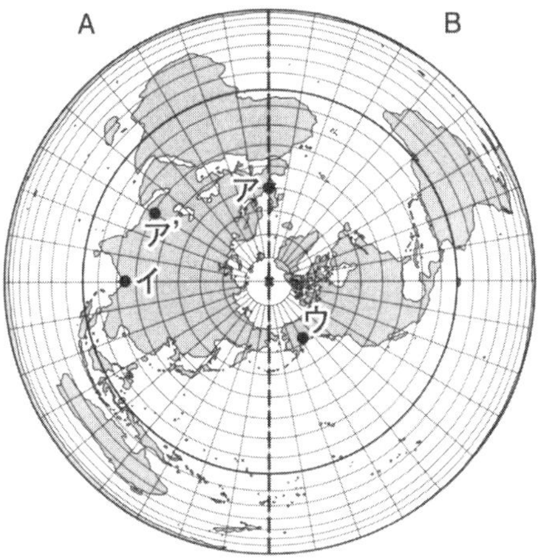

資料２　南極点を中心とする正積方位図法

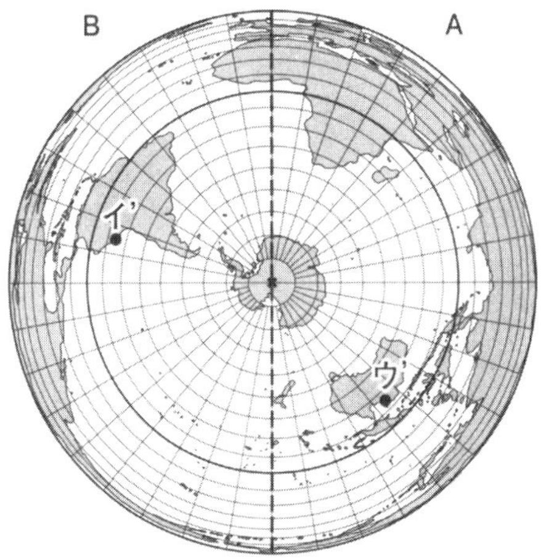

注）・緯線・経線はすべて10度間隔。
・破線は，経度０度及び経度180度を示す。

会話文

アヤカ：**資料1**と**資料2**の正積方位図法を使って，時差の仕組みについて考えてみることにしました。

先　生：時差の仕組みを考える際に，このような図法を使うと，理解しやすくなりそうですね。

アヤカ：でも，調べてみたいものの中には，南極点を中心とする**資料2**を読む必要があって，難しそうです。

先　生：確かにそうですね。しかし，本初子午線を手がかりにすれば，読み方が容易になります。本初子午線は，どちらの資料も図の中心から見た上下方向への破線ですね。では，**B**の部分は東半球ですか，それとも西半球ですか。

アヤカ：アメリカ合衆国の位置から判断すると…。**B**の部分は［ X ］になります。

先　生：その通りです。では，次に**ア**と**ア'**から順に時差(南中時刻の差)を測ってみましょう。

アヤカ：**ア**の経度は0度，**ア'**の経度は60度だから60度離れているので，サマータイムを考慮しないとすれば，4時間の時差があると考えられます。**資料2**の場合も日本の位置から判断すればよさそうですね。

先　生：この考え方を使えば，**イ**と**イ'**の間と**ウ**と**ウ'**の間の時差も分かりそうです。日付を含めて考えた場合の時刻の差はどちらが大きいと考えられますか。**イ'**と**ウ'**の位置を**資料1**に落として考えてみましょう。日付変更線にも注目してください。

アヤカ：［ Y ］のほうが，時差が大きいと考えられます。これは分かりやすいですね。

先　生：よく理解できました。

	X	Y
①	東半球	イとイ'の間
②	東半球	ウとウ'の間
③	西半球	イとイ'の間
④	西半球	ウとウ'の間

問 3　アヤカさんは，日本の国境地域に興味をもち，**資料 3** の日記を書き，**資料 4** と**資料 5** を得た。**資料 4** は日本の領域が分かる地図，**資料 5** は日本と隣接する国や地域との関係をアヤカさんが調べたものであり，**資料 5** 中の**ア**～**ウ**は，**資料 4** の**X**～**Z**の島のいずれかを説明したものである。**X**～**Z**と**ア**～**ウ**の組合せとして最も適切なものを，あとの①～④のうちから一つ選べ。解答番号は [3] 。

資料 3　アヤカさんの日記

根室市にある資料館で，かつて日本とロシアの国境が樺太を通る北緯 50 度線に沿う形で決められていた時代の標石を見学しました。この標石は，**資料 4** の**W**の位置にありました。現在は日本と陸続きの国境はありませんが，日本と隣接する国や地域が，どのような様子なのかについて，調べてみようと思います。

資料 4　日本とその周辺

日　本　全　図

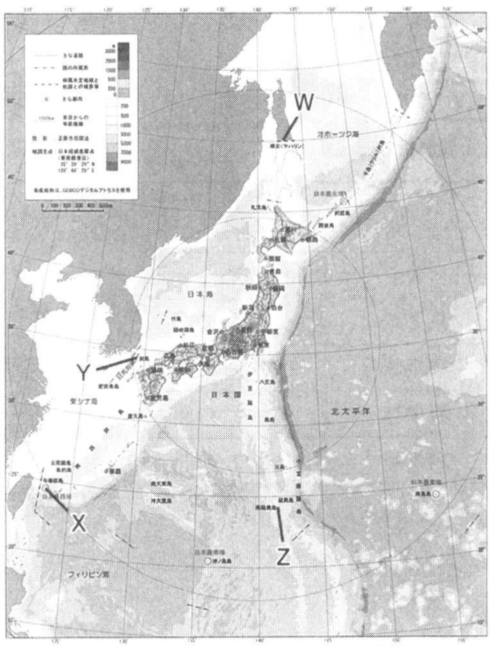
W
X
Y
Z
この地図は，1:5,000,000日本とその周辺（平成29年修正）を使用して作成しました。
国土交通省国土地理院

0　500 km

（日本全図（国土地理院）により作成）

令和3年度第1回試験

資料5

ア　この島から隣国の都市までは，約 50 km 離れています。これは，この島から県庁所在地までの距離の半分以下の距離であり，それだけこの島から隣国までの距離が近いといえます。この島の展望所からは，隣国の都市やその都市の花火が眺望できます。

イ　この島の南東に，写真の火山島がありますが，約 540 km 離れており，肉眼で見ることはできません。この島の人々は，写真の火山島のある諸島と交流したことから，「イセエビ」を「ロングスタ」と呼びます。かつて隣国の島々を支配したスペインの言葉に由来するようです。

ウ　この島から西隣の島まで約 110 km 離れていますが，西隣の島に標高の高い山地があるため，晴れた日には見えることもあります。逆に隣接する島からは，この島は見えないようです。両島は文化や生業の点で共通点が多く，例えばサトウキビの生産が盛んに行われています。

（釜山日報 HP などにより作成）

	X	Y	Z
①	ア	イ	ウ
②	ア	ウ	イ
③	ウ	ア	イ
④	ウ	イ	ア

問 4　アヤカさんは，ＧＩＳ(地理情報システム)を用いた地図の作り方について学び，**資料6**～**資料8**を得た。**資料6**は，「食料品アクセス困難者マップ」を制作する過程に関するものである。これらの資料に関するアヤカさんと先生の**会話文**中の空欄 X ， Y に当てはまる語と記号の組合せとして最も適切なものを，あとの①～④のうちから一つ選べ。
解答番号は 4 。

資料6　「食料品アクセス困難者マップ」を制作する過程

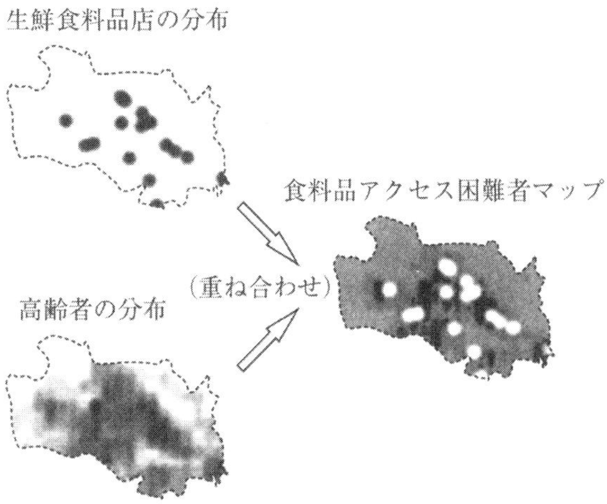

資料7　各店舗からの 500 m 圏を示す二つの方法

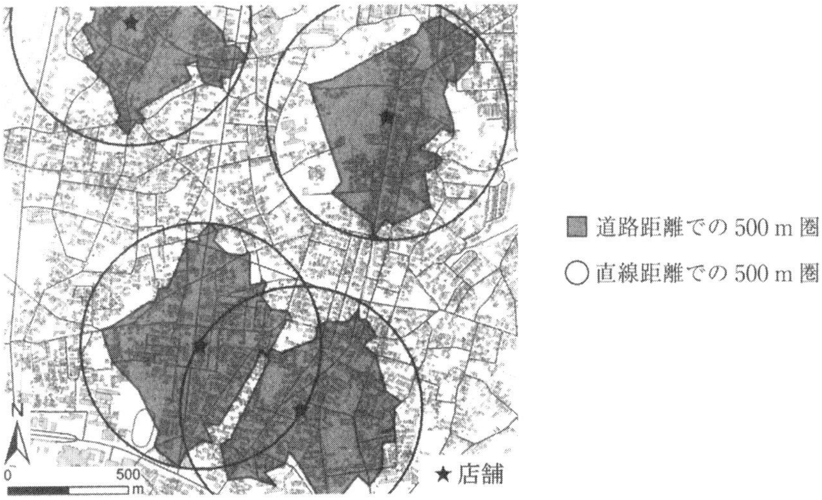

注）道路距離は，道路に沿ったなるべく短いルートの長さのことである。

（『都市のフードデザート問題』により作成）

資料 8

ア　生鮮食料品店の分布

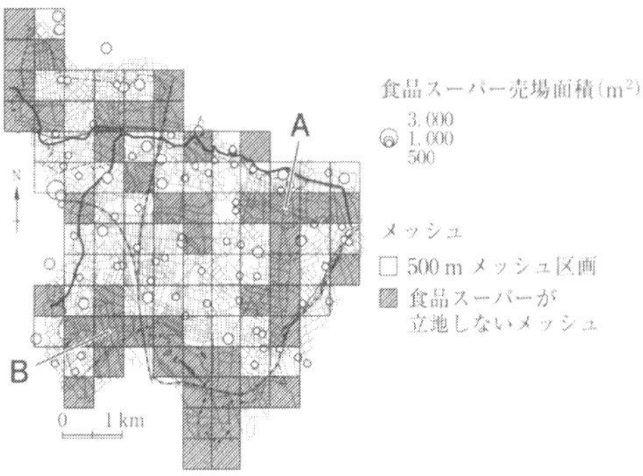

イ　食料品アクセス困難者マップ

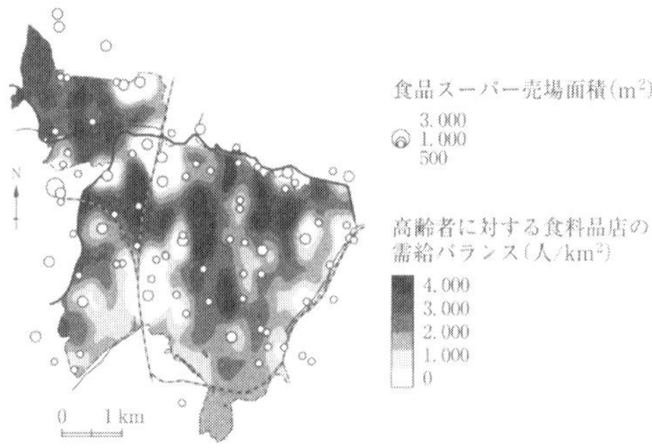

注）高齢者に対する生鮮食料品店の需給バランス（人/km²）は，数値が高いほど食料品アクセス困難者が多いことを示す。

（『都市のフードデザート問題』により作成）

会話文

アヤカ：近隣の生鮮食料品店までの距離が遠く，高齢者が生鮮食料品などの買い物に困っているという話を聞きました。そこで，「食料品アクセス困難者マップ」を読み取ってみることにしました。

先　生：どのようなことが読み取れましたか。

アヤカ：「食料品アクセス困難者マップ」は，**資料 6** のように，２枚の地図を重ね合わせることで作られていました。重ね合わせて作成した地図のうち，白色の地域は生鮮食料品店が分布しており，黒色の地域は食料品アクセス困難者が多いことが表されています。

先　生：なるほど，高齢者の分布と，店舗からの徒歩圏を地図に示すことが大切ですね。店舗からの徒歩圏には，**資料 7** のように直線距離で示す方法と，道路距離で示す方法があります。より正確なものにするためには，どちらの方法が適切ですか。

アヤカ：生鮮食料品店までの実際にかかる時間を考える必要があるため，［ X ］で示すほうが適切です。この考え方を用いて制作されたのが，**資料 8 のイ**です。

先　生：**資料 8 のア**は，生鮮食料品店の分布を表したものですね。この２枚の地図を重ね合わせると，どのようなことが分かりますか。

アヤカ：**ア**と**イ**の地図から，食品スーパーが立地しないところほど，食料品アクセス困難者が多い傾向にあることが分かりました。**A** と **B** のメッシュを比較すると，食料品アクセス困難者がより多く存在するのは［ Y ］でした。

先　生：このような分析を参考にして，よりよい社会づくりに役立てたいですね。

	X	Y
①	道路距離	A
②	道路距離	B
③	直線距離	A
④	直線距離	B

2 世界の生活文化の多様性について，**問1**～**問4**に答えよ。

問1 マサキさんは，世界各国のコーヒーの飲み方に興味をもち，**資料1**と**資料2**を得た。**資料2**中の**A**～**C**は，インド，ブラジル，ロシアのいずれかの統計を示したものである。**資料2**中の**A**～**C**と国名の組合せとして最も適切なものを，あとの①～④のうちから一つ選べ。解答番号は **5** 。

資料1 マサキさんがまとめた3か国におけるコーヒーの飲み方に関するメモ

インド

コーヒーは，特に南部地域で好まれる。この国では茶葉を煮出し，ミルクと多めの砂糖を入れたチャイとよばれる紅茶が有名だ。チャイと同様に，ミルクと砂糖を入れてコーヒーを飲む。また，ショウガやシナモン，ナツメグなどのスパイスを用いたマサラコーヒーもよく飲まれている。

ブラジル

この国では，コーヒーに砂糖を大量に入れて，コーヒーシロップのようにして飲むのが一般的であった。これは，コーヒーの生産量が多いことや，砂糖の生産量も多いということが関係している。

ロシア

コーヒーに，ココアとミルクを加える飲み方が有名だが，酒などを加えることもある。このような飲み方が広まったのは，冬は氷点下で厳しい寒さとなるため，ホットコーヒーだけでは身体が温まらなかったことが関係しているといわれている。

資料2 3か国におけるコーヒー豆，砂糖，牛乳の生産量が世界全体の生産量に占める割合(2018年)

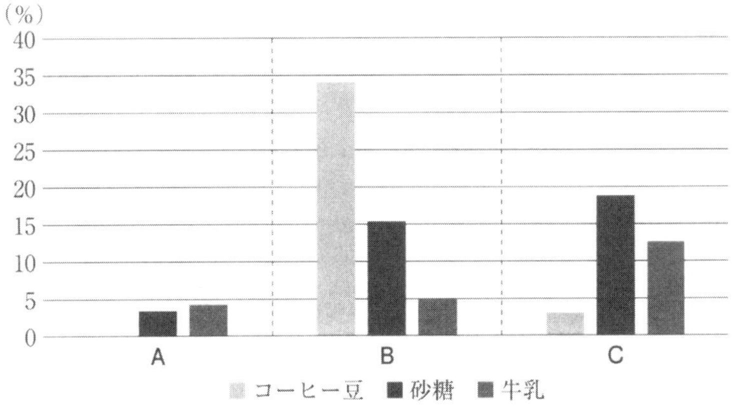

注) Aのコーヒー豆はデータがないため表示していない。

(FAOSTATにより作成)

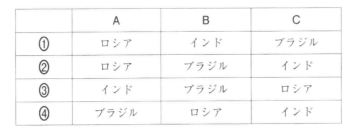

	A	B	C
①	ロシア	インド	ブラジル
②	ロシア	ブラジル	インド
③	インド	ブラジル	ロシア
④	ブラジル	ロシア	インド

問 2 マサキさんは，熱帯地域に位置するトンレサップ湖と，高山地域に位置するチチカカ湖にみられる特徴的な住居について，**資料3**～**資料6**を得た。これらの資料に関する**会話文**中の空欄 X ， Y に当てはまる語句の組合せとして最も適切なものを，あとの①～④のうちから一つ選べ。解答番号は 6 。

資料3 トンレサップ湖周辺の住居

資料4 チチカカ湖における湖上家屋の変遷

（「発展途上国の湖における住居の形態・建材から観た生活様式の調査研究」などにより作成）

資料5 トンレサップ湖とチチカカ湖の位置

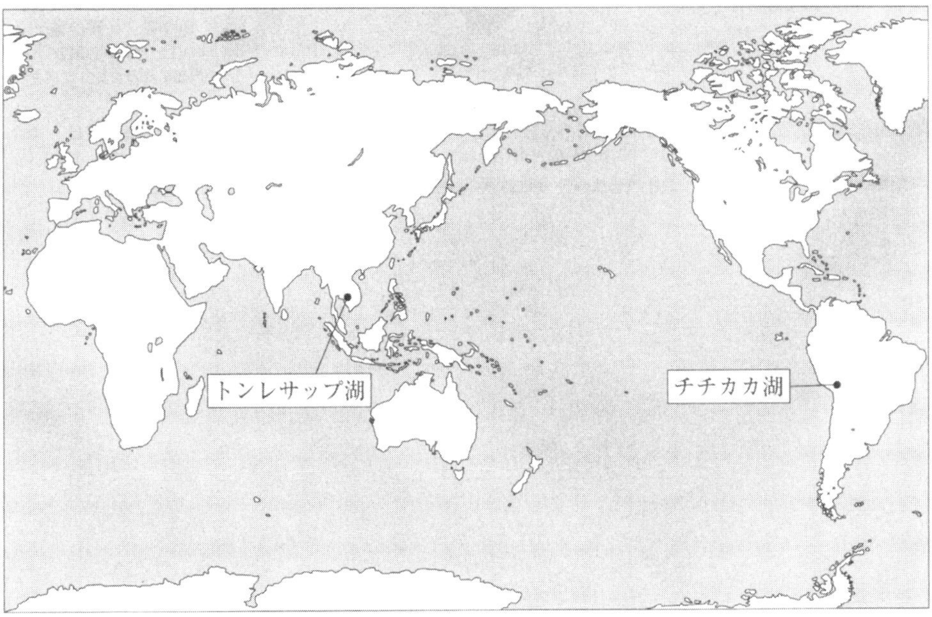

資料6　それぞれの湖周辺に位置する都市の雨温図

トンレサップ湖（プノンペン　標高：10 m）

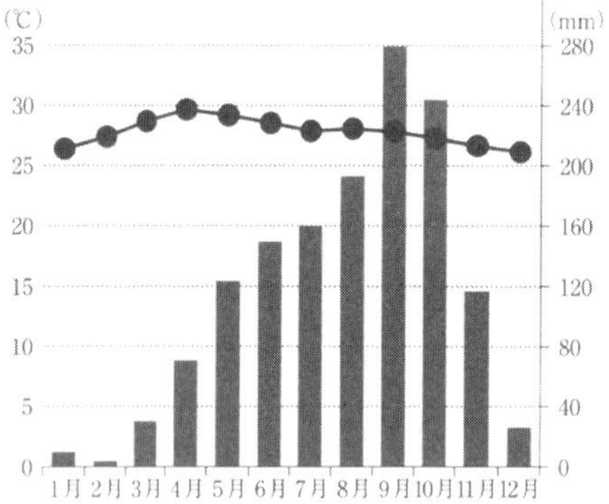

チチカカ湖（ラパス　標高：4058 m）

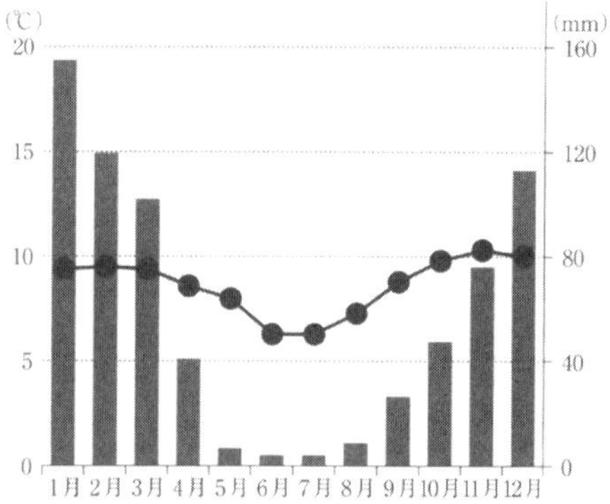

（気象庁ホームページなどにより作成）

会話文

マサキ：世界の湖上集落について調べていたら，**資料3**のような写真が見つかりました。高床式住居に見えますが，これも湖上集落と言えるのでしょうか。

先　生：そうです。おもしろい写真を見つけてきましたね。トンレサップ湖の周辺では，乾季と雨季で降水量の差が大きく，それに伴って湖の水位が大きく変化します。

マサキ：**資料6**をみると確かに［X］頃の降水量が多いことが分かります。この集落では湖の増水に備えて高床になっているのですね。

先　生：その通りです。湖上集落には気候に合わせた様々な工夫があります。**資料4**のチチカカ湖の事例も見てみましょう。

マサキ：**資料4**から，チチカカ湖の湖上集落の変遷が読み取れます。屋根や壁などの建材には［Y］を使用した家屋がみられます。なぜこのような家屋がみられるのでしょうか。

先　生：**資料5**と**資料6**から，高山地域では，建材に適している樹木がみられない気候環境になっています。そのため，チチカカ湖の湖上集落では，トトラという［Y］の一種が用いられてきました。近年，丸太を活用した，水上型と呼ばれる家屋の形態が増えてきたようですが，今でも伝統的家屋は大切にされています。

	X	Y
①	1月～2月	ヤシ
②	1月～2月	葦（あし）
③	9月～10月	ヤシ
④	9月～10月	葦（あし）

問 3 マサキさんは，インドの言語の多様性について調べるために，**資料7**と**資料8**を得た。これらの資料に関する**会話文**中の空欄 X ， Y に当てはまる語句と記号の組合せとして最も適切なものを，あとの①～④のうちから一つ選べ。解答番号は 7 。

資料7 インド紙幣(2000 ルピー：2016 年)

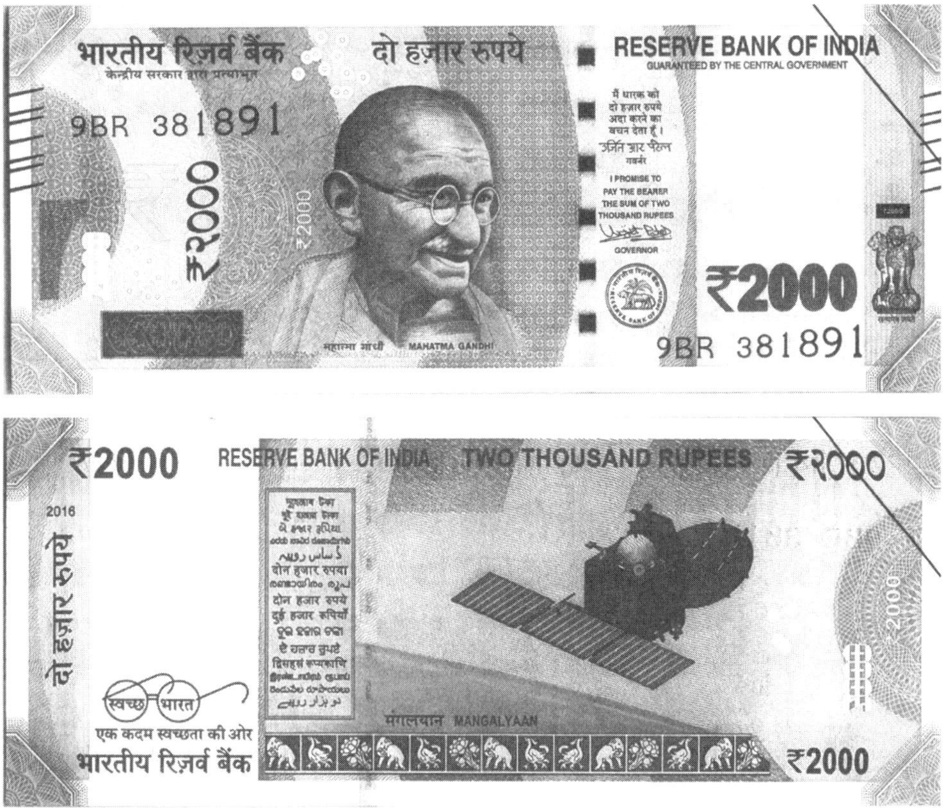

現在発行・流通しているのは，「マハトマ・ガンディーシリーズ」と呼ばれる紙幣である。英語とヒンディー語が表面に，裏面にはアッサム語やベンガル語などの15の言語が記載されている。

(https://timesofindia.indiatimes.com/business/india-business/Heres-how-the-new-Rs-500-and-Rs-2000-currency-notes-will-look/articleshow/55316335.cms などにより作成)

資料8　インドと日本における新聞の発行部数と発行紙数(2015年)

	人口1万人あたりの発行部数(千部)	発行紙数(紙)
ア	3,499	104
イ	2,169	7,871

注）発行部数とは，当該国・地域内で発行された新聞の部数を指し，発行紙数とは，当該国・地域内で発行された新聞の種類数を指す。

（世界国勢図会により作成）

会話文

先　生：インドの紙幣には，**資料7**のように複数の言語が表記されています。これはどのような理由からでしょう。

マサキ：インドには［ X ］が暮らしているからではないでしょうか。

先　生：その通りです。このことをふまえ，**資料8**をみてみましょう。発行紙数の違いに注目して考えると，インドは**ア**，**イ**のどちらでしょうか。

マサキ：インドは［ Y ］ではないでしょうか。

先　生：よく分かりましたね。では，他の国にも同様の事例がないか，調べてみましょう。

	X	Y
①	異なる宗教を信仰する人々	ア
②	異なる宗教を信仰する人々	イ
③	異なる言語を使用する人々	ア
④	異なる言語を使用する人々	イ

問 4　マサキさんは，世界の生活文化に興味をもち，**資料 9**～**資料 11** を得た。**資料 10** と**資料 11** 中のA～Cは，タイ，ナイジェリア，フィリピンのいずれかの一人一日あたり食料供給量と，宗教別人口割合を示したものである。**資料 10** と**資料 11** 中のA～Cと国名の組合せとして最も適切なものを，あとの①～④のうちから一つ選べ。解答番号は [8] 。

資料 9　外国人留学生からの聞き取りメモ

タイ

近年の経済成長によって，グルメへの関心が高まっている。主食と副食が基本メニューである。副食は魚が中心であるが，エビや鶏，アヒル，野菜なども使われる。調味料として，唐辛子やナンプラーが使用される。

ナイジェリア

北部地域と南部地域とで信仰する宗教が異なり，それぞれの宗教に基づいた食文化がみられる。主食は，キャッサバやヤムイモなどのいも類や，米やミレットという雑穀などを餅状にしたものに，トマトや香辛料を使ったソースを絡めて食べることが多い。

フィリピン

多くの島々と民族から構成されており，食文化や宗教など，旧宗主国であったスペインやアメリカ合衆国の影響が見られる。食生活では油や砂糖が多く使われ，パーティーなどがあるときには，レチョン・バブイという，子豚の丸焼きが提供されることもある。

資料10　3か国の主要品目別の一人一日あたり食料供給量(2017 年)

単位：g

	A	B	C
穀物	377	631	534
いも類	674	91	57
肉類	22	110	79
魚介類	25	77	81

(世界国勢図会により作成)

資料11　3か国の宗教別人口割合

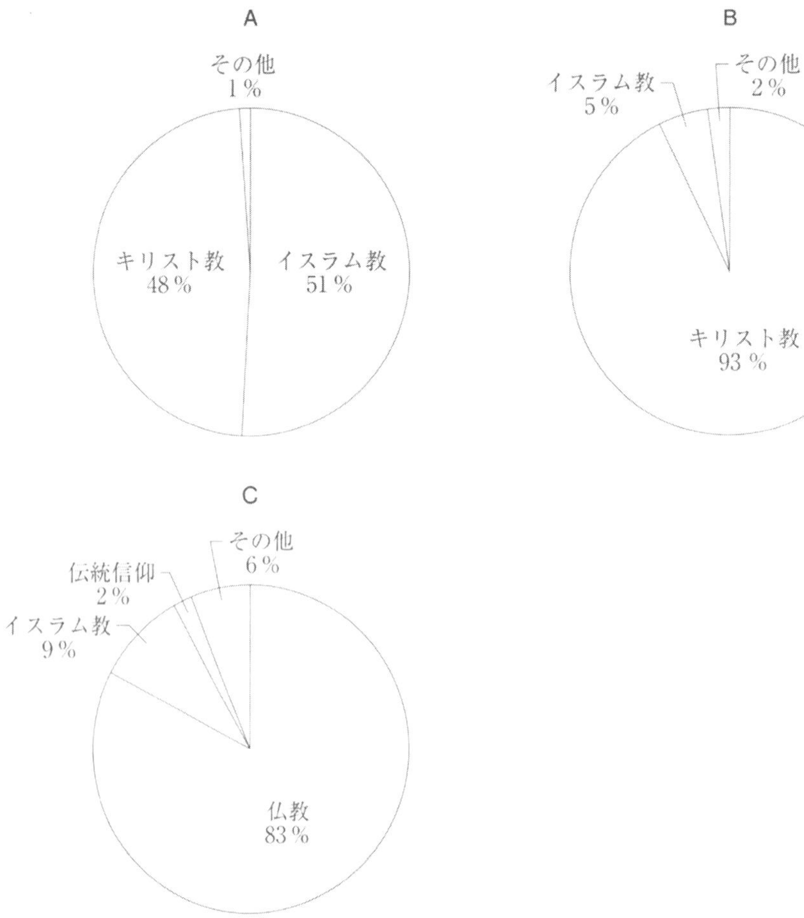

（世界国勢図会などにより作成）

	A	B	C
①	ナイジェリア	フィリピン	タイ
②	ナイジェリア	タイ	フィリピン
③	フィリピン	タイ	ナイジェリア
④	フィリピン	ナイジェリア	タイ

3 地球的課題の地理的考察に関して，**問1**～**問4**に答えよ。

問1 ハルカさんは，世界の森林面積の変化に興味をもち，**資料1**～**資料3**を得た。これらの資料を基にした，ハルカさんとサトミさんの**会話文**中の空欄 X ， Y に当てはまる記号と語の組合せとして最も適切なものを，あとの①～④のうちから一つ選べ。
解答番号は 9 。

資料1　地域別に見た世界の森林面積の変化(2010～2015年)

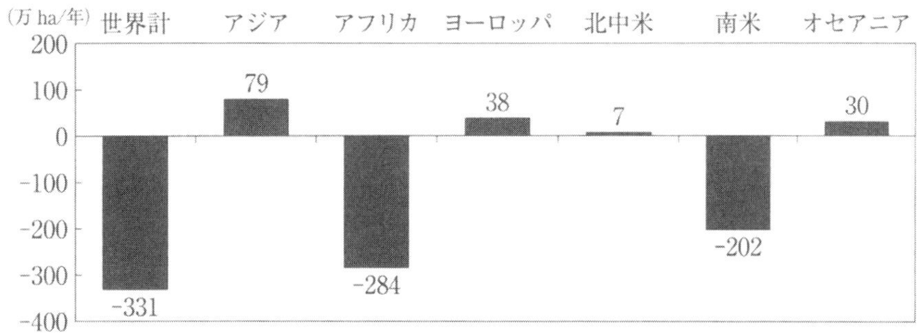

(林野庁「令和元年度森林・林業白書」により作成)

資料2　森林の純減少面積もしくは純増加面積の上位5か国(2010～2015年)

ア

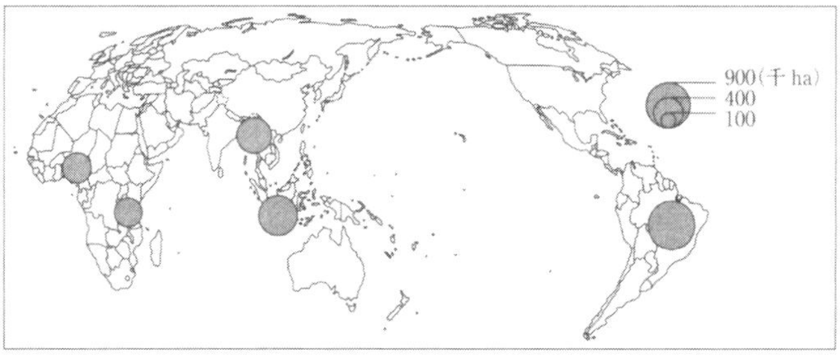

イ

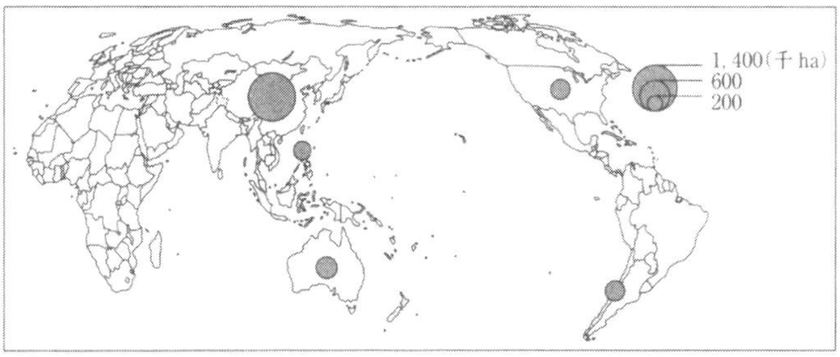

注）純減少面積および純増加面積とは期間内における森林の増加面積と減少面積を差し引きした値をさす。
(林野庁「世界森林資源評価(FRA)2015(概要)」により作成)

資料3　温帯と熱帯における森林と農地の年平均増減面積(2000～2010 年)

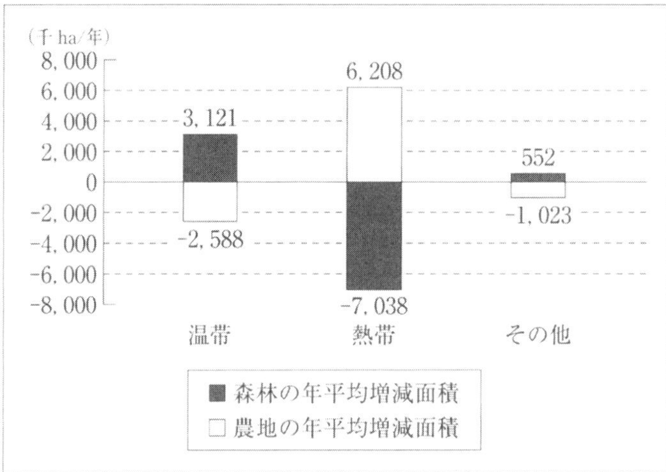

(林野庁「令和元年度森林・林業白書」により作成)

会話文

ハルカ：世界の森林面積の変化について面白い資料を見つけました。**資料1**を見てください。地域によって森林面積の増減には違いがみられます。その違いを詳しくとらえるために，2010 年から 2015 年の間における森林の純増加面積の上位5か国と純減少面積の上位5か国を地図上に示したのが**資料2**です。純減少面積の上位5か国を示した地図は**ア**と**イ**のどちらだと思いますか。

サトミ：**資料1**を参考にすると，［ X ］が当てはまると思います。

ハルカ：そのとおりです。次に**資料3**を見てください。**資料3**からどのようなことが分かりますか。

サトミ：**資料3**では，温帯と熱帯で森林と農地の年平均増減面積が逆転していることが分かります。これはなぜでしょう。

ハルカ：熱帯地域で起こっている森林減少の約8割は［ Y ］が原因とされることと関係がありそうです。

サトミ：なるほど。授業で学習した環境問題の内容ともつながりますね。

	X	Y
①	ア	森林火災
②	ア	農地への転用
③	イ	森林火災
④	イ	農地への転用

問 2　ハルカさんたちは，電気をさまざまな発電方法を組み合わせてまかなうエネルギーミックスと呼ばれる考え方に興味をもち，**資料 4 ～資料 6** を得た。**資料 4 ～資料 6** をハルカさんたちが読み取ったり，考察したりした結果をまとめた**カード**中の下線部①～④のうち，その内容が**不適切なもの**を一つ選べ。解答番号は [10] 。

資料 4　福岡市における日別日照時間(2017 年 4 月)

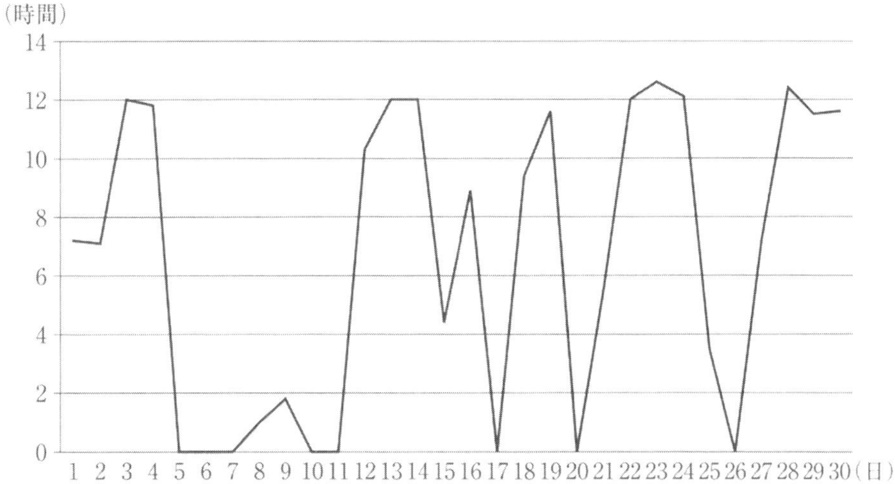

(気象庁 WEB ページにより作成)

資料 5　九州本土の電力需給運用の状況(2017 年 4 月 30 日)

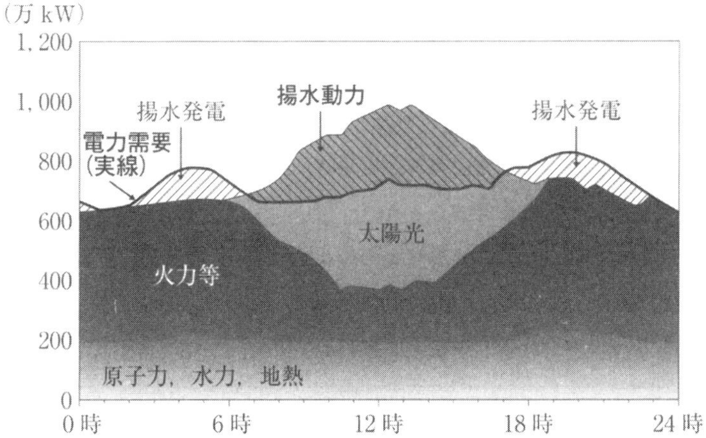

注) 揚水動力とは，揚水発電で使うための水を，発電所より上部の池にくみ上げるために使う電力のことをさす。

(九州電力「2017 年度　経営計画の概要」により作成)

資料6　揚水発電所の仕組み（モデル図）

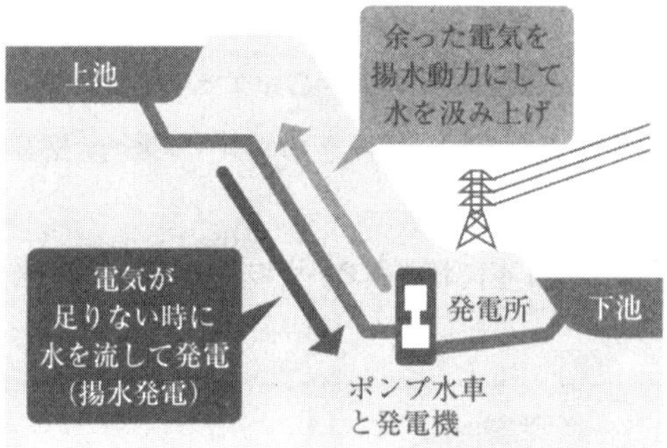

（https://www.yonden.co.jp/cnt_landl/1905/promenade.html により作成）

カード

ハルカ
資料4を見ると，日によって日照時間の差が大きいことから，①太陽光発電の発電量は日によって変動が大きいと考えられます。

サトミ
資料6を見ると，上池に水を汲み上げるために電力を消費し，水を流下させるときに発電していることから，②揚水発電所で用いられる水は，ポンプ水車と発電機を通じて上池と下池の間で行ったり来たりしていることが読み取れます。

タケル
資料4と**資料5**を見ると，晴れた日は太陽光発電の発電量が増加することを受け，需要と供給のバランスが大きく崩れることで大規模停電が発生しないよう，③昼間の時間帯において火力発電の出力を早朝・夜間より減少させていると考えられます。

ミライ
資料5と**資料6**を見ると，九州本土における2017年4月30日の電力需要は5時前後と20時前後に2度のピークがあり，④夜間に汲み上げた水で揚水発電を行うことにより電力需要に対応していることが読み取れます。

問 3　ハルカさんは，カナダにおける移民に興味をもち，**資料7**を得て，**資料8**の**レポート**に州別の特徴をまとめた。**資料7**中の**A～C**は**資料8**中の**ア～ウ**のいずれかの州の移民の出身国別割合を示している。**資料7**中の**A～C**のグラフと**資料8**中の**ア～ウ**の州との組合せとして最も適切なものを，あとの①～④のうちから一つ選べ。解答番号は 11 。

資料7　2000年～2015年における**ア～ウ**のいずれかの州の移民の出身国別割合(上位5か国)

A

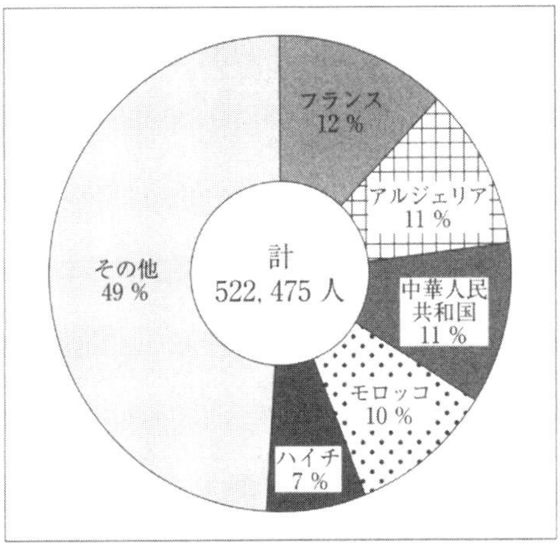

B

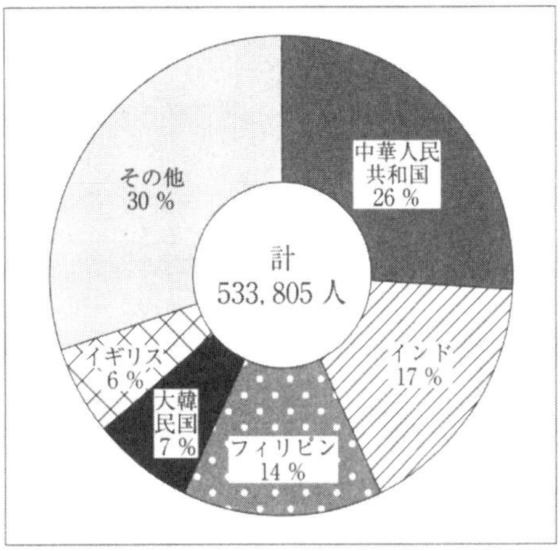

C

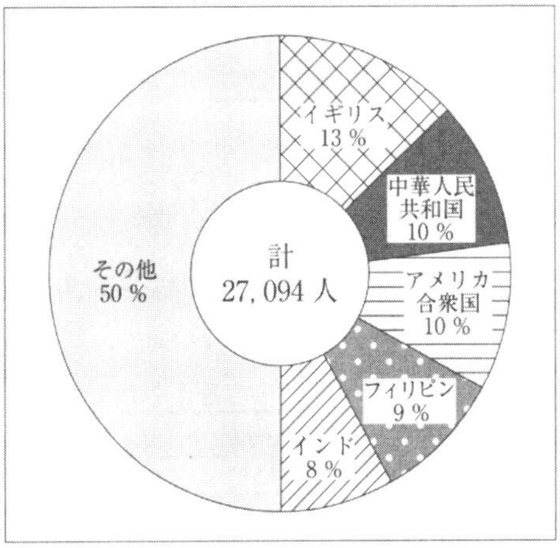

注）中華人民共和国には台湾，香港，マカオを含まない。

(https://canadaimmigrants.com/ により作成)

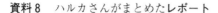

資料8　ハルカさんがまとめたレポート

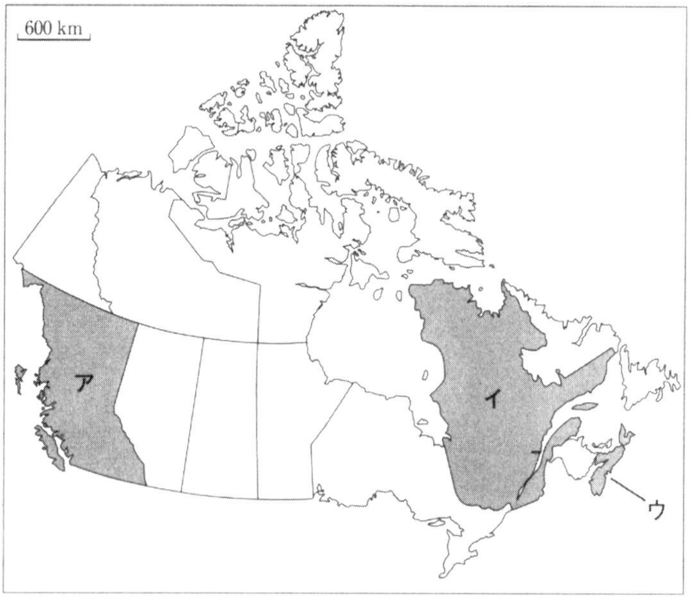

ア　大陸西岸に位置しており，アジア・太平洋地域から入国する移民の割合が高い。国内では州別にみると第3位の人口をもつ。

イ　国内第2位の人口をもつ都市があり，複数ある公用語のうち，英語とは異なる言語が主に用いられている。

ウ　大陸東岸に位置しており，出身国と同じ言語が使えることなどを理由として入国する移民の割合が高い。豊かな自然環境などを求めて移住する人々も多いとされる。

	A	B	C
①	ア	イ	ウ
②	イ	ア	ウ
③	イ	ウ	ア
④	ウ	ア	イ

問 4　ハルカさんは，北極海の利用とその課題について興味をもち，**資料9**～**資料11**を得た。これらの資料に関して，ハルカさんと先生の**会話文**中の空欄 X ， Y に当てはまる語の組合せとして最も適切なものを，あとの①～④のうちから一つ選べ。
解答番号は 12 。

資料9　北極海とその周辺における海氷の分布(1980年9月5日と2020年9月5日)

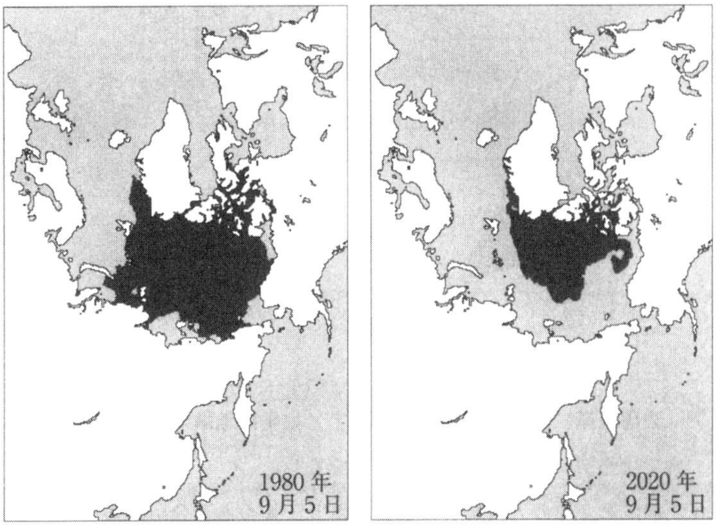

■ 海氷のあるところ

(気象庁資料により作成)

資料10　日本(横浜港)からドイツ(ハンブルク港)までの船の航路

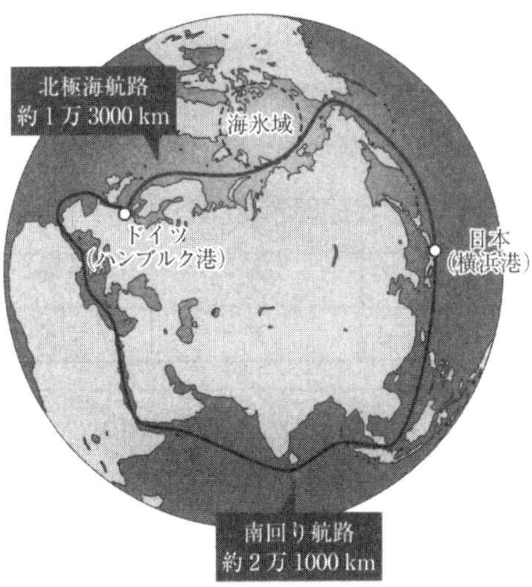

(https://dot.asahi.com/aera/2018041800052.html により作成)

資料11　北極圏における未発見の天然ガスの推定埋蔵量とその分布

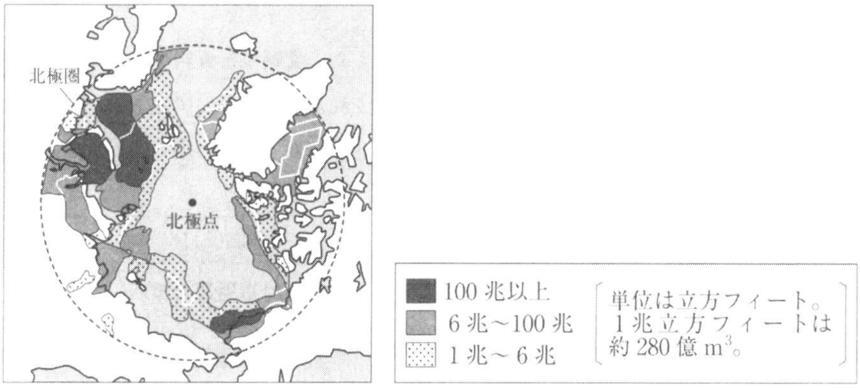

（http://www.asahi.com/eco/TKY200905280362.html により作成）

会話文

先　生：**資料9**から，北極海とその周辺における海氷の分布を見てみましょう。1980年と2020年では，どのような変化がみられますか。

ハルカ：北極海の海氷の面積が小さくなっていることが分かります。これは地球温暖化の影響なのでしょうか。

先　生：そうですね。その影響で，海氷に覆われている面積が年々縮小しています。近年ではこの変化を利用して，夏季限定で少数ですが，**資料10**のような北極海を経由する航路の利用が始まっています。どのようなことが読み取れますか。

ハルカ：日本からドイツまでの航行距離は，［X］航路の方が短いようです。

先　生：その通りです。続いて，**資料11**を見てみましょう。北極圏における，天然ガスの推定埋蔵地域の分布にはどのような傾向が読み取れますか。

ハルカ：分布地域やその推定埋蔵量が多いのは，［Y］であることが読み取れます。

先　生：正解です。地球温暖化が進むことによって氷がとけて掘削しやすくなり，［Y］における天然ガスの採掘がさらに進むと考えられます。

ハルカ：よく分かりました。このまま開発を進めてしまっても問題は無いのでしょうか。

先　生：人間による開発と，自然環境や生態系の保護のバランスを取るのはとても難しいことです。持続可能な開発の実現に向けて，どのような取組が進んでいるか調べてみましょう。

	X	Y
①	北極海	海底
②	北極海	陸上
③	南回り	海底
④	南回り	陸上

4 自然環境と防災，日常生活と結びついた地図に関して，**問1**～**問4**に答えよ。

問1 リョウさんは，ハザードマップに興味をもち，**資料1**と**資料2**を得た。**資料2**のA～Cはそれぞれ洪水，津波，土砂災害のうち，いずれかの被災想定区域を示したものである。**資料2**中の地図と災害の組合せとして最も適切なものを，あとの①～④のうちから一つ選べ。解答番号は 13 。

資料1 リョウさんが地理院地図により作成した宮崎市周辺の標高段彩図

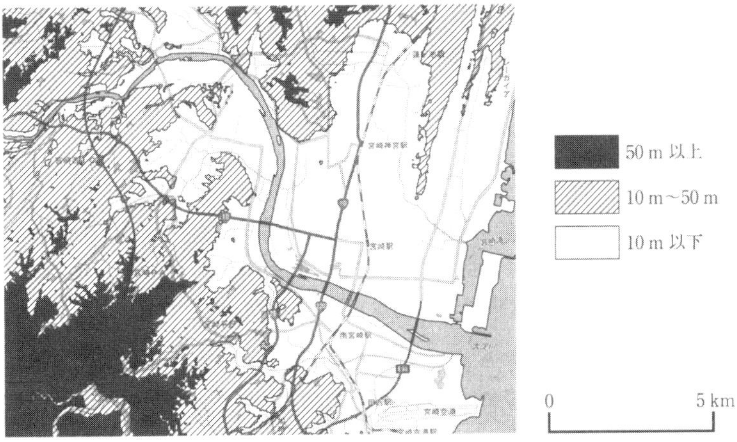

（地理院地図により作成）

資料2 宮崎市周辺におけるいずれかの自然災害の被災想定区域

A

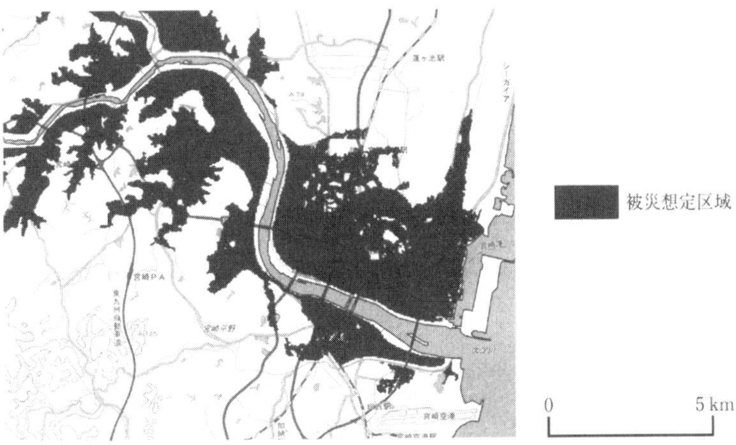

B

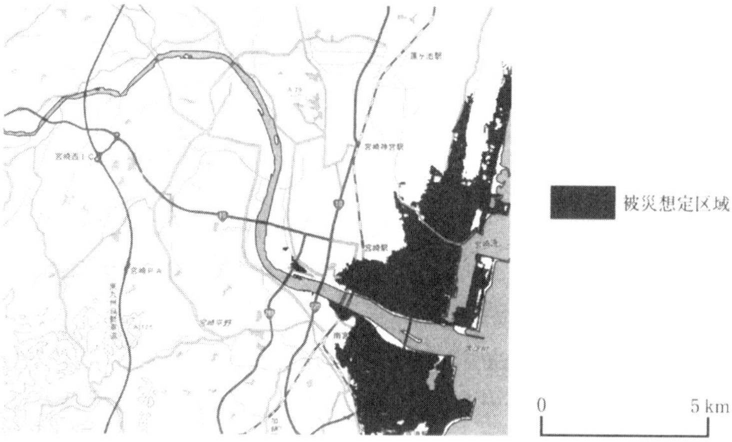

C

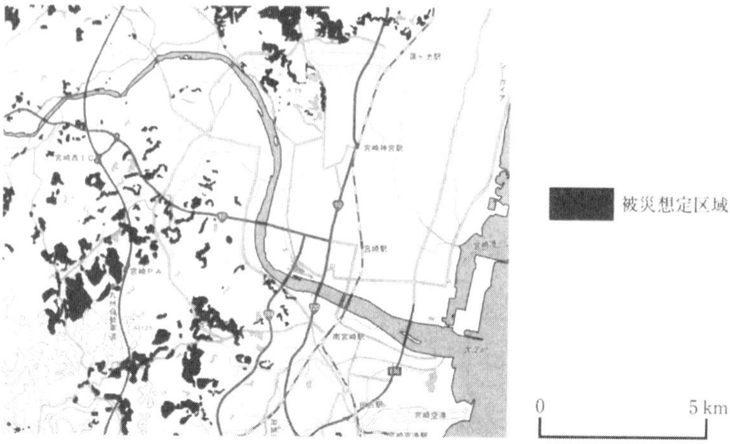

注）被災想定区域については，洪水は洪水浸水想定区域，津波は津波浸水想定区域，土砂災害は急傾斜の崩壊，土石流，地すべりの特別警戒区域を表している。

（国土交通省資料による）

	A	B	C
①	土砂災害	津波	洪水
②	津波	土砂災害	洪水
③	洪水	土砂災害	津波
④	洪水	津波	土砂災害

問２　リョウさんたちは，身近な地域の防災計画に活用される「逃げ地図」に興味をもち，**資料3**と**資料4**を作成し，**資料4**中の**Ａ**～**Ｃ**の各地点にいる人の避難行動について分析した。リョウさんたちによる分析のうち，下線部の内容が**不適切なもの**を，あとの①～④のうちから一つ選べ。解答番号は［14］。

資料3　リョウさんたちが作成した「逃げ地図」づくりのためのメモ

・**資料4**は土砂災害が発生した場合に，避難所までの経路を検討した「逃げ地図」です。
・「逃げ地図」は次の手順で作成しました。
(1) 自然災害により被害が発生することが予想される地域を地図で示しました。
(2) 最も近い避難所までのルートを矢印で，避難所まで徒歩で移動する際の距離と所要時間を４段階の色で示しました。
(3) 地図中の道路を着色する際，**資料4**の地区では高齢者の多さと夜間の避難等を考慮し，通常は３分あたり129ｍとする歩行速度を３分あたり103ｍと修正して逃げ地図を作成しました。
・避難時の要支援者もいるため，その人たちのサポートについても話し合いました。

資料4　リョウさんが作成した「逃げ地図」

（『災害から命を守る「逃げ地図」づくり』により作成）

① リョウ

災害の発生によって通れなくなる道路がある。地点Bから避難所アまでの避難経路の東側には土砂災害特別警戒区域があるため，注意が必要だ。

② ユウジ

地点Cに最も近い避難所は避難所イであり，その避難経路には要支援者が住む家が二つあることが読み取れる。避難する際には声をかけることが望ましい。

③ マナブ

避難にかかる時間が示されていることも「逃げ地図」の特徴の一つだ。**資料**4中のA～Cの各地点からそれぞれ最も近い避難所までの所要時間を考えると，地点Bから避難所までの所要時間が最も長いと考えられる。

④ マサキ

資料4中の「逃げ地図」には，避難所の鍵の所持者や，地域内の駐車場の様子などが記入されている。使いやすい「逃げ地図」にすることも大切だ。

問 3　リョウさんは，身近に使われている地図について興味をもち，**資料 5** の **A〜D** を読み取ってメモにまとめた。**メモ**中の下線部のうち，これらの資料から読み取ったこととして最も適切なものを，あとの①〜④のうちから一つ選べ。解答番号は 15 。

資料 5

A　空中写真

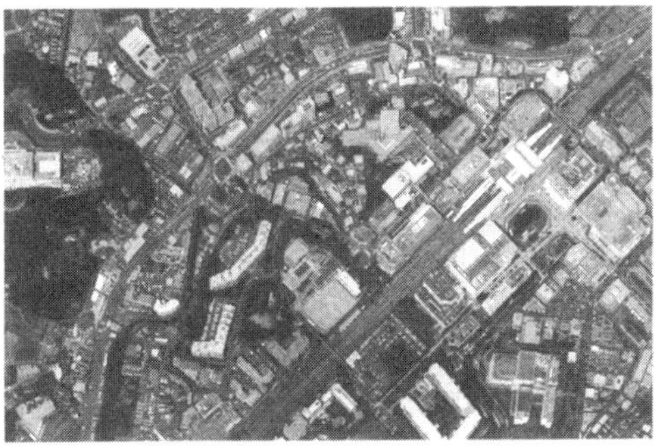

B　2万5千分の1地形図(紙地図)

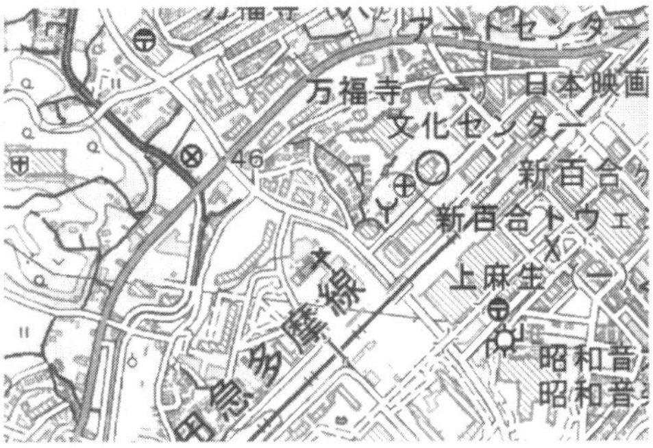

C　都市地図(紙地図)

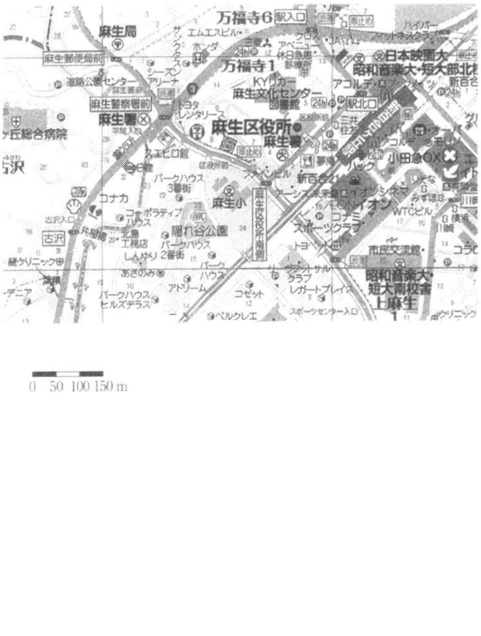

D　一般的なウェブ地図

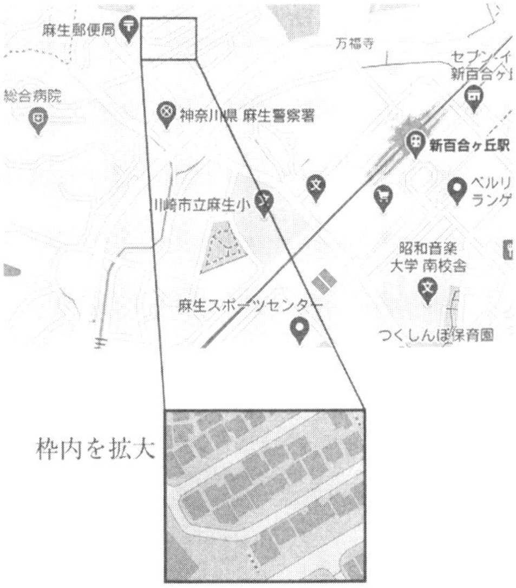

(『「地図感覚」から都市を読み解く』などにより作成)

メモ

Aを使用することによって，都市の道路網を読み取ることができた。さらにBを使用すると，①等高線や標高点から高さや起伏を知ることができ，病院が台地に立地することや病院の南側に畑があることを知ることができた。

Bを使用することによって，地図記号から建物が立地していることを読み取ることができた。さらにCを使用すると，②駅の南側にある大型ショッピングセンターの様子を詳細に知ることができ，このショッピングセンターの建物の高さを知ることができた。

Cを使用することによって，住宅地の住所などの情報を知ることができた。さらにDを使用すると，③拡大して表示することができるので，住宅が密集している様子や住民の人数を知ることができた。

Dを使用することによって，様々な施設の立地や名称を知ることができた。さらにAを使用すると，④土地の景観や緑地の範囲を知ることができ，街路樹のある道路の位置や河川の水位の季節変化を知ることができた。

問 4　アヤカさんは，1952 年に発生した大火災「鳥取大火(たいか)」について調べ，**資料 6 ～資料 8** を得た。これらの資料に関するアヤカさんと先生の**会話文**中の空欄 [X] ，[Y] に当てはまる記号と語句の組合せとして最も適切なものを，あとの①～④のうちから一つ選べ。解答番号は [16] 。

資料 6　「鳥取大火」の概要

1952 年 4 月 17 日午後 3 時頃に出火し，付近住民のバケツリレーにより消火し，すぐに鎮火した。しかし，その後近辺で再び出火し，これが火元になり強風に煽(あお)られ大火となった。午後 4 時 30 分頃には 2 キロメートル先に飛び火し全市街地が火災に包まれた。この日の最高気温は 25.3 ℃，最大風速は毎秒 14.9 メートル，最大瞬間風速は毎秒 22.5 メートルであった。

鳥取大火時の地上天気図（1952 年 4 月 17 日午後 6 時）

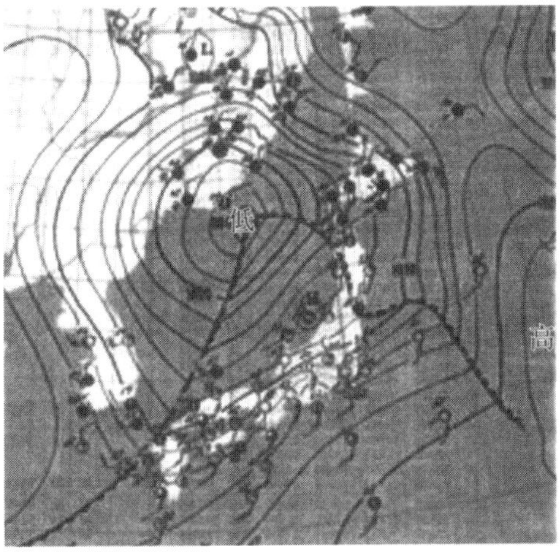

資料 7　「鳥取大火」の被災範囲

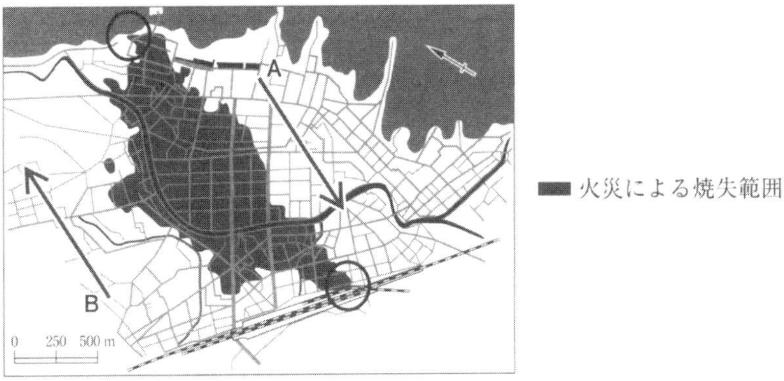

（https://www.pref.tottori.lg.jp/taika2020/ などにより作成）

資料8　フェーン現象の仕組み

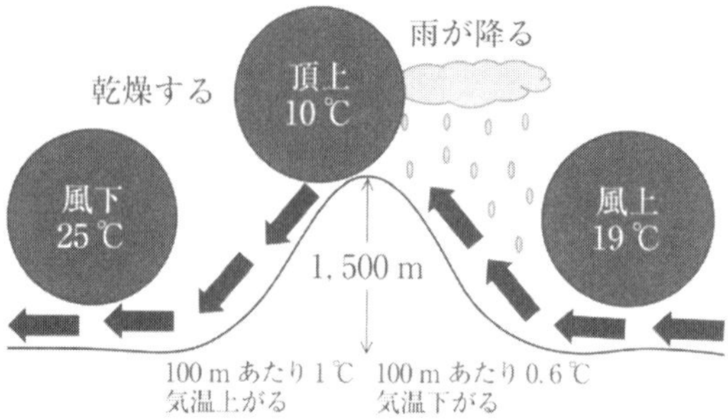

（新潟気象台ホームページにより作成）

会話文

アヤカ：1952 年に，「鳥取大火」と呼ばれる大規模な火災があったと聞きました。
先　生：この火災は，市街地の大部分に広がった戦後最大級の都市火災と言われています。
アヤカ：どうして，市街地の広範囲に被害が及んだのですか。
先　生：日本海側の様々な場所では，これまでに火災が度々発生しています。日本海側で火災が拡大する原因として，気圧配置と地形が関連するのです。**資料8**のフェーン現象の仕組みをみると，地形が湿度や気温に影響を与えていることが分かります。日本海側に発達した低気圧があって，**資料6**のように，乾燥した強風が吹いたことが影響したようですね。
アヤカ：なるほど。それで大規模な火災になったのですね。**資料7**の○印のどちらが火元なのでしょうか。
先　生：気圧配置やフェーン現象の仕組みから考えると風向きを推測できそうです。どちらか分かりますか。
アヤカ：風向きは地図中の［ X ］の矢印のようですね。
先　生：そうです。湿度はどのように変化したのでしょうか。
アヤカ：気圧配置や風向きから考えて，湿度は［ Y ］のですね。
先　生：その通りです。

注）大火とは，消防庁の定義では，建物の焼損面積が 3 万 3,000 m^2 以上の火災である。鳥取大火は，り災者，焼損棟数，焼損面積などにおいて戦後最大であり，この大火が契機となって都市の消防対策が進んだ。

	X	Y
①	A	下がった
②	A	上がった
③	B	下がった
④	B	上がった

5 生活圏の諸課題と地域調査に関して，**問１～問４**に答えよ。

問１ ユキさんは，群馬県の自然環境に興味をもち，**資料１**と**資料２**を得た。**資料２**のア～ウは，ほぼ同緯度にある館林市，福井市，松本市のいずれかの地点の雨温図である。都市名と雨温図の組合せとして最も適切なものを，あとの①～④のうちから一つ選べ。
解答番号は **17** 。

資料１

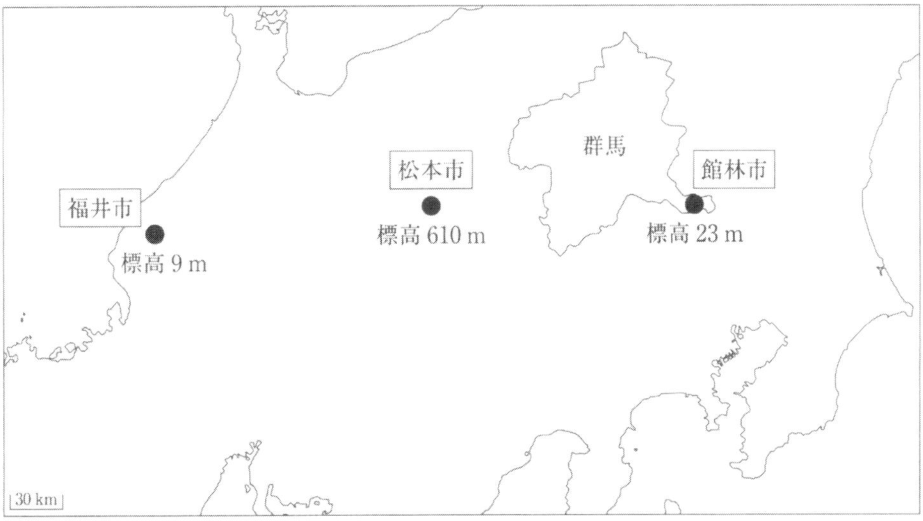

資料2　館林市，福井市，松本市のいずれかの地点の雨温図

ア

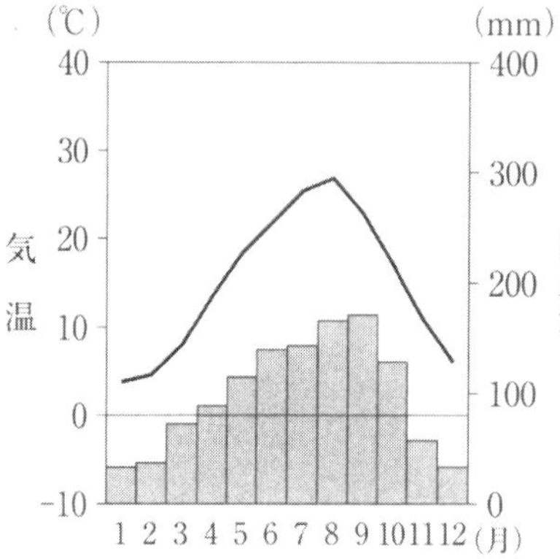

イ

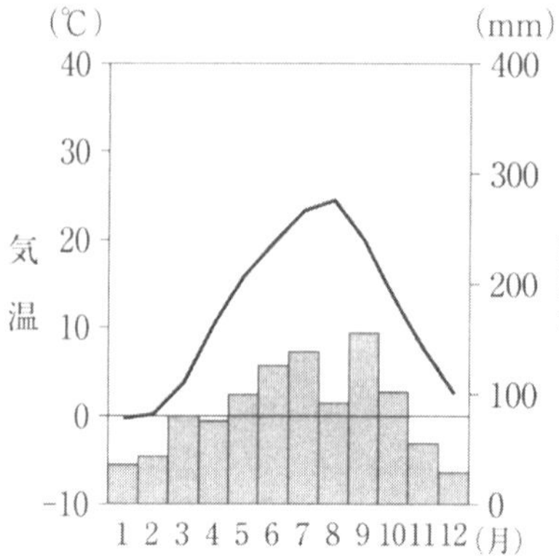

ウ

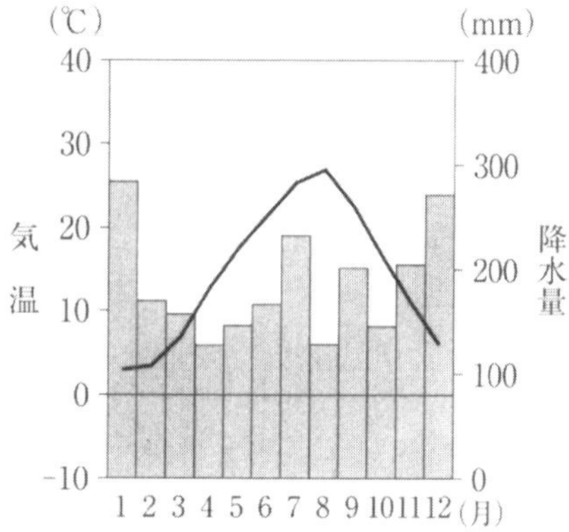

（気象庁ホームページなどにより作成）

	館林市	福井市	松本市
①	ア	イ	ウ
②	ア	ウ	イ
③	イ	ア	ウ
④	ウ	イ	ア

問2　ユキさんは，群馬県南東部の太田市と大泉町の土地利用の変化を調べるために，**資料3**と**資料4**を得た。これらの資料から読み取った文として**不適切なもの**を，あとの①～④のうちから一つ選べ。解答番号は［18］。

資料3

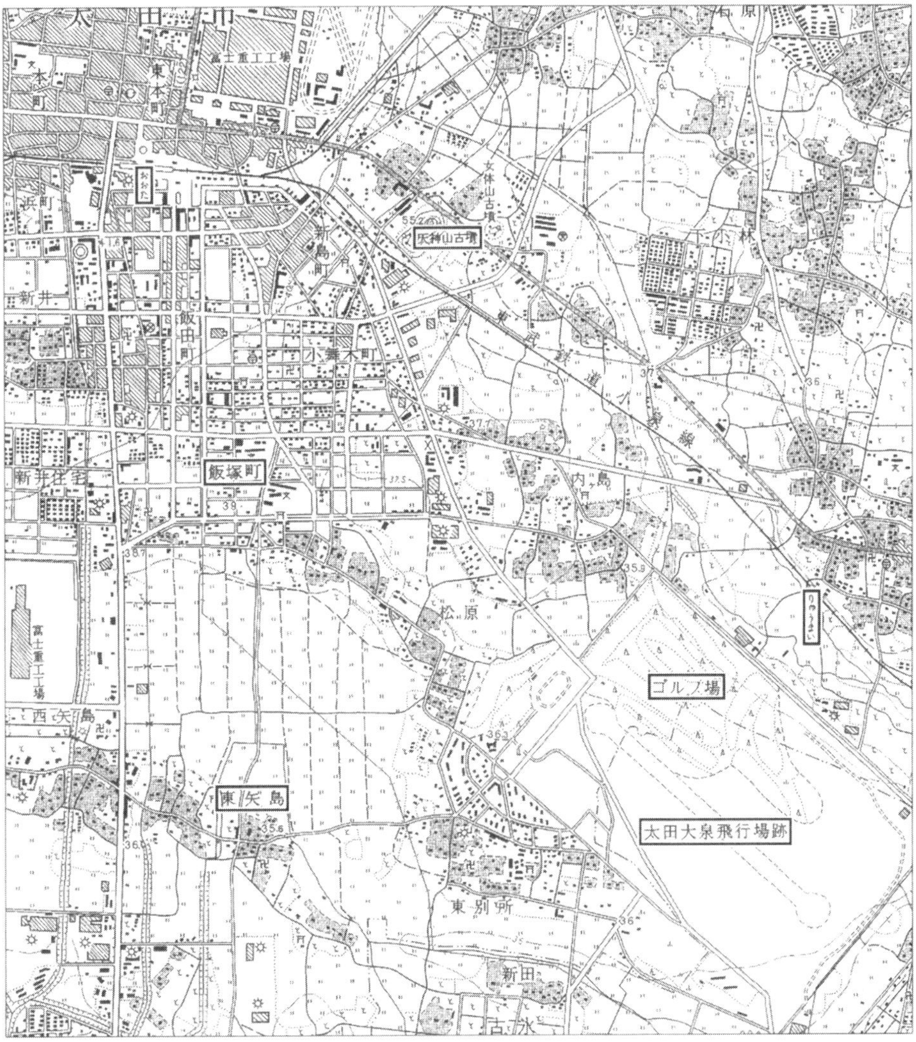

（国土地理院発行 25,000 分の 1 地形図「足利南部」昭和 50 年発行による）

資料4　資料3と同じ範囲を示した地図

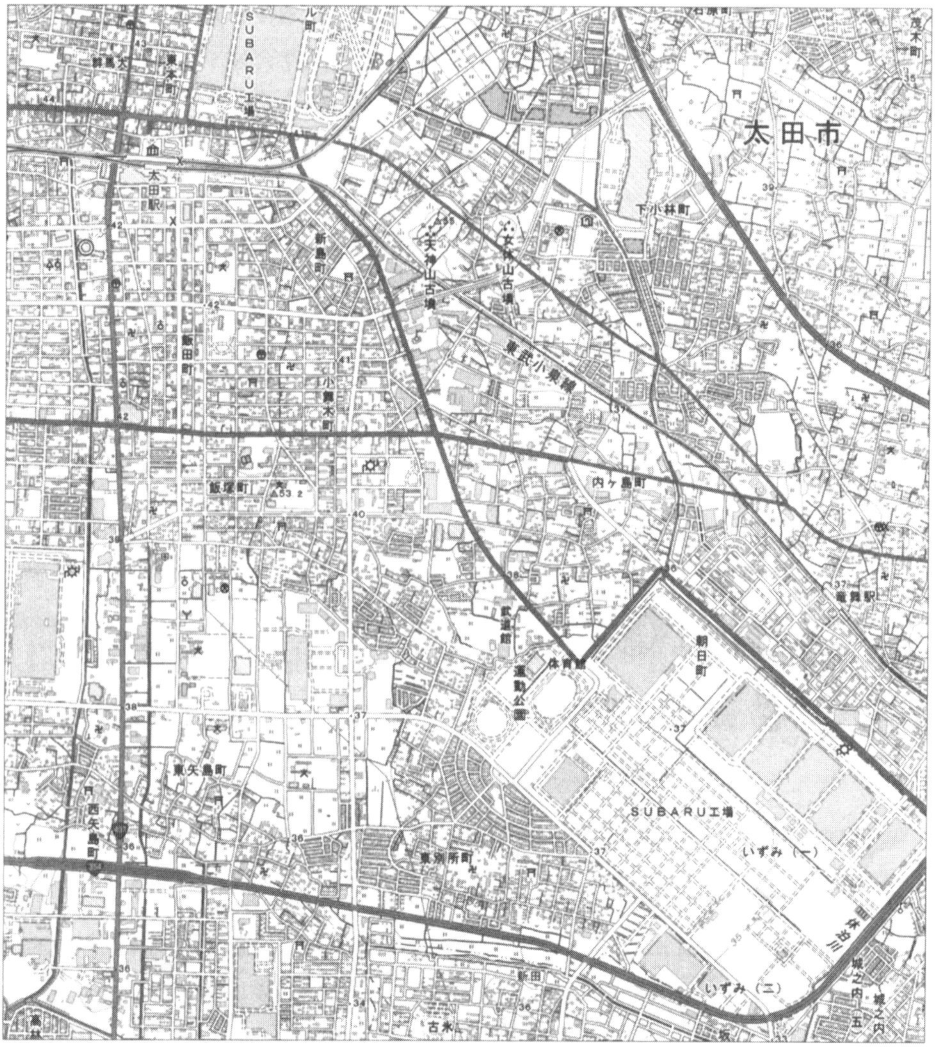

（地理院地図（閲覧日：2021年4月18日）による）

① **資料3**の「太田大泉飛行場跡」とその北側の「ゴルフ場」は，**資料4**では大規模な工場に変わったことが分かる。

② **資料3**の「飯塚町」と「東矢島」の間の農地が広がっていた場所は，**資料4**では学校や大きな建物があり，この間に土地利用が変化したことが分かる。

③ **資料3**の「おおた（太田）」駅と「りゅうまい（竜舞）」駅との間に，**資料4**では駅が新設されたことが分かる。

④ **資料3**の「天神山古墳」の南側で鉄道と交差する道路は，**資料4**では高架化されたことが分かる。

問３　ユキさんは，群馬県桐生市の製造業に興味をもち，**資料５**～**資料７**を得てレポートを作成した。**資料６**と**資料７**中の**Ａ**～**Ｄ**は，繊維工業，電気機械器具生産業，輸送用機械器具生産業，金属製品生産業のいずれかである。**資料６**と**資料７**において，繊維工業を示すものを，あとの①～④のうちから一つ選べ。解答番号は 19 。

レポート

【群馬県桐生市の産業について】

桐生市は繊維産業のまちとして発展してきた。群馬県の郷土かるたである「上毛かるた」の桐生市の札に書かれた「機（はた）」は織機を意味する。その歴史は古く，奈良時代に絹を朝廷に献上した記録が残されている。最近では，新型コロナウィルス感染拡大に伴い，市内の多くの繊維工業事業者がその技術を活かしマスクの生産を行っている。

資料５

上毛かるたの桐生市の札

上毛かるたをもとにしたＰＲ画像

（https://www.kiryucci.or.jp/html/project/mask/index.html などによる）

資料６から，桐生市における繊維工業の１事業所あたり製造品出荷額は電気機械器具生産業，輸送用機械器具生産業に比べると小さく，大きな変動が見られない。また**資料７**から，1986年以降，桐生市内の繊維工業従業者数は30年間で３分の１以下まで減少し，21世紀に入ってからは輸送用機械器具生産業が最多となった。

しかし桐生市内における繊維工業の事業所数は，減少傾向にあるものの，主要な４種の中では一貫して最多であり，地域における重要な産業であることがうかがえる。

資料6　桐生市における1事業所あたり製造品出荷額(上位4種類)の推移(1986~2018年)

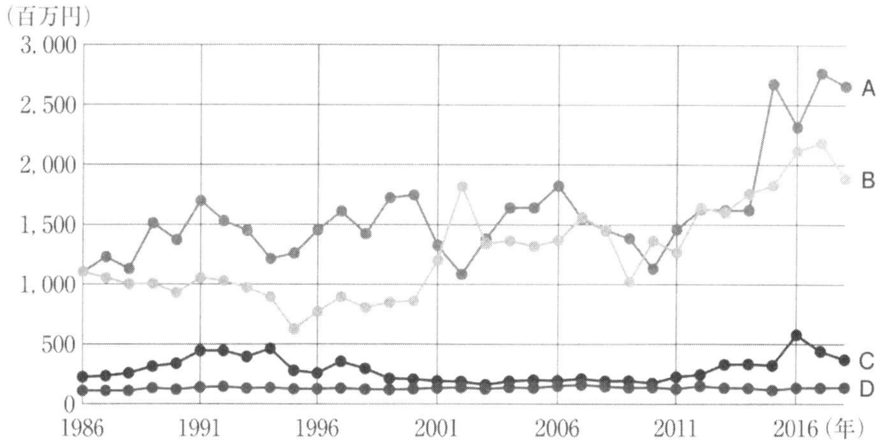

資料7　桐生市における製造業従業者数(上位4種類)の推移(1986~2018年)

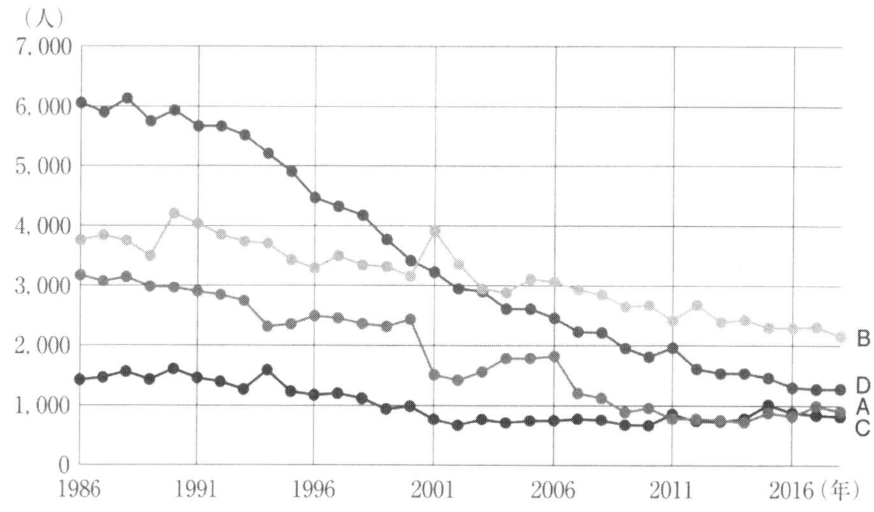

(「工業統計調査」などにより作成)

① A　　② B　　③ C　　④ D

問 4　ユキさんは，群馬県大泉町の国際化に興味をもち，**資料8～資料10**を得た。これらの資料からユキさんが読み取ったり推察したりした内容として**不適切なもの**を，あとの①～④のうちから一つ選べ。解答番号は 20 。

資料8　大泉町の外国人人口の推移(1985～2013年)

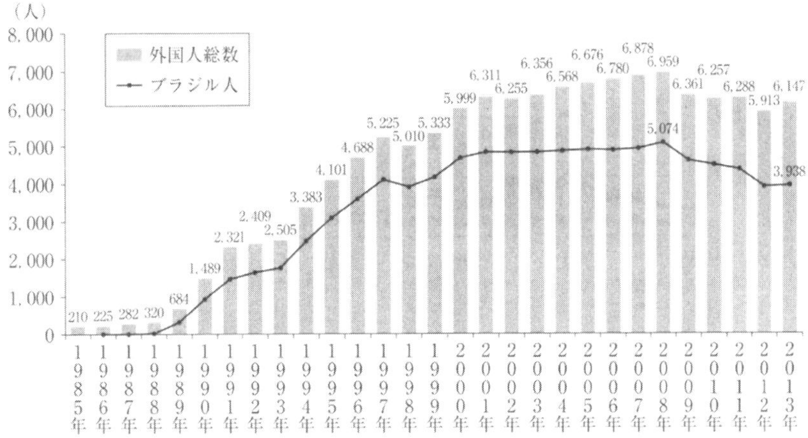

(『大泉町人口ビジョン総合戦略』2016年3月版により作成)

資料9　大泉町内の公共施設で配布されているパンフレット

資料10　大泉町の年齢5歳階級別外国人人口

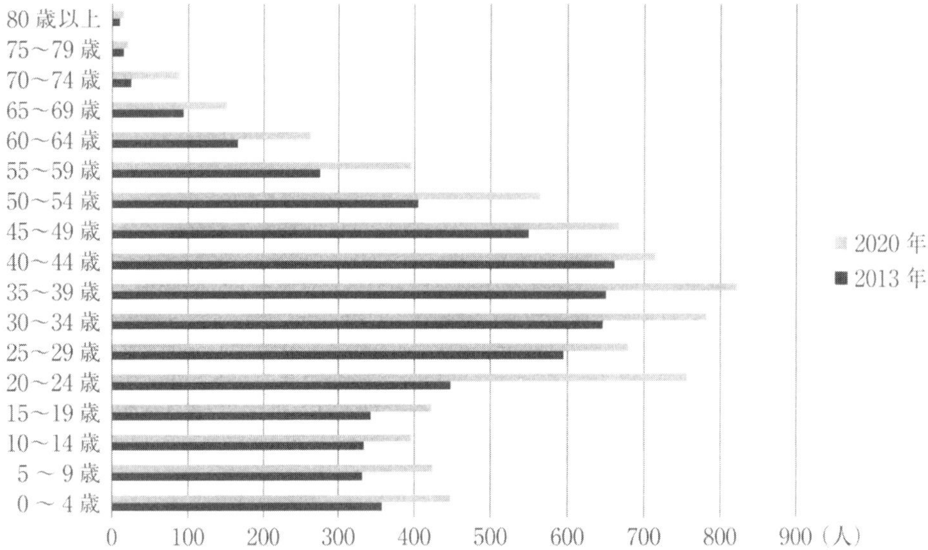

（「住民基本台帳調査」により作成）

① **資料8**から，1990年から1997年にかけて大泉町のブラジル人の人口が5倍以上に増えていることが分かる。

② **資料9**から，パンフレットが多言語で用意されていることなどにより，外国人居住者に対しても情報が伝わりやすくなるような工夫がされていると考えられる。

③ **資料8**と**資料9**から，2013年にはブラジル人以外の外国人人口が2,000人を超えており，中国やベトナムなど出身国が多様化していると考えられる。

④ **資料10**から，2020年の外国人人口は65歳以上よりも15歳未満の方が多い。また，15歳未満の人口は2013年よりも増加していることが分かる。

（これで地理Aの問題は終わりです。）

令和３年度　第１回

解答・解説

【重要度の表記】

Ａ：重要度が高く確実に正答したい設問。しっかり復習する必要のある問題です。

Ｂ：重要度はＡレベルよりすこし下で、やや難易度が高い設問または内容を読み取る設問。高得点を狙う人は復習しましょう！

Ｃ：重要度が低い、または難解な設問。軽く復習する程度でよいでしょう！

令和３年度 第１回　高卒認定試験

【　Ａ解答　】

1	解答番号	正答	配点	2	解答番号	正答	配点	3	解答番号	正答	配点	4	解答番号	正答	配点
問１	1	②	5	問１	5	②	5	問１	9	②	5	問１	13	④	5
問２	2	④	5	問２	6	④	5	問２	10	④	5	問２	14	③	5
問３	3	③	5	問３	7	④	5	問３	11	②	5	問３	15	①	5
問４	4	①	5	問４	8	①	5	問４	12	①	5	問４	16	③	5

5	解答番号	正答	配点
問１	17	②	5
問２	18	③	5
問３	19	④	5
問４	20	①	5

【　Ａ解説　】

1

問１　地球儀は地球を縮めたものですから、「距離・面積・方位・角度」がすべて正確に表されています。このことから正誤を考えていきましょう。（ア）地球儀は方位が正確に表されていますから、これは「正」です。（イ）地球儀で最短経路を調べる際には、緯線や経線によらず、２点間にひもをピンと張ることで調べることができますから、これは「誤」です。（ウ）地球儀は面積が正確に表されていますから、輪郭を写し取って重ねれば、面積を比較することができます。よって、これは「正」です。したがって、正解は②です。

解答番号【１】：２　　⇒**重要度Ａ**

問２　（X）問題文を読むと、「本初子午線から東回りに 180 度」が東半球、「本初子午線から西回りに 180 度」が西半球とあります。そして、会話文を読むと、「図の中心から見た上下方向への破線」が本初子午線だとわかります。資料１を見ると、Ａにユーラシア大陸があり、Ｂに南北アメリカ大陸がありますから、Ａは東半球、Ｂは「西半球」だとわかります。（Y）会話文の先生の言葉に従い、イ′とウ′の位置を資料１に入れてみましょう。イ′は南米大陸の西部、ウ′はオーストラリア大陸の北部です。そして、アを通る破線の上半分が０度の経線ですから、ここをスタートに考えます。イは０度から左に 90 度、イ′は右に 70 ～ 80 度のところにあります。つまり、イとイ′の間は、160 ～ 170 度離れていると考えられます。ウは０度から右に 150 度、ウ′は左に 130 ～ 140 度のところにあります。したがって、ウとウ′の間は 280 ～ 290 度離れていると考えられます。よって、時差が大きいのは「ウとウ′の間」だと考えられます。ウとウ′の間のほうが距離は近く見えますが、時差について考えるときは、０度の経線を必ず間に入れて考えましょう。したがって、正解は④です。

解答番号【2】：4　　⇒**重要度A**

問３　資料５を順に読んでいき、資料４との対応を考えましょう。（ア）隣国の都市や花火が見えるほど隣国の都市との距離が近いのですから、韓国がすぐ近くにあるYだと考えられます。（イ）小笠原諸島は本州からは遠いですが、その先のグアムやサイパンのあるマリアナ諸島とは古くから交流がありました。隣の島でさえ約540km離れているということから、本州から遠く離れた太平洋上のZだと考えられます。（ウ）西隣の島の高い山なら見える程度の距離であるということと、日本ではサトウキビの生産は沖縄や鹿児島南西部で盛んであることから、Xだと考えられます。したがって、Xはウ、Yはア、Zはイで、正解は③となります。

解答番号【3】：3　　⇒**重要度B**

問４　（X）店舗からの距離を考えるとき、アヤカさんの言うように実際にかかる時間を考える必要があります。そのため、直線距離ではなく実際に道路を歩いた距離である「道路距離」で示すほうが適切だと言えます。（Y）資料８のAとBを比較すると、アから両地点とも「食品スーパーが立地しない」ことがわかりますが、イの「高齢者に対する食料品店の需給バランス」を見るとAの地点のほうが色が濃く表されており、高齢者が多い一方で、食料品店へのアクセスが悪いことがわかります。したがって、正解は①です。

解答番号【4】：1　　⇒**重要度A**

2

問１　資料１を参考に、資料２を見てみましょう。資料２の中で最も特徴的なものはBです。コーヒー豆の生産量が突出していることから、Bは資料１に「コーヒーの生産量が多い」とある「ブラジル」です。次にAにはコーヒー豆のデータはないことがわかります。コーヒー豆は赤道に近い熱帯地域で作られていますから、その地域にはない「ロシア」がAだと考えられます。Cは砂糖の生産量の割合が高くなっています。資料１にあるようにインドでは砂糖の消費量も生産量も多いので、Cが「インド」です。したがって、正解は②です。

解答番号【5】：2　　⇒**重要度B**

問２　（X）資料６のトンレサップ湖の雨温図の棒グラフを見ると、「９月～10月」に降水量が多いことがわかります。（Y）資料４の写真をよく見ると、ヤシなどの木材ではなく、軽い「葦」で薄い壁や屋根を作っていることがわかります。したがって、正解は④です。

解答番号【6】：4　　⇒**重要度A**

問３　（X）紙幣に複数の言語が表記されているのは、インドには「異なる言語を使用する人々」が住んでいるからです。（Y）インドでは複数の言語が使用されているため、それに合わせて多くの新聞が発行されていると考えられます。資料８で考えると、発行紙数がはるかに多いイがインドだと考えられます。したがって、正解は④です。

解答番号【7】：4　　⇒**重要度A**

問４　資料９を基に、資料 10 と資料 11 を参考にして選択肢を選んでいきましょう。〈タイ〉資料９には「副食は魚が中心」とあるので、資料 10 のＢかＣに絞れます。また、資料９には書かれていませんが、タイは熱心な仏教国として知られていますから、資料 11 よりＣだと考えられます。〈ナイジェリア〉資料９から主食がいも類や穀類だということがわかります。そこで資料 10 を見るといも類が突出して多いＡだと考えられます。また、資料９には「北部地域と南部地域とで信仰する宗教が異な」ると書いてあります。資料 11 のＡの円グラフを見るとキリスト教とイスラム教がほぼ半々になっていることから、Ａだと考えていいでしょう。〈フィリピン〉資料９に「食文化や宗教など、旧宗主国であったスペインやアメリカ合衆国の影響が見られる」とあります。資料 10 のＢの列を見ると肉類が多く、資料 11 のＢの円グラフを見るとキリスト教の割合がかなり高いので、Ｂだと考えられます。したがって、Ａがナイジェリア、Ｂがフィリピン、Ｃがタイで、正解は①となります。

解答番号【８】：１　　⇒**重要度Ａ**

3

問１　（Ｘ）資料１を見ると、アフリカと南米の森林面積が大きく減少していることがわかります。それを基に資料２を見ると、アのアフリカには大きな円が２つある一方、イのアフリカにはありませんから、アが純減少面積に関する地図ではないかと考えられます。また、南米を見てみると、アの円は大きく、イの円は小さいので、ここからもやはりアが純減少面積に関する地図だと考えられます。そのほかも見ておくと、オセアニアが増加していることとイのオーストラリアの円から、イは純増加面積に関する地図だと考えられます。（Ｙ）資料３を見ると、熱帯は森林が減少し、農地が増加していることがわかります。それは森林が減っているのが森林火災のためではなく、「農地への転用」が図られているためだと考えられます。したがって、正解は②です。

解答番号【９】：２　　⇒**重要度Ｂ**

問２　不適切なものを選びます。①資料４を見ると、日照時間は日によって大きく違うことがわかります。日照時間が異なれば太陽光発電の発電量は日によって変動しますから、これは正しいです。②資料６を見ると、発電所で発電し、余るとその電気を動力にして水を汲み上げ（上向きの矢印）、電気が足りないと水を流して発電する（下向きの矢印）、という流れがありますから、これも正しいです。③資料５を見ると、昼間の時間帯に太陽光発電を表す薄いグレーの部分が下向きの山になっているのに合わせて、火力等の発電を表す黒い部分は谷になっています。つまり、昼間は火力発電の出力を早朝と夜間より減少させていることがわかりますから、これも正しいです。④資料５を見ると、グレーの斜線部に「揚水動力」とありますから、この昼間の時間帯に汲み上げ、「揚水発電」とある朝と夜の時間帯に発電していることがわかります。よって、「夜間に汲み上げた水」という部分が誤りです。したがって、正解は④です。

解答番号【10】：４　　⇒**重要度Ｂ**

問３　資料７を見ながら、資料８をよく読みましょう。（ア）「大陸西岸」にあり、「アジア・太平洋地域から入国する移民の割合が高い」とありますから、中華人民共和国、インド、フィリピン出身者が過半数を占めるBだとわかります。(イ) カナダの首都はオタワですが、最大都市はモントリオール、第2位の都市がトロントで、イのケベック州にあります。しかし、このことやその位置を知らなくても、「複数ある公用語のうち、英語とは異なる言語が主に用いられている」ということから、フランス語が使われていると考えられます。資料7の中で、フランス出身者が多いことからAだとわかります。(ウ)「大陸東岸」にあり、「出身国と同じ言語が使える」移民が多いとあります。Cは中華人民共和国以外、いずれの国も英語を話す国ですから、Cだと言えます。したがって、Aはイ、Bはア、Cはウで、②が正解となります。

解答番号【11】: 2　　⇒ 重要度B

問4　(X) 資料10を見ると、日本とドイツを結ぶ航路は、北極海航路が約1万3000km、南回り航路が約2万1000kmですから、「北極海」航路のほうが短いことがわかります。(Y) 資料11を見ると、色が濃いほど埋蔵量が多いことがわかります。そして、それが陸地に近い海のあたりなどに広く分布していることがわかりますから、「海底」に多く分布していると考えられます。したがって、正解は①です。

解答番号【12】: 1　　⇒ 重要度A

4

問1　資料1の地形を頭に入れて、資料2のそれぞれの地図を見ていきましょう。(A) 川の周りが広く被災想定区域になっていますから、「洪水」だと考えられます。(B) 海岸と川の河口付近が被災想定区域になっていますから、「津波」だと考えられます。(C) 標高の高い地域に被災想定区域があることから、「土砂災害」だと考えられます。したがって、正解は④です。

解答番号【13】: 4　　⇒ 重要度A

問2　不適切なものを選びます。①地点Bから避難所アまでの道は、B付近の道の東側に斜線で表された土砂災害特別警戒区域がありますから、これは正しいです。②地点Cから避難所イまでには◆で表された要支援者の家が2つありますから、これも正しいです。③道路に表された所要時間を見ると、Aは避難所アに対して12分以内の地点にあり、Bは避難所アに対して9分以内、Cは避難所イに対して6分以内にあることがわかります。よって、地点Aから避難所までの所要時間が最も長いと考えられるので、これが誤りです。④資料4の「逃げ地図」には、3つの避難所に対して「区長が避難所の鍵を持っている」ことや、駐車場の広さや雨風がしのげる駅の情報なども書いてありますから、これは正しいです。したがって、正解は③です。

解答番号【14】: 3　　⇒ 重要度A

問3　①Bを見ると、地図の西側の端に病院の地図記号があります。その周りを数本の等高線が囲んでいることから、台地となっていることがわかります。また、Bの病院の南側には畑の地図記号が描かれていますから、これは正しいです。②Cの地図から、駅の南側にはいくつか大型ショッピングセンターがあることがわかりますが、建物の高さまではわかりませんから、これは誤りです。③Dを見ると、たしかに住宅の細かい様子はわかりますが、住民の数まではわかりませんから、これも誤りです。④Ａを見ると、土地の景観や街路樹の位置などは知ることができますが、河川の水位の季節変化はわかりませんから、これも誤りです。したがって、正解は①です。

解答番号【15】：1　　⇒**重要度Ｂ**

問４　（Ｘ）風は高気圧から低気圧に向かって吹きます。資料６のように日本海上に発達した低気圧がある場合、南東からの風が吹きます。資料７の方位記号を見ると、駅側が南で海側が北であり、資料８の「フェーン現象の仕組み」から、この地域が乾燥した側に入っていたと考えられますから、Ｂの方向に風が吹いていたと言えます。（Ｙ）資料８から、太平洋側から吹いてきた風は日本海側では乾燥していたと考えられますから、湿度は「下がった」と考えられます。したがって、正解は③です。

解答番号【16】：3　　⇒**重要度Ｂ**

5

問１　資料２の雨温図を見て特徴を読み取り、適切な地点を選んでいきましょう。まず、明確に違うのは降水量が冬にとくに多いウです。これは日本海側の気候の特徴ですから、福井市だと考えられます。次に、アとイは、降水量にあまり大きな違いは見られませんが気温が違います。イは冬場には０℃前後になることから、標高の高い松本市だと考えられます。アはそれよりも気温が年間通してすこし高くなっていますから、これが館林市だと考えられます。したがって、館林市がア、福井市がウ、松本市がイとなり、正解は②となります。

解答番号【17】：2　　⇒**重要度Ａ**

問２　不適切なものを選びます。①資料３の「太田大泉飛行場跡」と「ゴルフ場」は、資料４では「SUBARU 工場」となっていますから、これは正しいです。②資料３の「飯塚町」と「東矢島」の間に農地が広がっていましたが、資料４では、いくらか農地も残っているものの、学校やその他の施設が建てられていますから、これも正しいです。③資料４の「太田駅」と「竜舞駅」の間を見ても駅はありませんから、これが誤りです。④資料４を見ると、天神山古墳の南側で交差している道路は、通常の交差点ではなく、南西から北東への道路が高架化されていることがその両脇の道路などからわかります。したがって、正解は③です。

解答番号【18】：3　　⇒**重要度Ａ**

問３　レポートをよく読み、グラフを読み取りましょう。資料６について、レポートでは「繊維工業の１事業所あたり製造品出荷額は電気機械器具生産業、輸送用機械器具生産業に比べると小さく、大きな変動が見られない」と書かれています。資料６を見ると、ＣとＤが額も小さく、大きな変動がありません。また、資料７について、レポートには「繊維工業従業者数は 30 年間で３分の１以下まで減少」とあります。資料７で３分の１以下に下がったものはＤとＡです。両方を合わせて考えると、繊維工業はＤだと考えられます。したがって、正解は④です。

解答番号【19】：4　　⇒**重要度Ｂ**

問４　不適切なものを選びます。①資料８を見ると、1990 年の大泉町のブラジル人の人口は約1000人で、1997年には約4000人になっていますから、「5倍以上に増えている」という説明は誤りです。②資料9を見ると、5言語でパンフレットが作られていることがわかります。このことから外国人居住者にも情報が伝わりやすくなるような工夫をしていると考えられますから、これは正しいです。③資料8を見ると、2013年のブラジル人人口が3938人であるのに対して、外国人人口の総数は6147人ですから、ブラジル人以外の外国人が2000人以上住んでいることがわかります。また、資料9を見ると、中国語やベトナム語などのパンフレットも作られていることから、出身国が多様化していることが考えられます。よって、これも正しいと言えます。④資料10を見ると、2020年の65歳以上の外国人人口は合わせて300人程度ですが、15歳未満は合計で1200人を超えますから、15歳未満のほうが多いです。また、15歳未満だけでなくすべての年代が、2013年より増加していることもわかりますから、これも正しいです。したがって、正解は①です。

解答番号【20】：1　　⇒**重要度B**

キリトリ線

第　　回　高等学校卒業程度認定試験

地理　解答用紙

氏　名	

（注意事項）

1．記入はすべてＨまたはＨＢの黒色鉛筆を使用してください。
2．訂正するときは、プラスチックの消しゴムで丁寧に消し、消しくずを残さないでください。
3．所定の記入欄以外には何も記入しないでください。
4．解答用紙を汚したり、折り曲げたりしないでください。
5．マーク例　良い例　悪い例

受験番号⇒

①	⓪①②③④⑤⑥⑦⑧⑨	⓪①②③④⑤⑥⑦⑧⑨	⓪①②③④⑤⑥⑦⑧⑨	⓪①②③④⑤⑥⑦⑧⑨

生年月日⇒

年号						
明治Ⓜ 大正Ⓣ 昭和Ⓢ 平成Ⓗ	⓪①②③④⑤⑥	⓪①②③④⑤⑥⑦⑧⑨	⓪①	⓪①②③④⑤⑥⑦⑧⑨	⓪①②③	⓪①②③④⑤⑥⑦⑧⑨

受験地			
北海道	○	滋　賀	○
青　森	○	京　都	○
岩　手	○	大　阪	○
宮　城	○	兵　庫	○
秋　田	○	奈　良	○
山　形	○	和歌山	○
福　島	○	鳥　取	○
茨　城	○	島　根	○
栃　木	○	岡　山	○
群　馬	○	広　島	○
埼　玉	○	山　口	○
千　葉	○	徳　島	○
東　京	○	香　川	○
神奈川	○	愛　媛	○
新　潟	○	高　知	○
富　山	○	福　岡	○
石　川	○	佐　賀	○
福　井	○	長　崎	○
山　梨	○	熊　本	○
長　野	○	大　分	○
岐　阜	○	宮　崎	○
静　岡	○	鹿児島	○
愛　知	○	沖　縄	○
三　重	○		

※解答する科目名に○を付けてマークして下さい。

地理A	地理B
○	○

解答番号	解答欄 1234567890
1	①②③④⑤⑥⑦⑧⑨⓪
2	①②③④⑤⑥⑦⑧⑨⓪
3	①②③④⑤⑥⑦⑧⑨⓪
4	①②③④⑤⑥⑦⑧⑨⓪
5	①②③④⑤⑥⑦⑧⑨⓪
6	①②③④⑤⑥⑦⑧⑨⓪
7	①②③④⑤⑥⑦⑧⑨⓪
8	①②③④⑤⑥⑦⑧⑨⓪
9	①②③④⑤⑥⑦⑧⑨⓪
10	①②③④⑤⑥⑦⑧⑨⓪
11	①②③④⑤⑥⑦⑧⑨⓪
12	①②③④⑤⑥⑦⑧⑨⓪
13	①②③④⑤⑥⑦⑧⑨⓪
14	①②③④⑤⑥⑦⑧⑨⓪
15	①②③④⑤⑥⑦⑧⑨⓪

解答番号	解答欄 1234567890
16	①②③④⑤⑥⑦⑧⑨⓪
17	①②③④⑤⑥⑦⑧⑨⓪
18	①②③④⑤⑥⑦⑧⑨⓪
19	①②③④⑤⑥⑦⑧⑨⓪
20	①②③④⑤⑥⑦⑧⑨⓪
21	①②③④⑤⑥⑦⑧⑨⓪
22	①②③④⑤⑥⑦⑧⑨⓪
23	①②③④⑤⑥⑦⑧⑨⓪
24	①②③④⑤⑥⑦⑧⑨⓪
25	①②③④⑤⑥⑦⑧⑨⓪
26	①②③④⑤⑥⑦⑧⑨⓪
27	①②③④⑤⑥⑦⑧⑨⓪
28	①②③④⑤⑥⑦⑧⑨⓪
29	①②③④⑤⑥⑦⑧⑨⓪
30	①②③④⑤⑥⑦⑧⑨⓪

第　回　高等学校卒業程度認定試験

地理　解答用紙

氏　名	

受験番号⇒

①	⓪①②③④⑤⑥⑦⑧⑨	⓪①②③④⑤⑥⑦⑧⑨	⓪①②③④⑤⑥⑦⑧⑨	⓪①②③④⑤⑥⑦⑧⑨

生年月日⇒

年号						
明治Ⓜ 大正Ⓣ 昭和Ⓢ 平成Ⓗ	⓪①②③④⑤⑥	⓪①②③④⑤⑥⑦⑧⑨	⓪①	⓪①②③④⑤⑥⑦⑧⑨	⓪①②③	⓪①②③④⑤⑥⑦⑧⑨

（注意事項）
1．記入はすべてＨまたはＨＢの黒色鉛筆を使用してください。
2．訂正するときは、プラスチックの消しゴムで丁寧に消し、消しくずを残さないでください。
3．所定の記入欄以外には何も記入しないでください。
4．解答用紙を汚したり、折り曲げたりしないでください。
5．マーク例

良い例	●

悪い例	

受験地			
北海道	○	滋賀	○
青森	○	京都	○
岩手	○	大阪	○
宮城	○	兵庫	○
秋田	○	奈良	○
山形	○	和歌山	○
福島	○	鳥取	○
茨城	○	島根	○
栃木	○	岡山	○
群馬	○	広島	○
埼玉	○	山口	○
千葉	○	徳島	○
東京	○	香川	○
神奈川	○	愛媛	○
新潟	○	高知	○
富山	○	福岡	○
石川	○	佐賀	○
福井	○	長崎	○
山梨	○	熊本	○
長野	○	大分	○
岐阜	○	宮崎	○
静岡	○	鹿児島	○
愛知	○	沖縄	○
三重	○		

※解答する科目名に○を付けてマークして下さい。

地理A	地理B
○	○

解答番号	解答欄 1234567890
1	①②③④⑤⑥⑦⑧⑨⓪
2	①②③④⑤⑥⑦⑧⑨⓪
3	①②③④⑤⑥⑦⑧⑨⓪
4	①②③④⑤⑥⑦⑧⑨⓪
5	①②③④⑤⑥⑦⑧⑨⓪
6	①②③④⑤⑥⑦⑧⑨⓪
7	①②③④⑤⑥⑦⑧⑨⓪
8	①②③④⑤⑥⑦⑧⑨⓪
9	①②③④⑤⑥⑦⑧⑨⓪
10	①②③④⑤⑥⑦⑧⑨⓪
11	①②③④⑤⑥⑦⑧⑨⓪
12	①②③④⑤⑥⑦⑧⑨⓪
13	①②③④⑤⑥⑦⑧⑨⓪
14	①②③④⑤⑥⑦⑧⑨⓪
15	①②③④⑤⑥⑦⑧⑨⓪

解答番号	解答欄 1234567890
16	①②③④⑤⑥⑦⑧⑨⓪
17	①②③④⑤⑥⑦⑧⑨⓪
18	①②③④⑤⑥⑦⑧⑨⓪
19	①②③④⑤⑥⑦⑧⑨⓪
20	①②③④⑤⑥⑦⑧⑨⓪
21	①②③④⑤⑥⑦⑧⑨⓪
22	①②③④⑤⑥⑦⑧⑨⓪
23	①②③④⑤⑥⑦⑧⑨⓪
24	①②③④⑤⑥⑦⑧⑨⓪
25	①②③④⑤⑥⑦⑧⑨⓪
26	①②③④⑤⑥⑦⑧⑨⓪
27	①②③④⑤⑥⑦⑧⑨⓪
28	①②③④⑤⑥⑦⑧⑨⓪
29	①②③④⑤⑥⑦⑧⑨⓪
30	①②③④⑤⑥⑦⑧⑨⓪

キリトリ線

第　回　高等学校卒業程度認定試験

地理　解答用紙

氏　名	

受験番号 ⇒

①	⓪①②③④⑤⑥⑦⑧⑨	⓪①②③④⑤⑥⑦⑧⑨	⓪①②③④⑤⑥⑦⑧⑨	⓪①②③④⑤⑥⑦⑧⑨

生年月日 ⇒

年号						
明治Ⓜ 大正Ⓣ 昭和Ⓢ 平成Ⓗ	⓪①②③④⑤⑥	⓪①②③④⑤⑥⑦⑧⑨	⓪①	⓪①②③④⑤⑥⑦⑧⑨	⓪①②③	⓪①②③④⑤⑥⑦⑧⑨

（注意事項）
1．記入はすべてＨまたはＨＢの黒色鉛筆を使用してください。
2．訂正するときは、プラスチックの消しゴムで丁寧に消し、消しくずを残さないでください。
3．所定の記入欄以外には何も記入しないでください。
4．解答用紙を汚したり、折り曲げたりしないでください。
5．マーク例

良い例	●

悪い例	

受験地			
北海道	○	滋　賀	○
青　森	○	京　都	○
岩　手	○	大　阪	○
宮　城	○	兵　庫	○
秋　田	○	奈　良	○
山　形	○	和歌山	○
福　島	○	鳥　取	○
茨　城	○	島　根	○
栃　木	○	岡　山	○
群　馬	○	広　島	○
埼　玉	○	山　口	○
千　葉	○	徳　島	○
東　京	○	香　川	○
神奈川	○	愛　媛	○
新　潟	○	高　知	○
富　山	○	福　岡	○
石　川	○	佐　賀	○
福　井	○	長　崎	○
山　梨	○	熊　本	○
長　野	○	大　分	○
岐　阜	○	宮　崎	○
静　岡	○	鹿児島	○
愛　知	○	沖　縄	○
三　重	○		

※解答する科目名に○を付けてマークして下さい。

地理A	地理B
○	○

解答番号	解答欄 1 2 3 4 5 6 7 8 9 0
1	①②③④⑤⑥⑦⑧⑨⓪
2	①②③④⑤⑥⑦⑧⑨⓪
3	①②③④⑤⑥⑦⑧⑨⓪
4	①②③④⑤⑥⑦⑧⑨⓪
5	①②③④⑤⑥⑦⑧⑨⓪
6	①②③④⑤⑥⑦⑧⑨⓪
7	①②③④⑤⑥⑦⑧⑨⓪
8	①②③④⑤⑥⑦⑧⑨⓪
9	①②③④⑤⑥⑦⑧⑨⓪
10	①②③④⑤⑥⑦⑧⑨⓪
11	①②③④⑤⑥⑦⑧⑨⓪
12	①②③④⑤⑥⑦⑧⑨⓪
13	①②③④⑤⑥⑦⑧⑨⓪
14	①②③④⑤⑥⑦⑧⑨⓪
15	①②③④⑤⑥⑦⑧⑨⓪

解答番号	解答欄 1 2 3 4 5 6 7 8 9 0
16	①②③④⑤⑥⑦⑧⑨⓪
17	①②③④⑤⑥⑦⑧⑨⓪
18	①②③④⑤⑥⑦⑧⑨⓪
19	①②③④⑤⑥⑦⑧⑨⓪
20	①②③④⑤⑥⑦⑧⑨⓪
21	①②③④⑤⑥⑦⑧⑨⓪
22	①②③④⑤⑥⑦⑧⑨⓪
23	①②③④⑤⑥⑦⑧⑨⓪
24	①②③④⑤⑥⑦⑧⑨⓪
25	①②③④⑤⑥⑦⑧⑨⓪
26	①②③④⑤⑥⑦⑧⑨⓪
27	①②③④⑤⑥⑦⑧⑨⓪
28	①②③④⑤⑥⑦⑧⑨⓪
29	①②③④⑤⑥⑦⑧⑨⓪
30	①②③④⑤⑥⑦⑧⑨⓪

キリトリ線

第　回　高等学校卒業程度認定試験

地理　解答用紙

氏　名	

受験番号 ⇒

①	⓪①②③④⑤⑥⑦⑧⑨	⓪①②③④⑤⑥⑦⑧⑨	⓪①②③④⑤⑥⑦⑧⑨	⓪①②③④⑤⑥⑦⑧⑨

生年月日 ⇒

年号						
明治Ⓜ 大正Ⓣ 昭和Ⓢ 平成Ⓗ	⓪①②③④⑤⑥	⓪①②③④⑤⑥⑦⑧⑨	⓪①	⓪①②③④⑤⑥⑦⑧⑨	⓪①②③	⓪①②③④⑤⑥⑦⑧⑨

（注意事項）
1．記入はすべてＨまたはＨＢの黒色鉛筆を使用してください。
2．訂正するときは、プラスチックの消しゴムで丁寧に消し、消しくずを残さないでください。
3．所定の記入欄以外には何も記入しないでください。
4．解答用紙を汚したり、折り曲げたりしないでください。
5．マーク例

良い例	●

悪い例	

受験地			
北海道	○	滋　賀	○
青　森	○	京　都	○
岩　手	○	大　阪	○
宮　城	○	兵　庫	○
秋　田	○	奈　良	○
山　形	○	和歌山	○
福　島	○	鳥　取	○
茨　城	○	島　根	○
栃　木	○	岡　山	○
群　馬	○	広　島	○
埼　玉	○	山　口	○
千　葉	○	徳　島	○
東　京	○	香　川	○
神奈川	○	愛　媛	○
新　潟	○	高　知	○
富　山	○	福　岡	○
石　川	○	佐　賀	○
福　井	○	長　崎	○
山　梨	○	熊　本	○
長　野	○	大　分	○
岐　阜	○	宮　崎	○
静　岡	○	鹿児島	○
愛　知	○	沖　縄	○
三　重	○		

※解答する科目名に○を付けてマークして下さい。

地理A	地理B
○	○

解答番号	解答欄 1 2 3 4 5 6 7 8 9 0
1	①②③④⑤⑥⑦⑧⑨⓪
2	①②③④⑤⑥⑦⑧⑨⓪
3	①②③④⑤⑥⑦⑧⑨⓪
4	①②③④⑤⑥⑦⑧⑨⓪
5	①②③④⑤⑥⑦⑧⑨⓪
6	①②③④⑤⑥⑦⑧⑨⓪
7	①②③④⑤⑥⑦⑧⑨⓪
8	①②③④⑤⑥⑦⑧⑨⓪
9	①②③④⑤⑥⑦⑧⑨⓪
10	①②③④⑤⑥⑦⑧⑨⓪
11	①②③④⑤⑥⑦⑧⑨⓪
12	①②③④⑤⑥⑦⑧⑨⓪
13	①②③④⑤⑥⑦⑧⑨⓪
14	①②③④⑤⑥⑦⑧⑨⓪
15	①②③④⑤⑥⑦⑧⑨⓪

解答番号	解答欄 1 2 3 4 5 6 7 8 9 0
16	①②③④⑤⑥⑦⑧⑨⓪
17	①②③④⑤⑥⑦⑧⑨⓪
18	①②③④⑤⑥⑦⑧⑨⓪
19	①②③④⑤⑥⑦⑧⑨⓪
20	①②③④⑤⑥⑦⑧⑨⓪
21	①②③④⑤⑥⑦⑧⑨⓪
22	①②③④⑤⑥⑦⑧⑨⓪
23	①②③④⑤⑥⑦⑧⑨⓪
24	①②③④⑤⑥⑦⑧⑨⓪
25	①②③④⑤⑥⑦⑧⑨⓪
26	①②③④⑤⑥⑦⑧⑨⓪
27	①②③④⑤⑥⑦⑧⑨⓪
28	①②③④⑤⑥⑦⑧⑨⓪
29	①②③④⑤⑥⑦⑧⑨⓪
30	①②③④⑤⑥⑦⑧⑨⓪

キリトリ線

第　回　高等学校卒業程度認定試験

地理　解答用紙

氏　名	

受験番号 ⇒				
①	⓪①②③④⑤⑥⑦⑧⑨	⓪①②③④⑤⑥⑦⑧⑨	⓪①②③④⑤⑥⑦⑧⑨	⓪①②③④⑤⑥⑦⑧⑨

生年月日 ⇒ 年号						
明治Ⓜ 大正Ⓣ 昭和Ⓢ 平成Ⓗ	⓪①②③④⑤⑥	⓪①②③④⑤⑥⑦⑧⑨	⓪①	⓪①②③④⑤⑥⑦⑧⑨	⓪①②③	⓪①②③④⑤⑥⑦⑧⑨

（注意事項）
1．記入はすべてＨまたはＨＢの黒色鉛筆を使用してください。
2．訂正するときは、プラスチックの消しゴムで丁寧に消し、消しくずを残さないでください。
3．所定の記入欄以外には何も記入しないでください。
4．解答用紙を汚したり、折り曲げたりしないでください。
5．マーク例　良い例　●　悪い例

受験地			
北海道	○	滋　賀	○
青　森	○	京　都	○
岩　手	○	大　阪	○
宮　城	○	兵　庫	○
秋　田	○	奈　良	○
山　形	○	和歌山	○
福　島	○	鳥　取	○
茨　城	○	島　根	○
栃　木	○	岡　山	○
群　馬	○	広　島	○
埼　玉	○	山　口	○
千　葉	○	徳　島	○
東　京	○	香　川	○
神奈川	○	愛　媛	○
新　潟	○	高　知	○
富　山	○	福　岡	○
石　川	○	佐　賀	○
福　井	○	長　崎	○
山　梨	○	熊　本	○
長　野	○	大　分	○
岐　阜	○	宮　崎	○
静　岡	○	鹿児島	○
愛　知	○	沖　縄	○
三　重	○		

※解答する科目名に○を付けてマークして下さい。

地理A	地理B
⓪	⓪

解答番号	解答欄 1 2 3 4 5 6 7 8 9 0
1	①②③④⑤⑥⑦⑧⑨⓪
2	①②③④⑤⑥⑦⑧⑨⓪
3	①②③④⑤⑥⑦⑧⑨⓪
4	①②③④⑤⑥⑦⑧⑨⓪
5	①②③④⑤⑥⑦⑧⑨⓪
6	①②③④⑤⑥⑦⑧⑨⓪
7	①②③④⑤⑥⑦⑧⑨⓪
8	①②③④⑤⑥⑦⑧⑨⓪
9	①②③④⑤⑥⑦⑧⑨⓪
10	①②③④⑤⑥⑦⑧⑨⓪
11	①②③④⑤⑥⑦⑧⑨⓪
12	①②③④⑤⑥⑦⑧⑨⓪
13	①②③④⑤⑥⑦⑧⑨⓪
14	①②③④⑤⑥⑦⑧⑨⓪
15	①②③④⑤⑥⑦⑧⑨⓪

解答番号	解答欄 1 2 3 4 5 6 7 8 9 0
16	①②③④⑤⑥⑦⑧⑨⓪
17	①②③④⑤⑥⑦⑧⑨⓪
18	①②③④⑤⑥⑦⑧⑨⓪
19	①②③④⑤⑥⑦⑧⑨⓪
20	①②③④⑤⑥⑦⑧⑨⓪
21	①②③④⑤⑥⑦⑧⑨⓪
22	①②③④⑤⑥⑦⑧⑨⓪
23	①②③④⑤⑥⑦⑧⑨⓪
24	①②③④⑤⑥⑦⑧⑨⓪
25	①②③④⑤⑥⑦⑧⑨⓪
26	①②③④⑤⑥⑦⑧⑨⓪
27	①②③④⑤⑥⑦⑧⑨⓪
28	①②③④⑤⑥⑦⑧⑨⓪
29	①②③④⑤⑥⑦⑧⑨⓪
30	①②③④⑤⑥⑦⑧⑨⓪

- - - - - - - - - - キ リ ト リ 線 - - - - - - - - - -

第　　回　高等学校卒業程度認定試験

地理　解答用紙

氏　名	

受験番号 ⇒

①	⓪①②③④⑤⑥⑦⑧⑨	⓪①②③④⑤⑥⑦⑧⑨	⓪①②③④⑤⑥⑦⑧⑨	⓪①②③④⑤⑥⑦⑧⑨

生年月日 ⇒

年号						
明治Ⓜ 大正Ⓣ 昭和Ⓢ 平成Ⓗ	⓪①②③④⑤⑥	⓪①②③④⑤⑥⑦⑧⑨	⓪①	⓪①②③④⑤⑥⑦⑧⑨	⓪①②③	⓪①②③④⑤⑥⑦⑧⑨

（注意事項）
1．記入はすべてＨまたはＨＢの黒色鉛筆を使用してください。
2．訂正するときは、プラスチックの消しゴムで丁寧に消し、消しくずを残さないでください。
3．所定の記入欄以外には何も記入しないでください。
4．解答用紙を汚したり、折り曲げたりしないでください。
5．マーク例

良い例	●

悪い例	

受験地			
北海道	○	滋　賀	○
青　森	○	京　都	○
岩　手	○	大　阪	○
宮　城	○	兵　庫	○
秋　田	○	奈　良	○
山　形	○	和歌山	○
福　島	○	鳥　取	○
茨　城	○	島　根	○
栃　木	○	岡　山	○
群　馬	○	広　島	○
埼　玉	○	山　口	○
千　葉	○	徳　島	○
東　京	○	香　川	○
神奈川	○	愛　媛	○
新　潟	○	高　知	○
富　山	○	福　岡	○
石　川	○	佐　賀	○
福　井	○	長　崎	○
山　梨	○	熊　本	○
長　野	○	大　分	○
岐　阜	○	宮　崎	○
静　岡	○	鹿児島	○
愛　知	○	沖　縄	○
三　重	○		

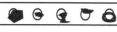

※解答する科目名に○を付けてマークして下さい。

地理A	地理B
○	○

解答番号	解答欄 1 2 3 4 5 6 7 8 9 0
1	①②③④⑤⑥⑦⑧⑨⓪
2	①②③④⑤⑥⑦⑧⑨⓪
3	①②③④⑤⑥⑦⑧⑨⓪
4	①②③④⑤⑥⑦⑧⑨⓪
5	①②③④⑤⑥⑦⑧⑨⓪
6	①②③④⑤⑥⑦⑧⑨⓪
7	①②③④⑤⑥⑦⑧⑨⓪
8	①②③④⑤⑥⑦⑧⑨⓪
9	①②③④⑤⑥⑦⑧⑨⓪
10	①②③④⑤⑥⑦⑧⑨⓪
11	①②③④⑤⑥⑦⑧⑨⓪
12	①②③④⑤⑥⑦⑧⑨⓪
13	①②③④⑤⑥⑦⑧⑨⓪
14	①②③④⑤⑥⑦⑧⑨⓪
15	①②③④⑤⑥⑦⑧⑨⓪

解答番号	解答欄 1 2 3 4 5 6 7 8 9 0
16	①②③④⑤⑥⑦⑧⑨⓪
17	①②③④⑤⑥⑦⑧⑨⓪
18	①②③④⑤⑥⑦⑧⑨⓪
19	①②③④⑤⑥⑦⑧⑨⓪
20	①②③④⑤⑥⑦⑧⑨⓪
21	①②③④⑤⑥⑦⑧⑨⓪
22	①②③④⑤⑥⑦⑧⑨⓪
23	①②③④⑤⑥⑦⑧⑨⓪
24	①②③④⑤⑥⑦⑧⑨⓪
25	①②③④⑤⑥⑦⑧⑨⓪
26	①②③④⑤⑥⑦⑧⑨⓪
27	①②③④⑤⑥⑦⑧⑨⓪
28	①②③④⑤⑥⑦⑧⑨⓪
29	①②③④⑤⑥⑦⑧⑨⓪
30	①②③④⑤⑥⑦⑧⑨⓪

2024　高卒認定スーパー実戦過去問題集
地理

2024年　4月9日　初版　第1刷発行

編集：J-出版編集部
制作：J-Web School
発行：J-出版
〒112-0002 東京都文京区小石川2-3-4 第一川田ビル TEL 03-5800-0552
J-出版.Net　http://www.j-publish.net/

この本についてのご質問・ご要望は次のところへお願いいたします。
*企画・編集内容に関することは、J-出版編集部（03-5800-0552）
*在庫・不良品（乱丁・落丁等）に関することは、J-出版（03-5800-0552）
*定価はカバーに記載してあります。

ISBN978-4-909326-92-8 C7300 Printed in Japan